Peter Ballnik

Vater bleiben –
auch nach der
Trennung

mvg Verlag

Bibliographische Information der Deutschen Nationalbibliothek

Die Deutsche Nationalbibliothek verzeichnet diese Publikation in der Deutschen Nationalbibliographie. Detaillierte bibliographische Daten sind im Internet über http://dnb.d-nb.de abrufbar.

© der deutschsprachigen Ausgabe 2008 bei mvgVerlag, Finanzbuch Verlag GmbH, München
www.mvg-verlag.de

Umschlaggestaltung: Atelier Seidel – Verlagsgrafik, Teising
Umschlagfoto: Mauritius Images, Mittenwald (mauritius images / A. Swan)
Redaktion: Kathrin Stachora, Landsberg
Satz: Jürgen Echter, Landsberg am Lech
Druck: CPI – Ebner & Spiegel, Ulm
Printed in Germany
ISBN 978-3-636-06310-6

Peter Ballnik

Vater bleiben – auch nach der Trennung

Für alle Kinder,
mögen sie ihre Beziehung zum Vater
nie verlieren.

Inhalt

Auftakt: Wie Vater bleiben nach der Trennung gelingen kann

Lesen Sie bitte die folgenden drei Beispiele aufmerksam durch und fragen Sie sich, was sie gemeinsam haben.

Der 60-jährige Herman sitzt mit dem 27-jährigen Robert in einem Tonstudio. Herman ist ein gesetzter älterer Herr mit grau meliertem Haar und freundlichem Gesicht, in dem das Leben seine Spuren hinterlassen hat. Robert ist drahtig und lebendig und hat kurz geschnittenes Haar. Zuversicht trägt er im Herzen und sie steht ihm ins Gesicht geschrieben. Herman und Robert bearbeiten gemeinsam eine Aufnahme der Band, in der Herman Gitarre spielt. Die beiden haben großen Spaß dabei. Sie lachen viel und arbeiten trotzdem konzentriert. Zwischen ihnen ist ein inneres Band spürbar. Robert ist Hermans Sohn.

Der 38-jährige Gerhard ist ein großer schlanker, stattlicher Mann. Sein Kopf ist kahl rasiert und er hat fast immer ein Lächeln auf den Lippen. Er ist im Außendienst für eine holzverarbeitende Firma tätig. Seine Kinder – 8, 10, 13 und 17 Jahre alt – lieben ihn heiß und innig. In ihren Gesichtern erkennt man Gerhards Züge. Meist lächeln auch sie. Wenn Gerhard mit seinen Kindern baden geht, wird dabei geblödelt, einander auf die Schippe genommen, gespritzt, geplantscht und vor allem gelacht.

Manfred, ein bereits leicht ergrauter 54-jähriger Architekt, liebt es, mit seinen beiden Töchtern auszugehen. Die 20-jährige Monika ist blond, schlank, quirlig und lebendig. Ihre 18-jährige Schwester Silvia ist die ruhigere von beiden. Sie ist etwas fester gebaut. Immer noch denkt Manfred, wenn sie lacht, öffnet sich der Himmel. Er erfreut sich an seinen aufblühenden Töchtern. Wenn sie beim Abendessen sitzen, gibt es ganz viel zu erzählen.

Was haben diese drei Väter gemeinsam? Alle drei sind geschieden und leben getrennt von der Mutter ihrer Kinder. Hätten Sie das gedacht? Herman seit 17, Gerhard seit 2 und Manfred seit 13 Jahren. Herman und Gerhard haben es geschafft, trotz der Scheidung der gute Vater zu bleiben, der sie vorher schon waren. Manfred meinte sogar, dass er durch die Scheidung erst zu einem wirklich guten Vater geworden sei, weil er dadurch darüber nachdachte, was genau denn einen guten Vater auszeichnet.

In diesem Buch erfahren Sie, wie auch Sie es schaffen können, ein guter Vater zu sein – trotz Trennung. Sie lernen alle dazu notwendigen Schritte kennen.

Wie kann man ein guter Vater bleiben?

Herman, Gerhard und Manfred erkannten – das ist der erste Schritt –, wie wichtig der Vater für seine Kinder ist. Und ihnen wurde bewusst, wie sehr sie als Vater ihre Kinder brauchen. Manfred und Herman erhielten während der schwierigen Zeit der Trennung den guten Kontakt zu ihren Kindern. Gerhard nahm nach einer viermonatigen Unterbrechung, in der er eine psychische Krise durchmachte, wieder Verbindung zu seinen Kindern auf und baute auf diese Art erneut eine gute Beziehung zu ihnen auf. So konnte bei allen dreien die Vater-Kind-Bindung bestehen bleiben und sich sogar noch vertiefen.

Die drei Männer achteten darauf – das ist der zweite Schritt –, dass die Trennung der Eltern ihre Kinder so wenig wie möglich beeinträchtigte. Alle drei nahmen die Reaktionen der Kinder auf die Trennung ernst. Als Silvia immer trauriger wurde und in der Schule nicht mehr mitkam, führte Manfred lange Gespräche mit ihr und zog auch eine Psychotherapeutin hinzu. Alle drei Väter setzten sich mit den Reaktionen ihrer Kinder nach der Scheidung auseinander, und so konnten ihre Kinder sich gut neu orientieren.

Der dritte Schritt: Herman, Gerhard und Manfred wurden mit der Scheidung fertig. Alle drei Väter stellten sich der Trennung, auch wenn Manfred seine erst nach einem halben Jahr wirklich akzeptierte. Alle drei sind zu der Einsicht gelangt, dass für eine Trennung letztlich immer Mann und Frau verantwortlich sind. Manfred, Gerhard und Herman arbeiteten hart an sich und setzten sich mit den negativen Gefühlen auseinander, die eine Trennung begleiten. Sie konnten um den Verlust ihrer Liebesbeziehungen trauern, irgendwann ihrer Exfrau verzeihen und auch sie um Verzeihung bitten. So konnten sie sich mit der Zeit, die sie mit ihrer Exfrau gemeinsam verbracht hatten, versöhnen. Auf diese Art haben sie ihre Trennung verarbeitet und mussten den Scheidungskonflikt nicht über ihre Kinder austragen.

Alle drei erkannten – das ist der vierte Schritt –, warum sie auch nach der Scheidung für ihr Kind wichtig sind. Auch wenn ihre Liebesbeziehungen beendet sind, so bilden sie doch mit der Mutter ihrer Kinder ein gutes elterliches Team. Darin besteht der fünfte Schritt. Sie können innerlich sehr gut trennen zwischen der Beziehung als Eltern und zwischen der vergangenen Liebesbeziehung mit ihrer Exfrau. So können die drei ihren Kindern – das ist der sechste Schritt – das geben, was diese von ihnen als Vater brauchen.

Manfred und Herman haben eine neue Partnerin. Gerhard fühlt sich noch nicht bereit dafür. Manfred und Herman haben ihre Partnerinnen bei den Kindern gut eingeführt und ihnen Zeit gelassen, sich auf diese neue Situation einzustellen. Das ist der siebte Schritt. Beide verbringen trotz ihrer neuen Partnerin viel Zeit allein mit den Kindern.

Diese sieben Schritte entsprechen dem Aufbau und den Kapiteln dieses Buches. Wenn Sie sie gehen, wird es auch Ihnen gelingen, nach der Trennung ein guter Vater zu sein. Ich leite Sie zu jedem einzelnen Schritt an und begleite Sie dabei. So müssen Sie diesen nicht immer leichten Weg nicht allein gehen.

Veränderung mithilfe von Büchern geschieht durch die Begegnung mit sich selbst, durch innere Auseinandersetzung, Nachdenken, Verarbeiten und Neuorientierung. Wenn Sie sich mit mir in den folgenden Kapiteln auf diese innere Reise begeben, können Sie folgenden Nutzen daraus ziehen:

Sie erkennen Ihre eigene Bedeutung als Vater und bleiben dadurch Ihrem Kind als Vater erhalten – auch nach der Trennung. Sie werden in Ihrer Rolle als Vater sicherer und können sich wehren, wenn andere Sie aus der Erziehung Ihres Kindes hinausdrängen wollen. Kinder brauchen Vater und Mutter für eine gute Entwicklung.

Durch dieses Buch werden Sie lernen, wie Sie mit den Reaktionen Ihres Kindes nach der Scheidung gut umgehen können – auch wenn Ihr Kind wütend ist, klammert oder psychosomatische Beschwerden entwickelt. Sie können Ihrem Kind dann helfen, die schwierige Zeit, in der sich seine Eltern trennen, gut zu überstehen. Wenn Sie wissen, was Ihr Kind nach der Scheidung braucht, können Sie als Vater auch dazu in passender Weise beitragen.

Sie erfahren, wie Sie sich Schritt für Schritt von den negativen Folgen der Scheidung befreien können. Dadurch stehen Sie Ihrem Kind schnell wieder als Vater zur Verfügung und können sich anderen wichtigen Dingen in Ihrem Leben erneut zuwenden. Sie entwickeln nicht nur eine Basis, um mit Ihrer Exfrau ein gutes elterliches Team zu bilden, sondern sind in absehbarer Zeit auch wieder bereit, eine neue Liebesbeziehung einzugehen.

Sie können verinnerlichen, warum Sie für Ihr Kind auch nach der Scheidung wichtig sind, und geeignete Strategien entwickeln, um in der neuen Situation ein guter Vater zu sein. Auch wenn Sie die Beziehung zu Ihrem Kind unterbrochen haben, finden Sie neue Wege, um den Kontakt zu Ihrem Kind wieder aufzunehmen und mit ihm eine gute Vater-Kind-Beziehung zu leben.

Sie lernen, wie Sie mit Ihrer Ex-Frau ein gutes elterliches Team bilden können. So ermöglichen Sie es Ihrem Kind, auch nach der Trennung seiner Eltern, sich gut zu entwickeln und gut ins Leben zu gehen.

Sie werden erfahren, was einen guten Vater ausmacht. Dadurch bekommen Sie eine klare Rückmeldung, was Sie im Umgang mit Ihrem Kind bereits gut machen und was Ihnen noch fehlt. So können Sie neue Wege finden, wie Sie mit Ihrem Kind reden und leben müssen, damit es Sie als guten Vater erlebt. Dieses Buch bietet Ihnen die Gelegenheit, Ihre Stärken als Vater zu erfahren, aber auch Ihre Schwächen. Dadurch können Sie Ihre Stärken ausbauen und Ihre Schwächen verringern.

Ich zeige Ihnen, wie Sie eine neue Partnerin bei Ihrem Kind einführen müssen, ohne dass es sich zerrissen fühlt und es ihm wieder schlechter geht. So lernen Sie die Gefahren zu meiden, die entstehen, wenn Sie Ihr Kind auf einem falschen Weg mit Ihrer neuen Partnerin konfrontieren.

Damit Sie diese Erkenntnisse jeweils sofort umsetzen können, gibt es in jedem Kapitel Fragen oder Tipps für Sie. Wenn Sie die Fragen in Ruhe für sich beantworten, entwickeln Sie ganz klare Schritte, wie Sie das Gelesene anwenden können, damit Ihnen der hier beschriebene Nutzen zukommt. Wenn Sie die Tipps beherzigen, kommen Sie Ihrem Ziel näher, Ihrem Kind ein guter Vater zu sein.

Ich empfehle Ihnen, für dieses Buch ein eigenes Notizbuch oder eine eigene Datei im Computer anzulegen. So geht Ihnen bei dieser wichtigen Arbeit nichts verloren und Sie können jederzeit auf Ihre Lernerfahrungen zurückgreifen, wenn sich wieder alte Sichtweisen und Gewohnheiten einschleichen.

Verlieren Sie nicht den Mut, wenn Sie nicht sofort alles umsetzen oder erreichen können. Solange Sie dranbleiben und sich bemühen, arbeitet die Zeit für Sie, denn aus der Sicht Ihres Kindes werden Sie umso wichtiger, je älter es wird. Der beschriebene Weg soll Ihnen die Richtung zeigen.

Dieses Buch basiert zum Teil auf der von mir geleiteten Studie „Lebenswelten Vater-Kind, positive Väterlichkeit und männliche Identität", herausgegeben von der Männerpolitischen Grundsatzabteilung des Österreichischen Bundesministeriums für soziale Sicherheit, Generationen und Konsumentenschutz. Um eine gute Lesbarkeit zu gewährleisten, habe ich im Fließtext auf Zitate verzichtet. Im Anhang habe ich für Sie eine kommentierte Literaturliste zusammengestellt.

Für die Kinder spielt es keine große Rolle, ob ihre getrennten Eltern verheiratet waren oder nicht. Aus diesem Grund haben die Begriffe „Scheidung" oder „Trennung" in diesem Buch die gleiche Bedeutung.

Mit dem Kauf dieses Buches haben Sie einen wichtigen Schritt auf dem Weg zu einem guten Vater für Ihr Kind gemacht. Das ist nach einer Trennung keine leichte Sache. Doch Vater zu sein lohnt sich. Vater zu sein ist ein wichtiger Baustein in Ihrem Lebenssinn. Vielleicht ist Vater sein heute sogar das letzte Abenteuer. Packen Sie es an!

1. Warum Kinder Vater und Mutter brauchen

Willi ist ein neun Monate altes Baby. Er ist gerne bei seiner Mutter Julia. Sie riecht gut und Willi schmust gerne mit ihr. Er liegt auch gerne auf dem Bauch seiner Mutter und lässt sich gerne von ihr tragen. Er freut sich, wenn er an Julias Brust trinken darf. Mit ihr ist Willi ein Herz und eine Seele. Manchmal, wenn Willi und Julia so innig miteinander sind, kommt sein Vater Lukas dazu und es gefällt ihm, dass es den beiden so gut miteinander geht. Auch Julia hat es gerne, wenn Lukas dazukommt. Es tut ihr gut, jemand schützend im Rücken zu haben. Wenn Julia müde ist oder sich gerade nicht gut auf Willi einstellen kann, ist sie bisweilen ganz froh, ihn Lukas überlassen zu können.

Bei seinem Vater ist Willi auch sehr gerne. Er riecht anders, aber auch gut. Er spricht tiefer als seine Mutter, doch das gefällt ihm ebenso. Willi und Lukas können stundenlang miteinander sein. Julia freut sich sehr, dass sich Vater und Sohn so gut verstehen und sie sich zwischendurch einmal um sich selbst oder um andere Dinge kümmern kann. Manchmal hebt Willis Vater ihn ganz hoch, das gefällt Willi. Er jauchzt dann. Weil Julia Lukas vertraut und weil sie an den Reaktionen von Willi merkt, dass er das Hochheben sehr gerne hat, zeigt sie ihre Angst nicht. So kann Willi es genießen. Der Vater macht gerne wildere Sachen mit seinem Sohn. Meist gefällt Willi das, wenn es ihm jedoch zu viel wird, weint er kurz. Lukas kann sich gut auf Willi einstellen und schaltet einen Gang zurück, wenn er merkt, dass sein Sohn genug hat. Willi beruhigt sich dann sehr schnell. Auch Lukas hat es gerne, wenn Julia mit dabei ist. Manchmal ist er auch froh, seinen Sohn wieder zu Julia geben zu können.

Willi mag es auch, wenn sich Mutter und Vater gleichzeitig um ihn kümmern, wenn sie mit ihm spielen, ihn streicheln, mit ihm sind. Er kann gut zwischen Mutter und Vater hin- und hersehen. Einmal lacht er den Vater an, dann wieder die Mutter. Wenn es ihm nicht so gut geht, schreit er zu beiden hin. Willi genießt das Zusammensein mit Mutter und Vater, vor allem dann, wenn sich die beiden gut verstehen. Wenn Lukas und Julia streiten, ist es Willi nicht geheuer. Meistens weint er dann.

Wenn Willi satt und zufrieden ist, kann er auch einfach daliegen und bekommt mit, wie Mutter und Vater miteinander sind. Fühlt sich Willi dann zu wenig beachtet, meldet er sich und meist wendet sich Mutter oder Vater ihm ganz schnell zu.

Sie sehen: Das ländläufige Vorurteil „Kinder brauchen nur die Mutter, auf den Vater kann verzichtet werden" stimmt nicht. Wenn Sie die Bedürfnisse des Kindes betrachten – hier am Beispiel von Willi –, kommen Sie zu diesem Schluss: Bereits für Ihr Baby sind Sie als Vater sehr wichtig! Das Kind entwickelt sich nicht nur in der Zweierbeziehung Mutter-Kind, sondern vor allem im Beziehungsdreieck Vater-Mutter-Kind. Das haben Familienforschungen bewiesen.

Das Beziehungsdreieck Vater-Mutter-Kind

Nur in diesem Beziehungsdreieck kann das Kind wirklich erfahren, wie es mit sich und der Welt gut zurechtkommt. Es kann lernen, wie es seine Gefühle wie Wut und Ärger in den Griff bekommt. Es lernt Wege kennen, auf andere Menschen zuzugehen. Schon Babys können sehr früh zwischen Vater und Mutter unterscheiden und sich bei beiden wohlfühlen. Die Vielfalt des menschlichen Seins wird erst – auch für Ihr Kind – in diesem Beziehungsdreieck Vater-Mutter-Kind erlebbar, erfahrbar und auch erlernbar.

Wie Sie schon am Beispiel von Willi gelesen haben, gibt es vier mögliche Positionen innerhalb des Dreiecks Vater-Mutter-Kind:

- Das Kind ist mit der Mutter, der Vater kann wohlwollend der Mutter den Rücken stärken.
- Das Kind ist mit dem Vater, die Mutter kann wohlwollend dem Vater den Rücken stärken.
- Kind, Mutter und Vater sind zu dritt, sie haben Spaß miteinander.
- Vater und Mutter sind miteinander und das Kind beobachtet die zwei.

Für Sie als Vater ist wichtig zu wissen, dass durch das Dreieck Vater-Mutter-Kind das Kind nicht nur von einer Person abhängig ist. Wenn Willi mit der Mutter oder mit dem Vater ist, kann er es genießen, dass noch eine wohlwollende dritte Person anwesend ist. Willi spürt die Anwesenheit dieses Menschen und das gibt ihm ein starkes Vertrauen, auch sich selbst gegenüber. Er lernt innig mit der Mutter zu sein, aber auch sich von ihr zu lösen und sich auf den Vater einzulassen. Dadurch ist es ihm schon sehr früh möglich, sich lustvoll auf verschiedene Menschen einzustellen und die Perspektive zu wechseln. Diese Fähigkeit wird ihm später von großem Nutzen sein. Er kann dann locker und angstfrei auf unterschiedliche Menschen zugehen. Es ist ihm aber auch möglich, sich wieder zu lösen und auf jemand anders erneut zuzugehen. Das klingt so einfach, doch das ist das, was eine gelungene Kommunikation ausmacht.

Durch das Beisammensein zu dritt lernt Willi früh, gleichzeitig mit zwei Menschen zusammen zu sein. So wird der Grundpfeiler für Willis Gruppenfähigkeit gelegt. Darauf muss er spätestens im Kindergarten zurückgreifen. Sie als Vater legen zusammen mit Ihrer Expartnerin die Basis dafür, wie Ihr Kind in Gruppen zurechtkommt, ob es gut integriert ist oder ob es durch sein Verhalten zum Außenseiter wird.

Durch das Beobachten, wie Vater und Mutter miteinander umgehen, lernt Willi früh Modelle kennen, wie gute Kommunikation zwischen Menschen aussehen kann. Auch Ihr Kind verinnerlicht Möglichkeiten, wie Mann und Frau miteinander umgehen, wenn es Sie als Vater im Kontakt mit Ihrer Exfrau als Mutter wahrnimmt.

Stellen Sie sich jetzt einmal vor, Willi hätte nur die Mutter. Es gäbe keinen Dritten, der ihn einmal aus den Armen der Mutter nehmen kann. Es wäre kein Dritter da, wenn die Mutter müde ist und keine Lust hat, sich mit dem Kind abzugeben. Willi könnte nicht erfahren, wie es zu dritt ist, und würde nicht erleben, wie Mann und Frau miteinander umgehen. Ein sinnärmeres Leben wäre das für Willi. Auch für Ihr Kind wäre es schlimm, wenn es nur noch eine Beziehung zu einem Elternteil hätte.

So wie Willi Mutter und Vater erlebt, baut er zu beiden Vertrauen, eine gute Beziehung und eine gute Bindung auf. Diese Fundamente werden ihn tragen, wenn er schrittweise unabhängiger wird und in die Welt hinausgeht. Auch für Ihr Kind gilt: Je länger dieses Beziehungsdreieck zwischen Vater, Mutter und Kind funktioniert, umso besser entwickelt sich Ihr Kind. Wie Sie es erhalten können, auch wenn Sie geschieden sind, erfahren Sie in Kapitel 5.

Ein Kind braucht also Mutter und Vater, gut ist aber auch, wenn die beiden unterschiedlich sind.

Willi ist jetzt dreieinhalb Jahre alt. Er hat sich gut entwickelt. Er liebt es, mit seinem Vater auf dem Spielplatz herumzutollen, auf der Schaukel ganz hoch zu schwingen. Er weiß jetzt schon, dass seine Mutter dabei manchmal wegschauen muss.

Verschwörerisch winkt er dem Vater zu und ruft „Schneller!",
dabei meint er höher, aber er ist ja auch erst dreieinhalb.

Für Willi und auch Ihr Kind ist es am günstigsten – das haben fundierte Familienforschungen gezeigt –, wenn die Erzie-
hungsfunktion des Vaters einerseits ausreichend vorhanden ist
und sich andererseits von der der Mutter unterscheidet – im Gegensatz zu Familien, in denen der Vater wenig beteiligt ist oder
Vater und Mutter sich in der Erziehung wenig unterscheiden.

**Vorteile für das Kind durch unterschiedliche Erziehung von Vater
und Mutter**

Kinder, die dieses Glück haben,

- sind in den Kindergartengruppen am besten integriert,
- sind in ihrem Sozialverhalten erheblich weiter entwickelt (weniger Einzelaktionen und mehr gemeinsames Spiel),
- sind anderen gegenüber sehr viel offener (mehr soziale Kontakte, gliedern sich besser ein und handeln uneigennütziger),
- lösen Konflikte besser (eher durch Worte als durch Handgreiflichkeiten),
- sind selbstsicherer.

Was Sie als Vater für Ihr Kind bedeuten

Willi beginnt sich mit dreieinhalb Jahren langsam von seinen
Eltern zu lösen und erfährt sich zum ersten Mal als eigenständiges Wesen. Dabei wird er mit einer zunächst fremden Umwelt
konfrontiert, die ganz neue Anforderungen an ihn stellt. Diese
neue Umwelt ist nicht immer freundlich, sondern mit allerlei
Bedrohungen und Gefahren verbunden. Damit Ihr Kind, wenn
es so alt ist wie Willi jetzt, die dabei entstehenden Ängste und
Gefahren bewältigen kann, ist es weiterhin auf Schutz und Hilfe

durch Sie als Eltern angewiesen. Die Lebensaufgabe Ihres Kindes in dieser Zeit besteht darin, die Umwelt aktiv zu erforschen, sich in ihr zu orientieren und zu behaupten. Das dazu notwendige Selbstwertgefühl können nur die Eltern, Sie als Vater und Ihre Expartnerin als Mutter, Ihrem Kind durch Ermutigung und Förderung vermitteln. Das Selbstvertrauen bei diesen elementaren Schritten der Umwelteroberung entscheidet darüber, wie Ihr Kind mit späteren Lebensaufgaben umgehen kann.

Bei diesem Kennenlernen der Welt spielen Sie als Vater eine entscheidende Rolle. Anders als Ihre Expartnerin, die Ihrem Kind hauptsächlich durch ihre Emotionalität und durch sprachliche Kommunikation den notwendigen Rückhalt gibt, vermitteln Sie als Vater ihm die Umwelt durch aktive Konfrontation. Sie sind für Ihr Kind das Tor zur Welt! Psychologisch ist es ideal – so wie bei Willi –, wenn Ihre gemeinsamen elterlichen Beziehungsangebote und Erziehungsstile sich ergänzen. Denn so kann Willi – genau wie Ihr Kind – verschiedene Gefühle, verschiedene Arten des gemeinsamen Seins und auch unterschiedliche Möglichkeiten des Denkens erfahren und verinnerlichen. Auf diese unterschiedlichen Qualitäten kann das Kind später im Leben zurückgreifen.

Sie als Vater helfen Ihrem Kind auch, seine Aggressionen in konstruktive Bahnen zu lenken. Sie dienen ihm dabei als Vorbild. Ab dem dritten Lebensjahr wachsen durch die Ausreifung des Muskelapparates die motorischen Fähigkeiten des Kindes sprunghaft an. Die Motorik gilt als Träger der Aggression. Ob diese sich konstruktiv auf die Erreichung nützlicher und erlaubter Ziele richtet oder destruktiv in Erscheinung tritt, hängt von der Art und Weise ab, wie das Kind lernt, mit aggressiver Energie umzugehen. Sie als Vater bringen durch die von Ihnen bevorzugten körperlichen Spiele wie Toben und Raufen Ihr Kind zu einer Auseinandersetzung mit seinen Aggressionen. Auch

Willi liebt dieses Kräftemessen mit dem Vater. Mit vier Jahren nimmt er den Vater schon hin und wieder in den Schwitzkasten. Aber leider ist der Papa immer noch stärker. So spornt der Vater die motorischen Fähigkeiten des Kindes an und vermittelt ihm gleichzeitig durch feste Regeln einen kontrollierten Umgang mit seinen Aggressionen. Wenn es Ihnen als Vater gelingt, sich dabei in Ihr Kleinkind einzufühlen und die wachsenden Fähigkeiten Ihres Kindes anzuerkennen, kann es Sie als gutes Vorbild verinnerlichen. Auf diese Art und Weise werden Sie eine moralische Instanz und als solche im Gewissen Ihres Kindes verankert. So entwickelt es Möglichkeiten, mit seinen Aggressionen konstruktiv umzugehen.

Eine wichtige Rolle übernehmen Sie als Mittler zwischen Kindheit und Jugend. Die Pubertät ist für den Jugendlichen eine Zeit der Orientierungslosigkeit, der Unruhe, der Krise und des Aufbruchs. Wenn Sie Vater eines Jungen sind und Ihr Sohn ins jugendliche Alter kommt, kann er sich nur dann gut zum Erwachsenen entwickeln, wenn er die Zerreißprobe besteht, die aus den widersprüchlichen Wünschen in ihm entsteht, sich einerseits mit Ihnen als Vater zu identifizieren und andererseits seinem Willen nach einem unabhängigen Leben freien Lauf zu lassen. Diesen inneren Konflikt kann Ihr jugendlicher Sohn nur durch den Kampf mit Ihnen als Vater lösen. Sie müssen sich diesem Kampf stellen. So erfährt Ihr Sohn, dass er Ihnen als Vater wichtig ist, und er erlebt den Übergang vom Jugendlichen zum Erwachsenen in einem Tempo, das er bewältigen kann. Die meisten Jugendliche kommen in eine Krise, wenn sie versuchen, von heute auf morgen erwachsen zu werden, und der Vater – zusammen mit der Mutter – keine Verlangsamung herbeiführt. Bei diesem Übergang vom Jugendlichen zum Erwachsenen geht es für Ihren Sohn darum, seine Liebes- und Lebenspartnerin zu finden und eine klare Orientierung im Beruf zu entwickeln.

Sind Sie der Vater eines jugendlichen Mädchens, sieht es anders aus. Die Beziehung zu Ihnen als Vater entscheidet für Ihre Tochter, welches Männerbild sie verinnerlichen kann. So wie Ihre Tochter Sie im Kontakt und in der Beziehung erlebt, ob und wie sie Wertschätzung erfährt, wie sie Ihre Stärke erlebt und wie sie sich an Ihnen reiben kann, so entwickelt sie Möglichkeiten, wie sie mit anderen Männern kommunizieren und umgehen kann. Nur wenn sie ein positives Männerbild verinnerlichen konnte, ist es ihr als junge Frau möglich, den Schritt aus der Familie und weg von Ihnen als Vater zu planen. Wenn Sie als Vater Ihre Tochter in Ihrer weiblichen Identität bestätigen, wird sie als Erwachsene über eine angstfreie Sexualität und über ein stabiles Frauenbild in sich verfügen.

Kennen Sie das Lied „Männer" von Herbert Grönemeyer? Darin heißt es „Männer sind einfach unersetzlich". Das kann man auch auf Väter übertragen.

Was Väter einfach unersetzlich macht

Warum ist das so?

- Sie als Vater sind neben der Mutter die früheste und lebenswichtigste Bezugsperson Ihres Kindes.
- Sie repräsentieren Schutz und Sicherheit gegenüber den Bedrohungen der Außenwelt.
- Sie bieten Ihrem Kind Orientierung bei seinem Lebensentwurf und seiner Lebensplanung an.
- Wenn Ihr Kind – egal ob Mädchen oder Junge – sich mit Ihnen als Vater identifiziert und Sie als ein gutes Vaterbild verinnerlicht, ist es ihm möglich, sich selbst zu behaupten und ein gutes Selbstbewusstsein zu entwickeln.

Fazit:

Wenn Sie als Vater Ihr Kind bestätigen, es fördern, sich um Ihr Kind kümmern und sich auch manchmal um es sorgen, kann es einen guten Selbstwert entwickeln. Unterlassen Sie das, kann die Selbstverwirklichung Ihres Kindes nicht gelingen. Kinder, die ihren Vater entbehren müssen, zeigen häufiger ein niedrigeres schulisches Leistungsniveau, können sich später schwieriger an berufliche Anforderungen anpassen und haben größere Schwierigkeiten, sich in Beziehungen mit dem anderen Geschlecht zurechtzufinden, als Kinder, die auf einen verlässlichen Vater zurückgreifen können – auch wenn die Eltern sich getrennt haben.

Sie und Ihre Expartnerin bilden als Vater und als Mutter den Boden, damit Ihr Kind sich entwickeln kann. So wird es gemeinschaftsfähig und lernt auch für sich zu sein. So kann es als Jugendlicher und später dann als Erwachsener ein Gleichgewicht finden, um mit sich und mit den Mitmenschen gut zu leben.

Bitte beachten Sie auch, dass vor allem bei einer Scheidung das Kind nicht nur den Vater, sondern oft auch andere Verwandte und Freunde der väterlichen Seite zu verlieren droht, zum Beispiel Großeltern, Onkeln, Tanten, Cousins und Cousinen. Häufig ist mit dem Verlust des Vaters auch ein Wechsel des Wohnortes, der Schule und des Freundeskreises verbunden. Sowohl mit dem Verlust von vertrauten Menschen als auch mit dem Wegfall von vertrauter Umgebung vergrößert sich für das Kind das Trauma der Vaterentbehrung. Der Verlust des Vaters belastet die Kinder stärker als der elterliche Nachscheidungskonflikt. Bleiben Sie bei Ihrem Kind, bei Ihren Kindern!

Und umgekehrt: Warum Väter ihr Kind brauchen

„Männer denken nur an das eine und kümmern sich nicht um die Konsequenzen", bricht es aus der 35-jährigen Tamara heraus. Sie ist Mutter eines neunjährigen Sohnes und befindet sich gerade in einem erbitterten Scheidungskampf mit ihrem Noch-Ehemann.

Betrachtet man die Urgeschichte des Mannseins, hat Tamara damit nicht Unrecht. Ursprünglich – vor vielen tausend Jahren – ging es hauptsächlich um die Arterhaltung. In dieser Zeit versuchten die Männer so viele Nachkommen wie möglich zu zeugen, mit verschiedenen Frauen, während die Frauen versuchten, ihre Kinder so gut wie möglich aufzuziehen. Dabei waren sie meist auf sich allein gestellt. Nennen wir dies „Arterhaltung erster Ordnung".

Die Männer zogen jagend umher. Eines Tages entschied sich ein Mann, zu einer bestimmten Frau zurückzukehren. Mit der Rückkehr zu einer festen Partnerin begann der Mann jene Verbindung zu seinen Kindern aufzubauen, die in der Natur bisher nicht vorgesehen war. Der soziale Vater wurde geboren – ein wichtiger Schritt von der biologischen zur sozialen Elternschaft. Nennen wir dies „Arterhaltung zweiter Ordnung".

Die Mutterschaft ist sehr stark biologisch begründet. Vaterschaft dagegen ist eine soziale Erfindung und dadurch viel anfälliger als die Mutterschaft. Es gibt Männer, die die Arterhaltung zweiter Ordnung und damit auch die soziale Vaterschaft nicht erreichen oder die nach einem kurzen Intermezzo bei der Arterhaltung zweiter Ordnung auf die Arterhaltung erster Ordnung zurückfallen. Diese Männer sind ständig auf der Jagd nach möglichst vielen Frauen. Doch daraus ein Allgemeingut zu machen würde einem Großteil der Väter nicht gerecht.

Das kann auch Tamara nachvollziehen. Wenn sie ihren Groll auf ihren Noch-Ehemann einmal ein Stück auf die Seite stellt, kann sie viele gute väterliche Eigenschaften an ihm erkennen. „Er kann richtig gut mit Raphael spielen. Sein Sohn holt sich auch gerne bei ihm Rat, wenn es darum geht, wie er sich mit anderen Jungs verhalten soll", meint sie.

Von der Urzeit bis in die 50er Jahre des letzten Jahrhunderts haben Väter den Schritt vom biologischen Erzeuger zu einem Vater gemacht, der für die Familie materiell sorgte und innerhalb der Familie für Zucht und Ordnung zuständig war. In dieser Form der Vaterschaft bestand bereits eine emotionale Bindung zwischen Vater und Kind, auch wenn diese meist nicht öffentlich zur Schau gestellt wurde.

Die heutigen Väter sind noch einen Schritt weiter gegangen. In den letzten fünf Jahrzehnten hat sich für einen großen Teil der Väter im gefühlsmäßigen, emotionalen Bereich vieles verändert. Der Kontakt zu den Kindern ist liebevoller, fürsorglicher und zugewandter geworden, dies wird auch öffentlich gezeigt. Durch Forschungen wurde belegt: Wenn man Männer nicht mit Frauen, sondern mit Männern aus den 50er Jahren des vorigen Jahrhunderts vergleicht, haben sich Männer innerhalb des Dreiecks Vater-Mutter-Kind am stärksten verändert. Diese Veränderungen vollzogen sich vor allem in drei Bereichen: Beziehung zum Kind, Entscheidungen in der Familie und Einstellung zu Frauen.

Im Falle einer Scheidung oder Trennung kann es sein, dass Ihre Exfrau versucht, Sie als Vater – meist unbewusst und aus der Verletztheit durch die Scheidung heraus – wieder nur in die Rolle des biologischen Erzeugers, also in die Arterhaltung erster Ordnung, zurückzudrängen. Plötzlich wird Ihre gute väterliche Art, mit den Kindern umzugehen, Ihre gefühlvolle und dem Kind zugewandte Haltung nicht mehr gesehen und schon gar nicht gewürdigt. Für Väter ist es schrecklich, wenn die zum Kind aufgebaute Beziehung und Bindung durch die Scheidung gefährdet wird. Dies geschieht zum Schaden der Kinder, des Vaters und letztlich auch der Mutter. Wir Männer haben viele Generationen gebraucht, um in dieser dem Kind zugewandten Form des Vaterseins einen Lebenssinn zu finden. Lassen Sie sich diesen Lebenssinn nicht nehmen, nur weil die Beziehung zu Ihrer Ehefrau nicht mehr funktioniert!

Für viele Männer ist Vatersein ein Lebenssinn, der auch dann eine große Bedeutung hat, wenn es darum geht, Bilanz zu ziehen. So hieß es in einem Artikel der Salzburger Nachrichten – einer unabhängigen österreichischen Tageszeitung – im Sommer 2007:

> *„Kommende Woche ist es so weit – Freunde werden sagen: ‚Alles Gute‘, auch ‚Lass dir keine grauen Haare wachsen (ist schon passiert), der Fünfziger tut nicht weh‘. Erinnerungen werden wach, schöne und weniger schöne. Eine Analyse nach 50 Jahren ist unausweichlich: Was hat man falsch gemacht? Man blättert in Alben und findet vergilbtes Papier. ‚Mein Papa ist der netteste auf der Welt‘ steht oben. Geschrieben vom mittlerweile erwachsenen Sohn, als dieser die Volksschulbank drückte. Die Zeilen sind Balsam. ‚Ich habe ihn lieb, er hilft mir in der Schule und bei Problemen‘ steht da. Das ist lange her. Und wenn ein Sohn eine solche Meinung bis heute nicht geändert hat, ist dies das schönste Geschenk.“*

An dieser Stelle ist es auch für Sie einmal gut, Bilanz zu ziehen, wo Sie mit Ihrem Kind stehen. Erstens ist das Ihr Startpunkt, von dem aus Sie die Beziehung zu Ihrem Kind, mithilfe dieses Buches, wieder neu aufbauen können. Zweitens bekommen Sie ein Gefühl dafür, auf welchem väterlichen Boden Sie mit Ihrem Kind nicht nur zurzeit stehen, sondern was Sie mit ihm bereits erlebt haben, auf welche gemeinsame Geschichte Sie zurückgreifen können. Drittens könnte es sein, dass Sie – wie viele Väter nach der Scheidung – die Tendenz haben, alles, was mit Ihrer Exfrau zu tun hat, sehr negativ und nur in dunklen Grautönen zu sehen. Manchmal übertragen Väter diese Sichtweise auch auf Ihre Kinder. Dann ist es für Sie als Vater hilfreich, sich auch an die schönen Seiten zu erinnern und die gute Qualität Ihrer väterlichen Beziehung zu Ihrem Kind wieder zu spüren.

Ich empfehle Ihnen, im ersten Durchgang der folgenden Übung nach jedem Fragenkomplex die Augen zu schließen und Bilder von dieser gemeinsamen Zeit kommen zu lassen. Wenn es schöne sind, genießen Sie sie. Sollte sich der Grauschleier der Scheidung über die Bilder mit Ihrem Kind gelegt haben, ziehen Sie in Gedanken diesen Grauschleier zur Seite und konzentrieren Sie sich einmal nur auf Ihr Kind.

Ich bitte Sie, im zweiten Durchgang die wichtigsten Antworten schriftlich festzuhalten. Auf diese Aufzeichnungen können Sie immer dann zurückgreifen, wenn Sie an Ihrem Vatersein zweifeln und wieder die Tendenz spüren, alles, was mit Ihrer Exfrau zu tun hat, schwarz zu sehen. Diese Aufzeichnungen können Ihnen auch dann sehr gut nützen, wenn Sie einmal nicht sicher sind, ob es gut und wichtig ist, für eine gemeinsame Zeit mit Ihrem Kind zu kämpfen. Diese wichtigen Momente mit Ihrem Kind können Ihnen ein Wegweiser sein, wenn es darum geht, mit ihm eine neue gemeinsame Zeit zu gestalten. Vor allem in schwierigen Zeiten mit Ihrem Kind ist es gut, auf schöne Momente blicken zu können.

Um Ihre Bindung zu Ihrem Kind, zu Ihren Kindern zu reflektieren, lade ich Sie ein, folgende Übung zu machen:

Versuchen Sie sich zu vergegenwärtigen, wie Sie die folgenden Zeiten erlebt haben.

- Können Sie sich an den ersten Gedankenaustausch mit Ihrer Exfrau erinnern, bei dem Sie zum ersten Mal darüber redeten, wie es wäre, ein gemeinsames Kind zu haben? Wie war das damals, geschah es bei einem gemeinsamen Abendessen, bei einem Spaziergang? Wie ging es Ihnen dabei?

- Wie war es damals für Sie, als Sie erfahren haben, dass Ihre Frau – und damit auch ein Stück weit Sie – schwanger sind? War Ihr Kind geplant, war es ein „Unfall"? Wie sahen Ihre ersten Reaktionen aus?

- Wie erlebten Sie die Geburt Ihres Kindes? Bekam Ihre Exfrau Ihr Kind im Krankenhaus oder zuhause? Wie war die Fahrt zum Krankenhaus? Waren Sie als Vater bei der Geburt dabei? Wie war das Gefühl, Vater eines neugeborenen Kindes zu sein?

- Wie war die erste Zeit zu dritt mit Ihrem Kind? Wie ging es Ihnen mit dieser Umstellung vom Mann zum Vater? In welcher Form beteiligten Sie sich an der Pflege Ihres Kindes? Fütterten und wickelten Sie es? Gingen Sie mit Ihrem Kind anders um als Ihre Exfrau? Hielten Sie es einmal oder immer wieder voller Stolz hoch und zeigten es anderen Menschen?

- Wie war das für Sie, als Ihr Kind zum ersten Mal „Papa" zu Ihnen sagte?

- Was haben Sie empfunden, als Ihr Kind seinen ersten Schritt tat? Bei welcher Gelegenheit war das? Wohin ging Ihr Kind dabei? Wie war Ihr Gefühl, als Ihr Kind zum ersten Mal auf Sie zuging?

- Was unternahmen Sie mit Ihrem Kind? Gemeinsames Spielen, Vorlesen am Abend, Spielplatz, Baumhaus bauen, Abenteuer?

- Wie erlebten Sie mit Ihrem Kind seine Geburtstage und gemeinsame Feiertage wie Weihnachten, Neujahr, Ostern, Frühlingsanfang und vieles mehr?

- Wie erlebten Sie den ersten Kindergartentag mit Ihrem Kind?

- Können Sie sich daran erinnern, als Ihr Kind seinen ersten Milchzahn verlor?

- Wie war es für Sie, als Ihr Kind den ersten Tag in die Schule ging? Wer von Ihnen beiden war aufgeregter? Wie ging es Ihnen bei dem Gedanken, dass Ihr Kind immer unabhängiger wird?

- Wie erging es Ihnen als Vater, als Ihr Kind krank war? An welche Krankheiten können Sie sich erinnern? Mumps, Masern, Windpocken? Hatte Ihr Kind auch andere Krisen? Musste es einmal operiert werden? Wie unterstützten Sie als Vater Ihr Kind in diesen Krisen?

- Bei welchen Gelegenheiten hatten Ihr Kind und Sie miteinander Streit und Auseinandersetzungen? Konnten Sie gut miteinander streiten? Wie versöhnten Sie sich dann wieder?

- Was waren besonders glückliche und schöne Augenblicke mit Ihrem Kind? Woran können Sie sich erinnern? Ihr Kind zum ersten Mal im Arm zu halten? Sein Wachsen und Größerwerden mitzuerleben? Szenen auf dem Spielplatz, im Bad, auch mit Ihrer Exfrau gemeinsam? Wenn Ihr Kind etwas Besonderes geleistet hat, im Fußball ein Tor geschossen, im Turnverein geglänzt, etwas vorgesungen und vieles mehr? Genießen Sie diese glücklichen Augenblicke!

Wenn Vatersein für Sie ein Lebenssinn geworden ist, dann brauchen auch Sie Ihr Kind. Natürlich ist es ein anderes Brauchen als das Ihres Kindes. Wenn ein Vater sein Kind einmal in sein Herz geschlossen hat, dann kann es dort nicht mehr herausgerissen werden, ohne tiefe emotionale Wunden zu hinterlassen. Die Bindung des Vaters an das Kind ist eine psychische Realität, deren Vernichtung zu unterschiedlichen negativen Auswirkungen für alle Beteiligten führt. Nehmen Sie diese Realität ernst. Väter wollen miterleben, wie ihre Kinder groß werden. Vatersein ist Lebenssinn!

Gerhard – Sie kennen ihn bereits aus dem Auftakt – erzählt:

„In meiner Lebenskrise, in der ich auch beim Psychotherapeuten war, ist mir klar geworden, wie wichtig die

Kinder für mich sind, und dann habe ich zu kämpfen begonnen. Ich bin zu meinen Kindern gegangen, habe mit ihnen geredet. Ich bin für mich eingestanden und habe gesagt: ‚Ich bin jetzt wieder für euch da. Jetzt kann ich es wieder.‘ Die drei Jüngeren waren gleich Feuer und Flamme, die 14-Jährige war zuerst skeptisch. Seit diesem Gespräch habe ich all meine Termine mit den Kindern eingehalten. Meine Kinder und ich haben eine wirklich tolle Zeit und eine wirklich gute Beziehung miteinander. Selbst die Julia, die ist heute 17, ist voll stolz auf mich. Meiner Exfrau bin ich sehr dankbar dafür, dass sie mir den Zugang zu den Kindern wieder ermöglicht hat.“

Die Beziehung und Bindung, die Sie zu Ihrem Kind aufgebaut haben, ist der Boden für Ihre Zeit mit ihm nach der Scheidung oder Trennung.

Sie haben in diesem Kapitel erfahren, wie wichtig das Beziehungsdreieck Vater-Mutter-Kind für die Entwicklung Ihres Kindes ist. Sie wissen jetzt auch, wie sehr Ihr Kind Sie als Vater braucht. Sie können nun auf gute Argumente zurückgreifen, um jemanden sicher zu widerlegen, der immer noch behauptet, „für das Kind ist nur die Mutter wichtig, auf den Vater kann verzichtet werden“. Es ist Ihnen aber auch klarer geworden, was Ihnen Ihr Kind bedeutet und wie sehr Sie Ihr Kind brauchen.

Sehr wahrscheinlich hat auch Ihr Kind Reaktionen auf die Scheidung seiner Eltern gezeigt. Vielleicht ist es wütender geworden, hat sich mehr zurückgezogen oder in seinen Schulleistungen nachgelassen. Wie Sie als Vater diese Reaktionen erkennen und ihnen begegnen können, erfahren Sie im nächsten Kapitel.

2. Wutausbrüche, Bauchschmerzen, Schulversagen: Wie Ihr Kind auf die Trennung reagieren kann und wie Sie als Vater damit umgehen

Stellen Sie sich doch einmal vor, Sie wären zehn Jahre alt. In den letzten vier Monaten hat sich ein Schatten über Ihre Familie gelegt. Können Sie sich erinnern, wie lange vier Monate dauerten, als Sie zehn Jahre alt waren? Endlos. Mutter und Vater gehen sich aus dem Weg, eine andauernde Spannung liegt im Raum. Manchmal wachen Sie in der Nacht auf, weil aus dem elterlichen Schlafzimmer lauter Streit zu hören ist. Ihr Herz hängt an beiden. Sie lieben beide. Bis vor vier Monaten haben Sie Ihre Eltern als eine Einheit erlebt, die immer für Sie da war, wenn Sie sie brauchten.

Wenn Mutter und Vater im Raum sind, wissen Sie nicht, zu wem Sie gehen sollen. Wenn Mama über Papa oder Papa über Mama schimpft, zerreißt es Ihnen das Herz. Schauen Ihre Eltern einander voller Hass an, spüren Sie einen Stich im Körper.

Papa bleibt immer länger weg und morgens, wenn Sie aufstehen, ist er schon fort. Abends müssen Sie ins Bett gehen und Papa ist immer noch nicht da. Sie versuchen wach zu bleiben, um ihn endlich wieder zu sehen. Eines Nachts gehen Sie ins Wohnzimmer: Papa schläft auf der Couch.

Manchmal bringt Papa Spielzeug mit. Sie verstehen nicht, warum, denn es ist nicht Weihnachten und Sie haben auch nicht Geburtstag. Papa hat versprochen, mit Ihnen fischen zu gehen, aber das geht jetzt nicht mehr – warum, kann er Ihnen nicht sagen.

Mama hat sich verändert, sie lacht kaum noch. Manchmal, wenn sie glaubt, Sie seien nicht da, weint sie. Die winzigste Kleinigkeit bringt sie durcheinander. Manchmal ist sie gereizt und schimpft ohne Grund mit Ihnen, dann wieder will sie Sie nur lieb haben und drückt Sie so fest, dass Sie kaum noch Luft bekommen. Auch Ihre zwei Jahre jüngere Schwester kennt sich nicht aus. Zu zweit sind Sie oft nur traurig und wissen nicht recht, wie es weitergeht.

Die Streitereien zwischen Mama und Papa werden stärker. Jetzt schreien sie einander an, auch wenn Sie dabei sind. Manchmal verschwinden Sie dabei einfach unter dem Tisch, halten sich die Ohren zu und wünschen sich nur noch, dass Mama und Papa endlich aufhören zu streiten.

Eines Tages holen Mama und Papa Sie zusammen mit Ihrer Schwester in die Küche und erklären Ihnen beiden, dass sie sich scheiden lassen.

Grafik 2.1: Ein scheidungsbetroffenes Kind verliert seine Orientierung.

So wie der Junge auf diesem Bild würden Sie orientierungslos zwischen Vater und Mutter stehen. Wie würden Sie sich dabei fühlen? Ja, genau! Es fühlt sich an, als wenn Sie in der Mitte auseinandergerissen würden. Sie würden sich zerrissen fühlen.

Das ist das Gefühl, das Kinder und Jugendliche spüren, wenn sich eine Scheidung der Eltern anbahnt und wenn sie vollzogen wird. Mutter und Vater, die bisher das Sein der Kinder ausgemacht haben, gehen auseinander. Genauso gehen die Herzen und die Seelen der Kinder auseinander.

Es war wichtig, dass Sie die Perspektive des Kindes eingenommen haben, dass Sie wirklich einmal innerlich fühlten, wie es einem Kind geht, wenn seine Eltern sich trennen. Dadurch können Sie umfassend verstehen – mit Herz und Kopf –, wie es Ihrem Kind in dieser Situation ergeht. Wenn Sie sich in dieses Gefühl der Zerrissenheit einfühlen können, dann verstehen Sie auch die Reaktionen Ihres Kindes nach der Scheidung. Das sind dann nicht nur einfach Verhaltensweisen, die Ihr Kind unterlassen soll, sondern sein Verhalten wird durch diese Zerrissenheit verursacht. Erst wenn Sie als Vater und Ihre Exfrau als Mutter aktiv dazu beitragen, dass sich Ihr Kind nicht mehr zerrissen fühlt, kann es sein Verhalten ändern.

Was hätten Sie als zehnjähriger Junge gebraucht, damit Sie sich nicht so zerrissen fühlen? Sie hätten gebraucht, dass Ihre Eltern Ihnen nicht nur sagen, dass sie sich trennen, sondern dass Sie Ihnen auch mitteilen, wie es für Sie weitergeht! Ihnen hätten Aussagen Ihrer Eltern geholfen wie: „Wir wissen, dass du uns beide brauchst. Wir werden dafür sorgen, dass wir immer für dich da sind, auch wenn wir uns trennen. Der Papa wird zwar ausziehen, aber er holt dich jeden Mittwoch um 14 Uhr ab und dann bleibst du bei ihm bis nach dem Abendessen. Dann bringt er dich zur Mama zurück. Und jedes zweite Wochenende bist du ganz bei ihm." Dann hätten Sie sich als zehnjähriges Kind etwas zurücklehnen können und wahrscheinlich hätten Sie gedacht: „Verdammt schade, dass sie sich trennen, aber zumindest sorgen meine Eltern sich um mich und vergessen mich nicht." Natürlich wären Sie noch traurig und zerrissen, das hört nicht von einer Minute auf die andere auf. Aber Sie hätten eine Orientierung – und das ist für Kinder und Jugendliche, die von der Scheidung ihrer Eltern betroffen sind, sehr wichtig.

Aber nicht nur Orientierung hätten Sie als zehnjähriges Kind gebraucht, sondern auch, dass Ihre Eltern Sie ihrer Liebe versichern – und zwar beide Eltern! „Auch wenn wir uns scheiden lassen, auch wenn wir einander nicht mehr lieben, dich lieben wir, dich werden wir immer lieben. Du bist für uns der wichtigste Mensch auf der ganzen Welt." Wenn Sie jetzt noch in der Rolle des zehnjährigen Kindes stecken, dessen Eltern sich scheiden lassen, werden Sie wahrscheinlich spüren, wie Sie durchatmen, wie die Unsicherheit wie eine Last von Ihren Schultern fällt. Genauso wird auch Ihr Kind aufatmen, wenn Sie und Ihre Exfrau es Ihrer Liebe versichern.

Der 49-jährige Ernst, von Beruf Sozialarbeiter, der sich vor zehn Jahren scheiden ließ und heute ein sehr gutes Verhältnis zu seinen beiden Kindern – dem 22-jährigen Laurenz und der 24-jährigen Manuela – hat, bereut bis heute, dass er dies bei der Scheidung damals seinen Kindern nicht so klar gesagt hat: „Grundsätzlich ist es gut gelaufen mit den Kindern, aber eines wird mich noch auf dem Totenbett belasten: dass meine Exfrau und ich unseren Kindern damals nicht klar gesagt haben, wie es mit Ihnen weitergeht und vor allem, dass wir beide sie lieben, egal was zwischen uns als Eltern passiert." Ernst ist ein lustiger Kerl und er versucht durch ein Grinsen beim Reden die Dramatik herauszunehmen, doch es ist spürbar, wie sehr er sein Unterlassen bedauert.

Damit das Lesen für Sie nicht zu mühsam und emotional zu anstrengend wird, bitte ich Sie jetzt, ganz bewusst aus dieser Rolle des zehnjährigen Kindes wieder auszusteigen. Sie kennen nun das Gefühl, doch Sie brauchen sich nicht ständig damit zu belasten. Die anderen schwierigen Gefühle, mit denen Kinder in und nach der Scheidungssituation konfrontiert werden, bitte ich Sie mehr aus der Vogelperspektive zu betrachten, also mit etwas Abstand. Doch versuchen Sie beim Lesen Ihr Kind im Blick zu haben. Es kann sein, dass es mit Zerrissenheit oder den anderen hier beschriebenen schwierigen Gefühlen kämpft. Dann liegt es auch an Ihnen als Vater, ihm zu helfen.

Mit der Zerrissenheit gehen für Kinder und Jugendliche, deren Eltern sich scheiden lassen, sehr oft Schuldgefühle einher. Vielleicht glaubt auch Ihr Kind an Ihrer Trennung schuld zu sein. So wie der sechsjährige Thomas, aus dem es herausbricht: „Wenn ich nur braver gewesen wäre, hätten sich meine Eltern nicht scheiden lassen!" Oder wie die achtjährige Susanne klagt: „Wenn ich in der Schule nur besser gelernt hätte, dann hätte sich der Papi nicht so ärgern müssen und wäre nicht fortgegangen!"

Natürlich sind diese Schuldgefühle der Kinder irrational und sie entbehren jeglicher Grundlage. Doch auch Ihr Kind sucht nach Erklärungen für die Trennung seiner Eltern. Da es die wahren Ursachen nicht verstehen kann, setzt es bei dem einzigen Menschen an, den es beeinflussen kann: bei sich selbst. Erklären Sie Ihrem Kind, dass es nicht an Ihrer Trennung schuld ist. „Weißt du, dass sich Mama und Papa nicht mehr lieben, hat nichts mit dir zu tun. Egal was du gemacht oder auch einmal angestellt hast: Dass Mama und Papa sich trennen, liegt nur an uns." Sagen Sie das Ihrem Kind so oft wie möglich.

Doch nicht nur Zerrissenheit und Schuldgefühle können Ihr Kind belasten. Vielleicht schämt es sich auch wegen Ihrer Trennung. Auch wenn Scheidung heute etwas Normales geworden ist, so versuchen doch viele geschiedene Eltern den Schein zu wahren. Das ergibt für ihre Kinder einen großen Druck, dass nur ja nichts nach außen dringt. Vielleicht glaubt Ihr Kind wie viele scheidungsbetroffene Kinder, dass es mit diesem Problem allein dasteht. Dann schämt es sich dafür, nicht mehr in einer intakten Familie zu leben, so wie die achtjährige Laura: „Bis jetzt habe ich es nur der Susanne, meiner besten Freundin, erzählt, dass der Papa ausgezogen ist. Die hat mir versprechen müssen, es sonst niemandem zu sagen."

Auch in diesem Fall liegt es an Ihnen als Vater und an Ihrer Expartnerin als Mutter, dem Kind ganz klar zu signalisieren, dass es sich nicht zu schämen braucht. Sagen Sie ihm zum Beispiel: „Weißt du, ich verstehe, dass es für dich schlimm ist, dass Mama und Papa sich getrennt haben. Dafür brauchst du dich wirklich nicht zu schämen. Manchmal ist es wichtig, seinen Freunden zu erzählen, was mit einem los ist. Das tut der Seele gut. Also schäme dich nicht und rede ganz offen mit deinen Freunden darüber, auch in der Schule. Wir haben nichts zu verstecken." Noch wichtiger als das, was Sie Ihrem Kind sagen, ist das, was Sie selbst tun. Je offener und unbefangener Sie selbst mit Ihrer Scheidung nach außen umgehen, umso leichter fällt dies auch Ihrem Kind. Verheimlichen Sie Ihre Scheidung nicht, ziehen Sie sich nicht in Ihr Schneckenhaus zurück. Trennung und Scheidung gehören heute zur Normalität. Sie können die Scheidung auch für sich besser verarbeiten, wenn Sie sich anderen mitteilen.

Neben der Zerrissenheit, der Schuld und der Scham gibt es noch viele unangenehme Gefühle, mit denen Ihr Kind bei der Trennung seiner Eltern konfrontiert werden kann: Verlassenheitsängste, Wut, Hass und Hilflosigkeit, um nur einige zu nennen. Doch fast immer ist die Zerrissenheit aufgrund der Trennung der Eltern der Ausgangspunkt für diese anderen Gefühle. Das heißt: Ein Kind drückt seine Zerrissenheit in Form von Wut aus, ein anderes durch hilfloses Klammern. Der Kern dieser unangenehmen Gefühle ist also fast immer das Empfinden, durch die Trennung der Eltern – Vater geht nach rechts, Mutter geht nach links – in der Mitte auseinandergerissen zu werden.

Wenn Sie nicht recht wissen, was mit Ihrem Kind los ist, dann ist es gut, einmal die Perspektive Ihres Kindes einzunehmen, so wie Sie es hier geübt haben. Wenn Sie dann die Zerrissenheit spüren, ist das ein Warnsignal für Sie. Dann sind Sie als Vater und Ihre Exfrau als Mutter dringend gefordert, Maßnahmen zu ergreifen, wie ich sie in diesem Kapitel in den elf Schritten beschreibe. Damit Sie noch besser mit dieser Materie vertraut werden, schildere ich Ihnen anhand von drei Fallbeispielen, wie Kinder auf die Trennung der Eltern reagieren können.

Paul rast vor Wut

Der zehnjährige Paul erlebte die Situation ungefähr so, wie Sie es sich gerade vorgestellt haben. Sein Vater zog vor zwei Monaten von zuhause aus, seither hat er ihn nicht mehr gesehen.

In der Schule ist Paul unkonzentriert – kein Wunder: Er muss immer an Papa und Mama denken. Er hört nur zum Teil zu, so kann er die Inhalte oft nicht verstehen, die die Lehrerin darstellt. In Mathematik kommt er nicht mehr mit. Wenn die Lehrerin ihn aufruft, ist er oft verwirrt. Manchmal schnauzt er sie an: „Lass mich in Ruhe!" Die anderen Kinder lachen dann. Die Lehrerin ist noch verständnisvoll, die Mutter hat ihr die Situation erklärt.

In der Pause erträgt Paul nicht viel. Ein Wort eines Klassenkameraden reicht aus, damit Paul – er ist einer der Stärksten in der Klasse – auf ihn losgeht. Paul spürt, dass eine Art Vulkan in seinem Bauch sitzt. Eine Kleinigkeit genügt, damit er explodiert. Pauls Freunde beginnen ihm auszuweichen, auf dem Heimweg ist er jetzt oft allein. Zwölfjährige beginnen ihm aufzulauern. Für sie ist es ein leichtes Spiel, Paul auf die Palme zu bringen, um einen Grund zu haben, ihn zu verprügeln. Zuhause will Paul kaum mehr etwas essen, die Mama geht ihm nur noch auf die Nerven. Bettina, die zwei Jahre jüngere Schwester, nervt genauso wie die Mama. Der Papa – ja, der Papa, der fehlt ihm so sehr. Pauls Mama ist besorgt und überfordert. Pauls Klassenlehrerin hat schon wieder angerufen, als wenn sie zurzeit an sonst nichts anderes zu denken hätte.

Paul weiß einfach nicht weiter. Was soll er denn machen, wenn der Papa gar nicht mehr wiederkommt? Mit den zwei Frauen allein bleiben, das hält er doch im Kopf nicht aus. Wer soll denn dann der Mann im Haus sein? Er sicher nicht, aber wenn sonst niemand da ist? Abends kann er nicht schlafen, bei jedem Geräusch denkt er: „Ah, der Papa kommt zurück!" Doch der Papa kommt nicht wieder. Neulich zerstörte Paul – rasend vor Wut – im Keller die Eisenbahnanlage, die sein Papa und er in mühsamer Kleinarbeit in eineinhalb Jahren aufgebaut hatten.

Paul fühlt sich so einsam. Mit wem kann er denn reden, so von Mann zu Mann? Im Herzen tut es einfach so weh. Da muss er dann einem anderen auch wehtun, damit er den eigenen Schmerz nicht mehr so intensiv spürt.

Der Grund für Pauls Wut ist nicht nur die Zerrissenheit aufgrund der Trennung seiner Eltern. Ihm fehlt die Präsenz des Vaters. Gerade Buben im Alter von zehn Jahren identifizieren sich sehr stark mit ihrem Vater. Weil der geliebte Vater nicht da ist, an dem er sich orientieren kann, fällt Paul in ein tiefes Loch, das er nur erträgt, indem er auf andere Menschen wütend ist. Sollte auch Ihr Kind wütend sein, liegt es vielleicht daran, dass Sie zu wenig Zeit mit ihm verbringen.

Bettina klammert

Auch Bettina, die achtjährige Schwester von Paul, hat ihre Probleme. Sie ist für ihr Alter klein und etwas schüchtern. Seit der Papa weg ist, kann sie nicht mehr allein sein. Nur mit großer Mühe bringt ihre Mutter sie am Morgen in die Schulklasse. Zur Schule geht Bettina ohnehin nur noch, wenn die Mama sie hinfährt. In der Klasse ist sie sehr still. Ihre Leistungen sind nach wie vor gut, sie spricht aber kaum noch mit den anderen Kindern. Ihre besten Freundinnen kennen sich nicht aus. Sie versuchen immer wieder auf Bettina zuzugehen, doch sie schafft es nicht, ihre Kontaktangebote anzunehmen.

Bettina zieht sich mehr und mehr zurück. Sie kann nicht ohne ihre Mutter von der Schule nach Hause gehen. Zuhause angekommen, weicht sie nicht von ihrer Seite. Trägt die Mutter den Müll hinaus, geht Bettina mit. Wenn die Mutter einkaufen gehen will, muss Bettina mit. Will Bettinas Mutter eine Freundin besuchen, sogar wenn sie Bettinas Großmutter als Babysitterin besorgt hat, will Bettina unbedingt mitgehen. Sogar auf die Toilette möchte sie die Mutter begleiten.

Einschlafen kann Bettina nur noch, wenn ihre Mutter neben ihr liegt. Kaum ist Bettina eingeschlafen, versucht die Mutter sich hinauszuschleichen, woraufhin Bettina aufwacht und darauf beharrt, dass ihre Mutter bei ihr bleibt.

Bettinas Mutter ist am Ende. Sie beginnt Bettina anzuschreien und sie von sich zu stoßen. Wenn Bettina dann zu weinen anfängt, zerreißt es ihr das Herz und sie umarmt das Mädchen wieder. Die Mutter ist hin- und hergerissen, sie möchte Bettina und Paul so gerne helfen, weil sie durchaus versteht, dass sie den Papa vermissen. Auf der anderen Seite will sie diesen widerlichen Kerl einfach nicht mehr sehen und im Hause haben. Im Grunde genommen geht es ihr psychisch sehr schlecht.

Bettina denkt, weil ja der Papa nicht mehr da ist, kann es auch sein, dass die Mama einfach verschwindet. „Wer kümmert sich denn dann um mich?", fragt sie sich. „Ist dann jemand für mich da, wenn ich jemanden brauche? Was kann ich tun, damit die Mama nicht auch noch verschwindet?" Bettina muss sich einfach an die Mama klammern.

Auch Bettina braucht die Präsenz ihres Vaters. Erst wenn sie wieder mit ihm sein kann, seine Nähe spürt, die beiden wieder ihre vertrauten Rituale – wie vorlesen, „Mensch ärgere dich nicht" spielen, was Bettina so liebt – miteinander leben, kann Bettina sich vergewissern, dass geliebte Menschen nicht einfach über Nacht verschwinden. Erst dann ist sie in der Lage, ihr Klammern aufzugeben. Darüber hinaus braucht Bettina Sicherheit und Verlässlichkeit. Erst wenn sie das sichere Gefühl wiederfindet, wie ihr der Vater den Rücken stärkt („Was, der Fabian ist so gemein zu dir? Na, den werde ich mir einmal vorknöpfen!"). Wenn sie sich auf beide Eltern verlassen und sich zum Beispiel sagen kann: „Unter der Woche bin ich bei der Mama, aber jeden Freitagnachmittag holt mich der Papa ganz sicher von der Schule ab und dann verbringe ich den ganzen Nachmittag mit ihm", erst dann kann Bettina ein Stück ihre Zerrissenheit und damit auch das Klammern aufgeben. Sollte auch Ihr Kind klammern, haben Sie jetzt sicher Ansatzpunkte, wie Sie als Vater damit umgehen können. Mehr dazu lesen Sie weiter hinten bei Schritt 8, „Geben Sie Ihrem Kind Sicherheit!".

David hat Kopfweh

Seit zwei Wochen ist der neunjährige David schon in der psychosomatischen Kinder- und Jugendlichenabteilung des Landeskrankenhauses in seiner Heimatstadt. Er ist zart gebaut und für sein Alter eher klein. Er trägt sein schwarzes Haar schulterlang, hat eine Nickelbrille und etwas Künstlerisches an sich. David leidet an Migräneanfällen. Mehrmals am Tag sind diese Schmerzen so stark, dass er sich hinlegen muss. Medizinisch wurde er wiederholt untersucht. Körperlich ist mit David alles in Ordnung.

Seine Eltern sind seit vier Monaten geschieden. David lebt bei seiner Mutter, sein Vater holt ihn alle 14 Tage zu einem gemeinsamen Wochenende ab. David mag den Papa. Er findet, er hat den wunderbarsten Papa auf der ganzen Welt. Niemand kann so gut Drachen bauen und steigen lassen wie er, so gut Ski fahren, so gut was auch immer. Sein Papa ist der allerbeste Papa auf der ganzen Welt. Die Mama hat er auch ganz fest lieb, doch er versteht die Situation einfach nicht. Mama und Papa waren doch immer so liebevoll zueinander. David sehnt sich so stark nach der Zeit zurück, in der sie noch zu dritt waren. Er vermisst das sonntägliche gemeinsame Frühstück im Bett, die gemeinsamen Kinobesuche, bei denen er natürlich in der Mitte saß. Wenn der Papa etwas nicht erlaubte, ging er zur Mama – manchmal gab sie dann nach. Manchmal war es auch umgekehrt.

Am meisten hasst er es, wenn der Papa sagt: „Du bist jetzt eh besser dran, kein Streit mehr zuhause." Das stimmt schon, aber auch keine Dreisamkeit mehr, die David so schön fand. Auch die Mama will ihm einreden, wie toll er es jetzt hat, da kann er der Mann im Haus sein. David denkt: „Ich will nicht der Mann im Haus sein, ich will mit richtigen Eltern sein, vor allem zu dritt!" David vermisst auch die Liebe zwischen seinen Eltern.

Dadurch dass seine Eltern ihm einreden wollen, dass er jetzt besser dran ist, weiß David nicht mehr, was er glauben soll. Er vermisst das Zu-dritt-Sein, Mama und Papa wollen ihm das ausreden. Dieser Konflikt verursacht ihm Kopfschmerzen.

Gott sei Dank hat die Psychotherapeutin im Krankenhaus die Sorgen von David verstanden. Mit Zeichnen und Spielen machte sie sich ein Bild davon, was in David vorgeht. So hat sie für die nächste Woche sowohl die Mutter als auch den Vater zu einem Einzelgespräch eingeladen. Sie wird zu beiden sagen: „Ihr Kind darf das Zu-dritt-Sein vermissen. Reden Sie ihm das nicht aus. Lassen Sie ihn trauern. Erklären Sie ihm auch, dass es Ihnen leidtut, dass er nicht mehr mit beiden Eltern sein kann. Verstehen Sie Ihr Kind. Damit ändern Sie die Wirklichkeit nicht, aber Ihr Kind muss nicht etwas lieber haben, das es nicht lieber haben kann. Selbst wenn Sie froh sind, dass Sie Ihren Ehepartner los sind. Ihr Kind liebt beide Eltern und wünscht sich von Herzen, dass Mutter und Vater ein Liebespaar sind. Dieses Wünschen, dieses Sehnen muss erlaubt sein und von beiden Eltern verstanden werden, auch wenn die Realität anders aussieht.

Auch für Ihr Kind ist es wichtig, dass Sie als Vater den Verlust verstehen, den es durch die Trennung seiner Eltern erfährt.

Folgen

Paul, Bettina und David sind keine Einzelfälle. So wie diese drei reagieren viele Kinder, um ihre Zerrissenheit auszudrücken.

Kurz- und mittelfristige Auswirkungen der Scheidung auf Kinder und Jugendliche

Gut zwei Drittel (70 Prozent) aller Kinder und Jugendlichen zeigen psychische Reaktionen nach der Trennung ihrer Eltern.

- 13 Prozent reagieren mit aggressivem Verhalten, mit Lügen und Wutanfällen.
- 37 Prozent reagieren mit depressivem Verhalten, Trennungsängsten und Abfall in der Schulleistung.

- 20 Prozent reagieren mit psychosomatischen Beschwerden wie Hautausschlag, chronischen Magen- und Darmstörungen, Kopfschmerzen.
- 30 Prozent zeigen keine unmittelbaren Reaktionen auf die Scheidung der Eltern.

Diese Reaktionen sind nicht nur unvermeidbar – auch wenn es seltsam klingt: Es ist sogar gut, wenn Ihr Kind auf die Scheidung Wut, Klammern oder andere hier beschriebene Reaktionen zeigt. Kann Ihr Kind seine Gefühle ausdrücken, selbst wenn das zunächst in psychosomatischen Beschwerden mündet, so ist das ein wichtiger Schritt, damit das Leid nicht verdrängt oder verleugnet wird. Ihr Kind braucht die Möglichkeit, seine Befindlichkeit auszudrücken. Erst dann kann es beginnen, die Trennung der Eltern zu verarbeiten und sich neu zu orientieren. Damit ist gewährleistet, dass verdrängte Gefühle bei Ihrem Kind nicht später wieder unkontrollierbar hervorbrechen – zum Beispiel dann, wenn es als Erwachsener Beziehungen und Partnerschaften mit dem anderen Geschlecht leben will. Gelingt es Ihrem Kind, sein Befinden auszudrücken, können Sie ihm als Vater – oder auch andere Personen – helfen.

Wenn beide Eltern sich um die Kinder bemühen, verschwinden die kurz- und mittelfristigen Folgen der Scheidung für die meisten Kinder und Jugendlichen nach ein bis zwei Jahren.

Fragen an Sie als Vater, wie Ihr Kind auf die Scheidung reagierte

- Welche Reaktionen zeigte Ihr Kind während und nach der Scheidung?
- In welche Verhaltensweisen von früher ist Ihr Kind zurückgefallen?
- Wie gut konnten Sie die Reaktionen Ihres Kindes während und nach der Scheidung verstehen?

- Wie sind Sie als Vater bisher mit diesen Reaktionen umgegangen?
- Wie war Ihr Kontakt zu Ihrem Kind während der Scheidung und danach?
- Worin unterscheidet sich der Kontakt zu Ihrem Kind vor und nach der Trennung?

Sie wissen jetzt, welche Reaktionen Ihr Kind nach der Scheidung zeigt. In den folgenden elf Schritten arbeite ich mit Ihnen ganz konkrete Möglichkeiten heraus, was Sie als Vater unternehmen können, damit Ihr Kind diese schwierigen und selbstschädigenden Reaktionen nach der Trennung seiner Eltern aufgeben kann.

Elf Schritte, wie Sie als Vater mit diesen Reaktionen umgehen können

Egal ob Ihr Kind nach der Scheidung wie Paul vor Wut rast, wie Bettina klammert, psychosomatisch reagiert wie David oder ob es gar keine Reaktionen zeigt: Eine Scheidung der Eltern ist für die Kinder immer mit Zerrissenheit und Verlust und fast immer mit Schuld- und Schamgefühlen verbunden.

Die Zerrissenheit – wahrscheinlich auch Ihres Kindes – kommt daher, weil das Kind nicht mehr weiß, wo es hingehört, wo es zuhause ist. Wir Menschen sind grundsätzlich dort zuhause, wo Menschen uns lieben. Zwar lieben Mutter und Vater das Kind, aber Mutter und Vater lieben einander nicht mehr. Wo ist jetzt das Zuhause des Kindes, auch Ihres Kindes?

Ihr Kind kann auf Dauer seine Zerrissenheit nur dann verlieren, wenn es bei Ihnen als Vater – in der Welt des Vaters – und bei seiner Mutter – in der Welt der Mutter – einen Platz und auch ein Zuhause findet. Es kann die beiden Zuhause – Vaters

Welt und Mutters Welt – nur dann genießen und in seinem Herzen zu einem Zuhause machen, wenn es gut zwischen diesen beiden Welten hin- und hergehen kann. Wenn es bei Ihnen als Vater nicht denken muss: „Worauf muss ich jetzt aufpassen, damit er sich nicht wieder über die Mama aufregt?" Und wenn es bei seiner Mutter nicht auf der Hut sein muss, Sachen zu sagen wie: „Du. Mama, das war wieder ganz toll beim Papa!", weil die Mama dann wieder denken könnte, beim Papa sei alles besser und sie sei eine schlechte Mutter.

Bei der achtjährigen Laura ist das so: „Beim Papa ist es ganz toll, mit dem koche ich so gerne, dabei können wir über alles plaudern, auch darüber, was mir bei der Mama gefällt oder was mich dort nervt. Aber auch zur Mama gehe ich dann wieder gerne, weil über die Buben in meiner Klasse rede ich doch lieber mit ihr." Dadurch dass Laura sowohl in Vaters Welt als auch in Mutters Welt einfach nur sie selbst sein kann, nehmen ihre Wutanfälle ab, mit denen sie während und nach der Scheidung ihre ganze Großfamilie auf Trab hielt.

Wenn Sie als Vater diese hier beschriebenen elf Schritte gehen, leisten Sie einen wichtigen Beitrag dazu, dass Ihr Kind seine Zerrissenheit und die damit verbundenen Reaktionen langsam aufgeben kann. Sie müssen diese Schritte nicht in der angegebenen Reihenfolge machen. Wichtig ist, dass Sie sie machen.

Betrachten Sie dabei die Reaktionen Ihres Kindes nach der Trennung nicht als das Grundübel, sondern als Warnlämpchen – genau wie die Ölkontrolllampe in Ihrem Auto. Nicht das aufleuchtende Lämpchen ist das Problem, sondern der hohe Öldruck. Bei Ihrem Kind sind nicht die Wut, der Rückzug oder die psychosomatischen Beschwerden der springende Punkt, sondern sein darunterliegendes Gefühl der Zerrissenheit. Helfen Sie Ihrem Kind, sein Problem bei der Wurzel zu packen!

Schritt 1: Arbeiten Sie mit der Mutter Ihres Kindes zusammen!

Sie werden sich wundern, dass ich bei diesen elf Schritten mit der Mutter beginne. Doch in 90 Prozent der Fälle lebt das Kind nach der Scheidung bei seiner Mutter. Wenn auch Ihr Kind bei seiner Mutter lebt, ist es für Sie als Vater unmöglich, einen guten und regelmäßigen Kontakt zu ihm zu haben, ohne sich mit der Mutter abzustimmen oder – noch besser – mit ihr zusammenzuarbeiten.

Die Grundvoraussetzung, damit geschiedene Eltern zusammenarbeiten können

Damit Eltern nach einer Trennung gut zusammenarbeiten können, müssen sie in der Lage sein, zwischen der Paarebene, auf der die Liebesbeziehung zu Ende ist, und zwischen der Elternebene, die nach der Trennung zum Wohl des Kindes erhalten bleiben muss, zu unterscheiden. Sie können das in der folgenden Grafik erkennen.

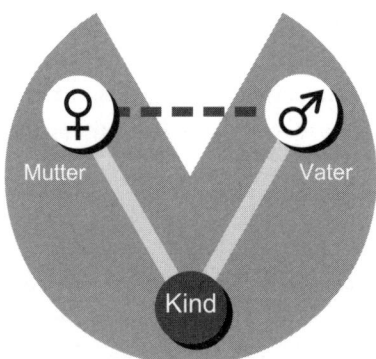

Grafik 2.2: Keine Liebesbeziehung zur Expartnerin mehr, aber eine elterliche Zusammenarbeit

Nur wenn Sie als Vater diese Unterscheidung machen können, ist es Ihnen möglich, mit Ihrer Exfrau die Belange Ihres gemeinsamen Kindes zu besprechen und zu managen, ohne in die alten Paarkonflikte zurückzufallen. Hören Sie auf, alte Paarkonflikte lösen zu wollen. Konzentrieren Sie sich auf Ihr Vatersein. Holen Sie diese Paarkonflikte immer wieder ein, ist das ein Zeichen dafür, dass Sie mit der Trennung noch nicht fertig geworden sind. Wie Ihnen dies gelingen kann, lesen Sie in Kapitel 3.

Für Sie als Vater und für Ihr Kind ist es sehr wichtig, dass Sie mit Ihrer Exfrau sehr klar organisieren, wann Ihr Kind bei wem ist: „Bleibt es dabei, dass ich Lukas am Dienstag wieder um 16 Uhr von der Schule abhole, ihn zum Fußballtraining bringe und ihn nach unserem gemeinsamen Abendessen um 19:30 Uhr wieder zu dir zurückbringe?"

Doch es geht nicht nur um organisatorische Angelegenheiten. Reden Sie mit Ihrer Exfrau über die wichtigsten Belange Ihres gemeinsamen Kindes. Stellen Sie das Interesse an Ihrem Kind in den Mittelpunkt, zum Beispiel: „Wie geht es Lukas zurzeit in der Schule? Du weißt ja, wenn es um die Schule geht, flunkert er manchmal. Ist mit seiner Schilddrüse jetzt alles in Ordnung, was sagt denn der Arzt dazu? Wenn du einmal einen freien Abend zusätzlich brauchst, lass es mich wissen. Du weißt, ich bin gerne mit Lukas zusammen." Vielleicht gelingt das auch nicht beim ersten Mal – je nachdem, wie Ihre gemeinsame Vorgeschichte aussieht. Aber wenn Ihre Exfrau merkt, dass Sie sich wirklich um das Wohl Ihres gemeinsamen Kindes bemühen, wird sie Sie über kurz oder lang wieder mehr in die Erziehung einbeziehen. Denn für Sie als Vater ist der regelmäßige Kontakt zu Ihrem Kind die Voraussetzung dafür, dass Sie eine gute Vater-Kind-Beziehung leben können. Der Weg dazu führt über Ihre Exfrau.

Für Ihr Kind ist es sehr entlastend zu erleben, dass die zwei Menschen, die es am meisten liebt, höflich miteinander reden können und vor allem, dass sich diese zwei Menschen wirklich redlich um es bemühen. Allein dieses Wissen und Erleben trägt dazu bei, dass Ihr Kind sich weniger zerrissen fühlt. Sein innerer Konflikt kann sich nur dann in Grenzen halten, wenn es erlebt, dass Mutter und Vater auch nach der Scheidung ihre elterlichen Aufgaben so gut wie möglich erfüllen. Ihr Kind braucht das Gefühl, dass beide Elternteile für es da sind, greifbar, verfügbar, im Alltag des Lebens und nicht nur zu Weihnachten oder alle Jubeljahre.

Nach einer Scheidung ist das Problem oft, dass die gleichen Verhaltensweisen der Eltern, die zur Scheidung führten, die Kommunikation weiterhin sehr erschweren. In Kapitel 5 – „Warum Sie auch nach der Scheidung mit Ihrer Expartnerin ein elterliches Team bilden sollten" – können Sie einige Verhaltensregeln nachlesen, die es Ihnen erleichtern werden, mit Ihrer Exfrau zu reden, ohne dass es zu einer Eskalation kommt.

Fragen an Sie zur Zusammenarbeit mit Ihrer Exfrau

- Wie gelingt es Ihnen, bei den Begegnungen mit Ihrer Exfrau höflich zu sein?
- Welche alltäglichen Angelegenheiten Ihres Kindes können Sie schon sehr gut mit Ihrer Exfrau besprechen?
- Bei welchen Angelegenheiten Ihres Kindes gelingt Ihnen das noch nicht so gut?
- Überlegen Sie einmal in Ruhe für sich, wie Sie auch diese Belange ins Gespräch bringen können!

Schritt 2: Bleiben Sie als Vater präsent!

Erinnern Sie sich an Paul und Bettina: Die beiden leiden vor allem darunter, dass sie seit der Trennung der Eltern keinen Kontakt mehr zu ihrem Vater haben, genau wie der neunjährige Otmar. Traurig und starr sitzt er in der therapeutischen Gruppe für scheidungsbetroffene Kinder. Das wird er immer, wenn es um seinen Vater geht. Er ist still, schluckt, seine Augen glänzen und ich habe das Gefühl, dass er sich selbst mehr und mehr einsperrt. Seine Mutter erzählt, dass sie an Otmar nicht mehr herankomme, dass er so apathisch sei, dass er in der Schule immer schlechtere Noten bekomme. Otmar hat seinen Vater seit einem Jahr nicht mehr gesehen – trotz der mütterlichen Bemühungen, trotz meiner Interventionen. Es ist Weihnachtszeit und jedes Kind in der Gruppe erzählt aufgeregt, wie es diese verbringt: einen Teil bei der Mutter, einen Teil beim Vater. Otmar ist einfach nur still, er weiß nicht, wann er seinen Vater wiedersehen wird.

Sie werden einen Unterschied bemerkt haben: Bei Paul und Bettina verweigert die Mutter den Kontakt des Vaters zu den Kindern. Bei Otmar kümmert sich der Vater nicht um ihn. Da haben Sie schon Recht. Doch für ein Kind ist es egal, warum es keinen Kontakt zu seinem Vater hat. Es leidet darunter.

Das Wichtigste für Ihr Kind ist nach der Scheidung, mit Ihnen als Vater in Kontakt zu bleiben – auch wenn es für Sie schwierig ist, vielleicht weil Sie selbst mit der Scheidung noch nicht fertig geworden sind oder weil Sie die ewigen Streitereien bei den Übergaben vermeiden wollen. Doch wenn Sie wieder Kontakt mit Ihrem Kind haben, dann muss es sich nicht fragen, was es falsch gemacht hat, dass sein geliebter Papa es nicht mehr sehen will. Es braucht sein Herz nicht zu verschließen vor Gedanken, Empfindungen, Bildern und Begegnungen, die ihn an seinen Vater erinnern und den Schmerz des Verlustes wieder hochkommen lassen. Hat Ihr Kind keinen Kontakt zu Ihnen als Vater, macht es sich vielleicht einfach Sorgen um Sie. Ihr Kind denkt dann: „Wie geht es meinem Vater? Was macht er? Wo lebt er? Kann er gut für sich sorgen? Isst er auch genug?" Auch um Ihrem Kind diese Sorgen zu nehmen, sollten Sie mit ihm Kontakt haben.

Reden Sie offen und ehrlich mit Ihrer Exfrau, dass Sie Ihr Kind wiedersehen wollen, dass Sie wieder Vater sein wollen. In meiner psychotherapeutischen Praxis bin ich immer wieder überrascht, weil es auch aus scheinbar ausweglosen Situationen Möglichkeiten gibt, dass ein Vater wieder zu seinem Kind findet – so wie im nächsten Beispiel:

Der zehnjährige Stefan ist ein begeisterter Fußballer. Seit drei Monaten sind seine Eltern geschieden. Der Richter hat das Besuchsrecht für den Vater ausgesetzt, damit Lukas sich beruhigen kann. Doch wie soll er sich beruhigen, wenn er zu dem neben der Mutter wichtigsten Menschen keinen Kontakt haben darf? Lukas beruhigt sich nicht, seine Schulleistungen lassen nach, der Streit mit der kleinen Schwester eskaliert immer öfter. Zum Fußballtraining muss er – der bisher kein einziges ausgelassen hat – von der Mutter überredet werden. Bei einem Fußballspiel – der Trainer hat ihn trotz schlechter Leistungen in der letzten Zeit aufgestellt – steht plötzlich der Vater von Lukas am Rand des Fußballplatzes. Der Junge sieht ihn. Mutter und Trainer werden Zeugen, wie ein Ruck durch den Jungen geht. Von einem Augenblick zum nächsten ist er wieder der agile, schnelle Stürmer, der sich seinen Mitspielern anbietet, der in den Strafraum stürmt, der Flanken mit Übersicht verteilt, eine Stütze der Mannschaft ist – so wie früher. Als Lukas auch noch ein Tor schießt, läuft er zum Vater und umarmt ihn. Die Mutter beginnt zu begreifen, wie wichtig der Vater für den Jungen ist. Es gelingt ihr zum ersten Mal, zwischen ihren Verletzungen durch ihren Exmann und der Bedeutung des Vaters für ihren Jungen zu unterscheiden. Vorsichtig vereinbaren sie an Ort und Stelle den nächsten Besuchstermin des Jungen beim Vater.

Präsent sein heißt da sein, nicht mehr und nicht weniger. Ihr Kind braucht keinen Supermann als Vater. Ihr Kind braucht Sie, keinen Alleinunterhalter oder jemanden, der mit teuren Geschenken um sich wirft. Sie müssen niemand sein, der Sie nicht sind. Die Zeit mit Ihrem Kind muss auch nicht immer lustig sein, aufregend oder besonders. Sie dürfen ruhig auch einmal schlecht gelaunt oder missmutig sein. Wenn Sie Ihr Kind lieben, spürt es das. Doch das kann es nur, wenn Sie mit Ihrem Kind zusammen sind.

Suchen Sie Kontakt zu Ihrem Kind. Besuchen Sie seine Theateraufführungen, seine Handball-, Basketball- oder was auch immer Spiele. Zeigen Sie Interesse an Ihrem Kind, ohne sich über Ihre Exfrau hinwegzusetzen oder ihr gar eins auszuwischen. Bleiben Sie als Vater am Ball, auch wenn Ihnen nicht schon beim ersten Mal ein guter Kontakt zu Ihrem Kind gelingt. Manchmal benötigt es Zeit, um sich wieder an Sie als Vater zu gewöhnen. Was Ihr Kind genau von Ihnen braucht, können Sie in Kapitel 6 lesen.

Fragen an Sie zu Ihrer Präsenz als Vater

- Wie gestalten sich die Kontakte zwischen Ihnen und Ihrem Kind?
- Wie vermitteln Sie Ihrem Kind, dass Sie für es da sind?
- Wann haben Sie zum letzten Mal mit Ihrem Kind einen gemeinsamen Tag verbracht?

Schritt 3: Befreien Sie Ihr Kind aus der Zerrissenheit!

Von Zerrissenheit schreibe ich sehr oft. Das ist kein Wunder, denn es ist das häufigste und schwierigste Gefühl von Kindern und Jugendlichen während und nach der Scheidung. Auch Sie können

Ihrem Kind Zerrissenheit nicht ganz ersparen. Doch wenn Sie als Vater und Ihre Expartnerin als Mutter dieses Gefühl bei Ihrem Kind erkennen, können Sie Gegenmaßnahmen ergreifen, damit Ihr Kind nicht davon beherrscht oder gar überwältigt wird. Dauert der Zustand des Überwältigtwerdens für Ihr Kind zu lange an, wird es unter psychischen Störungen leiden.

Doch wie entsteht dieses Gefühl der Zerrissenheit in Ihrem Kind? Kinder und Jugendliche fühlen sich zerrissen, wenn sie glauben, sich für Mutter oder Vater entscheiden zu müssen. So war es bei dem achtjährigen Gerhard. Er sollte sich entscheiden, ob er an der Erstkommunion seiner Schwester mit seiner Mutter oder am Grillfest der Familie seines Vaters teilnehmen soll. Diese Entscheidung kann kein Achtjähriger treffen, ohne in eine extreme Zerrissenheit zu geraten. Eine solche Entscheidungssituation ließe sich vermeiden, wenn Gerhards Vater und Mutter sich zusammensetzen und gemeinsam überlegen würden, wie Gerhard geholfen werden kann. Wenn es solche Situationen bei Ihrem Kind auch gibt, dann können Sie mit Ihrer Exfrau Möglichkeiten finden und dann eine gemeinsame Entscheidung treffen. Diese teilen sie Ihrem Kind mit, zum Beispiel: „Du kommst mit zur Erstkommunion deiner Schwester und bleibst bis zur Nachmittagspause, dann bringt dich der Onkel Franz zum Papa, damit du bei ihm mit seiner Familie grillen kannst." Ihr Kind muss merken, dass Vater und Mutter sich darum kümmern, dass es einen guten Zugang zu beiden Welten haben kann. Dann kann Ihr Kind sich innerlich zurücklehnen, weil es sich nicht für einen Elternteil entscheiden muss.

Dieses gemeinsame Kümmern, damit Ihr Kind einen guten und geregelten Zugang zu beiden Welten hat, funktioniert nur dann, wenn die Konflikte und Spannungen zwischen den geschiedenen Eltern nicht zu groß sind. Sie sind eine weitere Ursache für Zerrissenheit bei Ihrem Kind. So bricht zum Beispiel fast immer, wenn der zehnjährige Fritz von seinem Vater nach dem gemeinsamen Wochenende zu seiner Mutter zurückgebracht wird, der Streit zwischen seinen Eltern aufs Neue aus. Sie beschimpfen einander, schreien sich an und es fehlt nicht viel, dass die Eltern handgreiflich werden. Fritz lehnt bei diesen Auseinandersetzungen immer bleich an der Wand im Treppenhaus. Er weiß nicht, was er tun soll. „Wie können die beiden liebsten Menschen, die ich habe, nur so böse aufeinander sein?", fragt er sich. Dabei tut ihm sein Herz weh. Damit Sie als Vater in so einer Situation vor Ihrem Kind Ihrer Exfrau gegenüber höflich bleiben können, ist es für Sie wichtig, ganz klar zwischen der Liebesbeziehung und der elterlichen Beziehung zu Ihrer Exfrau zu unterscheiden. Die Liebesbeziehung ist zu Ende und sollten hier noch Konflikte ungelöst sein, dürfen diese nicht vor Ihren Kindern ausgetragen werden. Eltern bleiben Vater und Mutter auch nach der Scheidung und als solche müssen Sie immer wieder miteinander reden. Wenn Sie merken, dass ein alter Streit vor Ihrem Kind zu eskalieren droht, sagen Sie zum Beispiel in ruhigem Ton zu Ihrer Exfrau: „Lass uns bitte heute Abend am Telefon darüber reden, aber nicht jetzt vor dem Kind." Wichtig dabei ist, dass es Ihnen gelingt, selbst ruhig zu bleiben. Solange Sie als Vater nicht ebenfalls laut werden, kann gar kein Streit eskalieren. Dazu braucht es immer zwei, die einander aufschaukeln.

Die Zerrissenheit Ihres Kindes vergrößert sich immer dann, wenn es in die Auseinandersetzung zwischen den geschiedenen Eltern hineingezogen wird. Wenn zum Beispiel die elfjährige Luise ihrem Vater von ihrer Mutter ausrichten soll: „Sag deinem Vater, dass er das nächste Mal die Alimente pünktlich zahlen soll, sonst hetze ich ihm das Jugendamt auf den Hals!" Dann liegt es auf der Hand, dass Luise damit überfordert ist und sich zerrissen fühlt. Damit Ihnen als Vater so etwas nicht passiert, achten Sie darauf, dass Ihr Kind nicht zum Boten – vor allem von schwierigen – Nachrichten wird. Wenn Sie merken, dass Sie im Begriff sind, Ihrem Kind einen Auftrag zu geben wie: „Sag deiner Mutter, dass sie darauf achten soll, dass sie dir nicht immer die kaputten Wanderschuhe mitgibt!", dann stoppen Sie! Erst wenn Sie innerlich ruhig und bereit für diese Auseinandersetzung mit Ihrer Exfrau sind, greifen Sie zum Telefon und klären diese Angelegenheit mit ihr direkt.

Eine extreme Zerrissenheit des Kindes ist programmiert, wenn der Konflikt der getrennten Eltern über die Kinder ausgetragen wird. So schüchtert der 40-jährige Bernhard seine Exfrau damit ein: „Wenn du nicht endlich deine Zustimmung zum Verkauf des Hauses gibst, wird dich mein Sohn so schikanieren, dass dir Hören und Sehen vergeht!"

In diesem Fall wird der Sohn von Bernhard als Druckmittel missbraucht. Dem Kind bleibt dies natürlich nicht verborgen, zum Teil muss es sogar selbst gegen einen Elternteil aktiv werden. Es gibt kaum eine größere psychische Belastung für ein Kind, als von einem Elternteil aufgefordert zu werden, dem anderen Elternteil etwas anzutun.

Egal wie schlimm Ihre Verletzungen durch die Trennung von Ihrer Exfrau auch sind: Missbrauchen Sie Ihr Kind niemals als Racheengel!

Fragen an Sie zur Zerrissenheit Ihres Kindes

- Wie erlebt Ihr Kind, dass Mutter und Vater an einem Strang ziehen?
- Wie sprechen Sie mit Ihrem Kind über seine Mutter?
- Wie verhalten Sie sich Ihrer Exfrau gegenüber, wenn Ihr Kind dabei ist?
- Welche schwierigen Botschaften muss Ihr Kind von Ihnen an seine Mutter überbringen?

Schritt 4: Geben Sie Ihrem Kind Orientierung!

Wenn Ihr Kind nicht weiß, wann es bei Ihnen als Vater oder wann es bei seiner Mutter ist, dann hat es keine Orientierung. In diesem Fall ist es für Ihr Kind sehr schwer, sich in der jeweiligen Welt wirklich zuhause zu fühlen. So geht es auch dem siebenjährigen David: Immer wenn er bei seiner Mutter ist, sehnt er sich nach seinem Vater. Wenn er beim Vater ist, vermisst er die Mutter. Davids Eltern haben die Besuchszeiten so geregelt, dass sein Vater David holen kann, wenn er ihn sehen will. Doch David weiß nie, wann das ist. So wartet er fast immer und ist nicht wirklich bei sich, wie es für ihn wichtig wäre.

Damit es Ihrem Kind nicht so ergeht, regeln Sie mit Ihrer Exfrau ganz klar die Kontaktzeiten mit Ihrem Kind. Teilen Sie diese Vereinbarung Ihrem Kind mit. Sie sollten zumindest alle 14 Tage ein Wochenende mit Ihrem Kind verbringen und einen Nachmittag oder einen Abend in der Woche. Versuchen Sie einen klaren Rhythmus zu finden, zum Beispiel jeden Mittwoch von 16:00 bis 19:00 Uhr, jedes zweite Wochenende von Freitag, 15:00 Uhr, bis Sonntag, 18:00 Uhr. Dann braucht Ihr Kind sich um diese wichtige Angelegenheit nicht kümmern und kann seine Zeit – bei wem er dann auch gerade ist – recht gut genießen.

Noch schwieriger wird es, wenn die Entscheidung, wann ein Kind beim Vater sein soll, an das Kind delegiert wird – so wie bei der sechsjährigen Julia. Sie liebt ihre Mutter und ihren Vater. Nach der Scheidung der Eltern vor eineinhalb Jahren fiel Julia in ein psychisches Loch. Sie begann nachts wieder einzunässen, wollte im Kindergarten nicht mehr mit anderen Kindern spielen und riss bei zwei Puppen im Kindergarten die Arme aus. Vater und Mutter machten sich Sorgen um sie. Ernst, Julias Vater, und Mathilde, Julias Mutter, kamen zu mir, um sich beraten zu lassen. Bisher ließen Julias Eltern sie immer selbst entscheiden, bei wem sie gerade sein möchte. Damit war Julia eindeutig überfordert. Immer wenn sie sich für den Papa entschied, glaubte sie, sich gleichzeitig gegen die Mama zu entscheiden. Wenn sie sich für die Mama entschied, hatte sie Angst, der Papa würde glauben, dass sie ihn nicht mehr lieb hat. Julia war innerlich zerrissen.

Nach den Beratungen bei mir präsentierten die Eltern gemeinsam ihrer Tochter einen Plan: Von nun an würde sie jeden Mittwochnachmittag – von nach dem Mittagessen bis zum Abendessen – bei ihrem Vater verbringen und jedes zweite Wochenende von Freitag nach dem Mittagessen bis Sonntag zum Abendessen. Julia konnte sich recht gut auf diese Verhältnisse einstellen. So wartet sie jeden Freitag schon ganz ungeduldig, bis der Papa kommt. Sie hat ihre Sachen gepackt und ist ganz begierig, ihm zu erzählen, was sie diesmal mit ihm unternehmen möchte. Ihre Mutter kann das gut akzeptieren und sich mit Julia freuen. Seit diesem Arrangement blüht Julia auf. Das Einnässen ging zurück und hörte schließlich ganz auf. Mit den Kindern spielt sie wieder sehr gerne, obwohl zurzeit die Buben „einfach doof" sind. Mit der Kindergartenpädagogin gemeinsam hat sie auch Luise und Birgit – den beiden Puppen – die Arme wieder angenäht.

Vielleicht glauben Sie, dass Ihr Kind bekommt, was es braucht, wenn es selbst bestimmen kann, wann es bei Ihnen als Vater ist. Doch dem ist nicht so. Wenn es sich zum Beispiel entscheidet, am Sonntag bei Ihnen zu sein, denkt es, dass es sich gegen seine Mutter entscheidet. Ihr Kind befürchtet dann, dass seine Mutter glaubt, dass es sie nicht mehr liebt. Das mag irrational klingen, aber in seinem Herzen sind Vater und Mutter noch eine Einheit, und jedes Mal, wenn es glaubt, sich für einen der beiden entscheiden zu müssen, vergrößert sich seine Zerrissenheit. Besprechen Sie mit Ihrer Exfrau, was wahrscheinlich gut für Ihr Kind ist, entscheiden sie das und teilen sie als Eltern

Ihrem Kind das Ergebnis mit. Dadurch fühlt es sich viel weniger zerrissen, als wenn es sich selbst entscheiden müsste.

Kinder sind damit überfordert zu bestimmen, wann sie bei welchem Elternteil sein wollen. Durch diese Entscheidungsaufgabe fühlen sie sich zerrissen. Kinder und Jugendliche brauchen es, dass beide Elternteile gemeinsam festlegen, wann das Kind bei wem ist. Es muss das für einen Zeitraum wissen, der für sein Alter überschaubar ist. Der 3-Jährige weiß, dass er nach dreimal schlafen wieder zum Papa geht, der 14-Jährige braucht einen Jahreskalender, um sich einzutragen, wann er bei wem ist, einschließlich der Ferien und Urlaube. Die Entscheidung liegt immer bei den Eltern.

Beachten Sie auch, dass Jugendliche mehr Zeit für Ihre Freunde benötigen. Genauso wie Heranwachsende in intakten Familien sich immer mehr aus ihr herauslösen, wird auch die Zeit, die Jugendliche mit den getrennt lebenden Elternteilen verbringen, weniger. Manchmal aber ist dieses Beisammensein dafür umso intensiver.

Fragen an Sie zur Orientiertheit Ihres Kindes

• Wie sind die Zeiten Ihres Kindes bei Mutter und Vater geregelt?

• Ist dies so eindeutig, dass Ihr Kind nicht in Zerrissenheit gebracht wird?

Schritt 5: Stoppen Sie sofort alle Rachehandlungen!

Haben Sie auch schon einmal erlebt, dass geschiedene Eheleute noch jahrelang einen Rosenkrieg führen? Manchmal wird das zu einer nie enden wollenden Spirale des Hasses, denn sehr oft sind für Mann und Frau mit der Scheidung bei Weitem nicht alle Konflikte gelöst. Damit sich Ihr Kind nach der Scheidung schnell wieder erholen kann, ist es notwendig, dass Sie die Kontroversen mit Ihrer Exfrau nicht vor und vor allem nicht über Ihr gemeinsames Kind austragen. Gehen Sie als Eltern vor dem Kind höflich miteinander um, zum Beispiel, indem Sie als Vater Ihre Exfrau höflich begrüßen, ihr die Hand geben, ein kurzes Gespräch führen, wie es Ihnen mit dem Kind ging. Dazu brauchen Sie nicht in die Wohnung Ihrer Exfrau zu gehen, das geht auch im Flur. Wenn sich schwierige Themen anbahnen – wie zum Beispiel die Höhe der Alimente oder Urlaubsregelungen – oder gar die Gefahr droht, dass alte Konflikte wieder aufgewärmt werden, bestehen Sie darauf, dies nicht vor dem Kind zu besprechen. Wenn die Themen Ihr Kind betreffen, bieten Sie Alternativen an, zum Beispiel, indem Sie sagen: „Ich finde es nicht gut, wenn wir das jetzt vor unserem Kind besprechen. Wenn du willst, können wir das Morgen am Telefon klären. Sag mir, wann ich dich erreichen kann, ich melde mich dann." Natürlich müssen Sie sich an diese Vereinbarungen halten, sonst wird Ihre Exfrau Ihre nächsten Vorschläge in dieser Richtung nicht mehr akzeptieren.

Tragen Sie Ihre Streitigkeiten weder über Ihr Kind noch mithilfe Ihres Kindes aus. Indem Sie von Ihrer Seite sofort alle Rachehandlungen stoppen, machen Sie einen wichtigen Schritt, damit Ihre Konflikte konstruktiv gelöst werden können. Vor allem entlasten Sie damit Ihr Kind psychisch. Denn die Gefahr, dass sich die unmittelbaren Reaktionen Ihres Kindes auf die Scheidung zu chronischen Anpassungsstörungen entwickeln, ist vor allem dann sehr groß, wenn die Konfliktspirale zwischen den geschiedenen Elternteilen nicht gestoppt wird.

Warum werden Konflikte der Eltern über die Kinder ausgetragen? Einer der beiden Elternteile – manchmal sogar beide – hat sich innerlich nicht vom Expartner getrennt. Vor oder bei der Trennung kam es zu großen Verletzungen. Einer oder beide Expartner rächen sich – zum Teil auch unbewusst – an ihrem Expartner:

Da wird ein Elternteil beim Kind schlechtgemacht, so wie der 37-jährige Klaus, der seinem 11-jährigen Sohn Walter einreden will, wie „schwierig" seine Mutter ist: „Weißt du, sie meint es gar nicht böse. Aber sie ist einfach psychisch krank. Am besten hörst du einfach nicht mehr hin, wenn sie etwas zu dir sagt." Den Expartner als psychisch krank hinzustellen gehört leider zu einer sehr häufig gebrauchten Form der Diffamierung. Auch wenn die Versuchung, zu solchen Tiefschlägen zu greifen, groß ist, lassen Sie sich nicht darauf ein. Oft entwickelt sich daraus ein Hickhack ohne Ende – zu Ungunsten von allen Beteiligten, aber vor allem auf Kosten Ihres Kindes.

Um noch einmal auf den oben erwähnten Klaus zurückzukommen: Immer wieder attackiert er mit Worten seine Exfrau vor den Kindern: „Du bist so eine schlechte Mutter! Walter hat schon wieder eine schlechte Note im Rechnen, dafür bist ja wohl du zuständig! Und Franziska hat immer zerrissene Unterhosen an. Kannst du dich nicht einmal um sie kümmern, statt nur um deinen neuen Lover?" Im Grunde hat Klaus es noch immer nicht verwunden, dass seine Exfrau ihn verlassen hat. So gibt er „dort Gas", wie er sagt, wo er seine Exfrau am meisten trifft: in ihrer Rolle als Mutter.

Auch wenn Sie die Schwachstellen Ihrer Exfrau natürlich kennen und wissen, womit Sie sie am stärksten verletzen können: Tun Sie es nicht! Es ist für Sie als Vater nicht möglich, gut elterlich mit Ihrer Exfrau zusammenzuarbeiten und Sie gleichzeitig immer wieder zu attackieren. Sollten Ihre Racheimpulse weiterbestehen, ist das ein Zeichen dafür, dass Sie mit der Trennung von Ihrer Exfrau noch nicht fertig geworden sind. Wie Ihnen das gelingen kann, lesen Sie in Kapitel 3.

Bringt Ihre Exfrau die Übergaben der Kinder immer wieder zu einer Eskalation, unterbinden Sie diese, indem Sie nicht auf die Streitangebote eingehen. Lehnen Sie kategorisch ab, alles, was die Kinder nicht betrifft, vor ihnen zu diskutieren. Bleiben Sie selbst ruhig und sachlich, dann kann es zu keiner Eskalation des Streits kommen. Bei wichtigen Dingen bieten Sie an, zu einem späteren Zeitpunkt mit ihr darüber zu reden. Schmieden Sie das Eisen, wenn es kalt ist. Das ist eine wichtige Regel, um Eskalationen zu vermeiden.

Hören Sie auf, den anderen zu verletzen. Jeder kümmert sich so gut um das gemeinsame Kind, wie er oder sie es eben kann. Im Fall einer Scheidung gibt es eine Mutterwelt und eine Vaterwelt. Akzeptieren Sie als Vater die Welt der Mutter.

Fragen an Sie, wie Sie Ihre Rachehandlungen stoppen können

- Auf welche Art und Weise versuchen Sie manchmal Ihr Kind auf Ihre Seite zu ziehen?
- Bei welchen Gelegenheiten muss Ihr Kind Ihrer Exfrau unangenehme Mitteilungen von Ihnen überbringen?
- Welches sind Ihre Möglichkeiten, um sich an Ihrer Exfrau zu rächen?
- Was tragen Sie dazu bei, dass die Konfliktspirale zwischen Ihnen und Ihrer Exfrau nicht zum Stillstand kommt?
- Was würden Sie brauchen, damit Sie die Mutterwelt Ihres Kindes akzeptieren können?

Schritt 6: Gehen Sie schnell wieder auf Ihr Kind zu!

Als Sie sich von Ihrer Exfrau trennten, war das für Ihr Kind ein Schock – egal wie alt Ihr Kind war. So wie in den meisten Fällen wünscht sich Ihr Kind wahrscheinlich auch, dass seine Eltern wieder zusammenkommen. Selbst bei Scheidungen, bei denen viele von außen sagen: „Gott sei Dank, endlich haben sie sich getrennt, das war ja nicht mehr auszuhalten!", wünschen sich die meisten Kinder, dass Ihre Eltern wieder ein Liebespaar werden. Diesen Wunsch hegen Kinder oft noch viele Jahre.

Damit die Kinder und Jugendlichen sich von diesem Schock langsam erholen können, brauchen sie als Minimum die Sicherheit, dass Vater und Mutter für sie da sind, wenn sie sie brauchen. Wenn Ihr Kind eine gute Beziehung sowohl zu Ihnen als Vater als auch zu seiner Mutter leben kann, wenn es Sie bei wichtigen Angelegenheiten zumindest telefonisch erreichen kann und wenn seine Besuchszeiten bei Ihnen klar geregelt sind, dann wird es sich langsam von seinem Schock erholen.

Doch wenn Sie durch die Scheidung den Kontakt zu Ihrem Kind verloren haben, ist es für Ihr Kind und auch für Sie als Vater wichtig, dass es so schnell wie möglich wieder zu einem Treffen zwischen Ihnen kommt und dass Sie und Ihr Kind rasch wieder regelmäßig Kontakt haben. Wenden Sie sich an Ihre Exfrau – auch wenn es schwerfällt – und vereinbaren Sie ein Treffen mit Ihrem Kind. Ihr Kind braucht Sie! Dauert die Unterbrechung zu lange oder verliert Ihr Kind Sie als Vater ganz, vergrößert sich die Wahrscheinlichkeit, dass es chronische psychische Störungen entwickelt. Es kann sein, dass es Ihnen am Anfang die kalte Schulter zeigt, schließlich muss es Ihre Abwesenheit erst verarbeiten. Aber mit der Zeit – wenn Sie durchhalten – kommen Sie einander sicher wieder näher.

Wie können Sie als Vater wieder zu Ihrem Kind finden? Ein schönes Beispiel dafür ist Gerhard. Wenn der 38-Jährige mit seiner Tochter Lena spielt, sieht das sehr väterlich aus. Gerhard ist circa 1,90 Meter groß, Lena mit ihren acht Jahren kaum größer als einen Meter. Beide spielen ein Brettspiel, einmal kommt der eine, dann der andere dran. Macht Lena einen Zug, gibt Gerhard dazu einen witzigen Kommentar ab, der Lena zum Lachen bringt. Wenn Gerhard seinen Zug macht, kuschelt sich Lena zufrieden an ihren Vater. Ein Vater-Tochter-Bild, das in seiner

Gesamtheit Nähe, Vertrauen, Freude ausstrahlt, auch Sicherheit und Geborgenheit. Der gegenseitige Stolz aufeinander ist spürbar.

Das war nicht immer so. Gerhard fiel vor zwei Jahren in eine tiefe Sinnkrise und verließ seine Familie. Er hat vier Kinder. Auch zu seinen Kindern hatte Gerhard keinen Kontakt mehr. Zu seiner tiefen Sinnkrise kamen noch Schuld- und Schamgefühle hinzu, bis Gerhard schließlich einen Psychotherapeuten aufsuchte. In dieser Zeit wollte er weder seine Kinder noch seine Exfrau sehen. Durch die Therapie kam Gerhard relativ schnell wieder auf die Beine und erkannte, welche wichtige Rolle seine Kinder in seinem Leben spielen. Bis zu dieser Einsicht hatte Gerhard fast vier Monate keinen Kontakt mehr zu ihnen. Lena war in dieser Zeit gerade in einer therapeutischen Gruppe von scheidungsbetroffenen Kindern, die meine Frau und ich leiteten. Beim ersten Väterabend war Gerhard sehr bewegt – vor allem weil er nicht wusste, wie er wieder Kontakt zu seinen Kindern aufbauen konnte. Dieser Beziehungsabbruch machte ihm sehr zu schaffen, aber er versicherte sehr glaubhaft, dass er in seiner schwierigen Zeit einfach nicht für die Kinder da sein konnte.

Zum ersten Mütterabend kam auch Elisabeth, Lenas Mutter. Sie erzählte, wie sehr die Kinder ihren Vater vermissten. Sie hatte auch die Größe zu erkennen, dass Gerhards Beziehungsabbruch zu seinen Kindern nicht böswillig war. Er konnte einfach nicht mehr.

In einem von meiner Frau und mir moderierten Gespräch zwischen Gerhard und Elisabeth wurde ein Plan entworfen, wie Gerhard wieder Kontakt zu seinen Kindern aufnehmen konnte. Elisabeth erzählte Gerhard, dass alle vier Kinder ihn sehr vermissten, dass sie ihm auch nicht böse waren. Elisabeth hatte den Kindern immer erklärt, dass ihr Vater krank sei, was er ja auch war. Alle vier hatten die Angst, dass er sie nicht mehr lieb hatte, und wünschten sich, sobald wie möglich wieder Kontakt zu ihm zu haben. In diesem Gespräch vereinbarten Gerhard und Elisabeth auch die Besuchszeiten für den Fall, dass das mit dem geplanten Kontakt zwischen Vater und Kindern klappen sollte.

Bei einem Nachgespräch war Gerhard sichtlich erleichtert. Er war ins Haus seiner Exfrau gegangen, hatte die Kinder – ohne seine Exfrau – um sich versammelt und ihnen so ehrlich wie möglich die Situation geschildert: Es gehe ihm jetzt wieder gut und er wolle sie jetzt wieder so oft wie möglich sehen. Alle vier Kinder freuten sich sehr, die 14-jährige Astrid war zwar etwas skeptisch, doch auch sie wollte dem Vater eine Chance geben.

Von diesem Zeitpunkt an normalisierte sich Gerhards Beziehung zu seinen Kindern und erreichte wieder jenes Niveau, wie ich es zuvor beschrieben habe. Gerhard hatte das Glück, dass er bei allen vier Kindern auf eine gut entwickelte Vater-Kind-Beziehung zurückgreifen konnte.

Wenn es bei Ihnen zu einer Unterbrechung der Beziehung zu Ihrem Kind kam, dann kann Ihnen Gerhards Vorgangsweise vielleicht Orientierung geben. Fast immer geht der Weg zurück zu Ihrem Kind nur über Ihre Exfrau. Sie ist daher auch die erste Ansprechpartnerin, wenn Sie wieder Kontakt zu Ihrem Kind aufnehmen wollen. Reden Sie nicht lange um den heißen Brei herum, legen Sie Ihre Karten auf den Tisch. Wahrscheinlich ist es auch notwendig, dass Sie sich entschuldigen. Tun Sie das, zum Beispiel: „Ich weiß, es war nicht richtig, dass ich mich einfach nicht mehr gemeldet habe. Dafür entschuldige ich mich. Doch es ging mir selbst sehr schlecht und im Grunde komme ich mit der Situation immer noch nicht klar. Aber ich möchte unbedingt wieder mit dem Kind zusammen sein. Bitte hilf mir, dass das möglich wird."

Erst wenn Sie Ihre Exfrau von Ihrer Absicht, wieder Vater zu sein, überzeugt haben, können Sie beginnen, erneut auf Ihr Kind zuzugehen. Gehen Sie es langsam an: beim ersten Mal vielleicht ein Besuch im Lieblingseissalon Ihres Kindes oder ein Spaziergang am Fluss entlang. Das erste Treffen sollte nicht zu lang und nicht weit weg vom Zuhause Ihres Kindes sein. So fühlt es sich sicherer und kann Ihnen offener begegnen. Legen Sie auch bei Ihrem Kind die Karten auf den Tisch: „Ich weiß, ich habe dich enttäuscht. Es muss schlimm für dich gewesen sein, dass ich mich nicht gemeldet habe. Doch ab heute will ich wieder für dich da sein. Bitte gib mir eine Chance." Auch wenn Ihr Kind skeptisch reagiert, vereinbaren Sie einen Termin für das nächste Treffen. Von jetzt an müssen Sie sich an alle Vereinbarungen mit Ihrem Kind halten, damit der noch steinige Boden der Vater-Kind-Beziehung wieder ein fruchtbarer wird.

Fragen an Sie, wie Sie schnell wieder auf Ihr Kind zukommen können

- Ist der Kontakt zu Ihrem Kind während und nach der Scheidung unterbrochen?
- Wie können Sie mit Ihrer Exfrau ein Gespräch führen, um wieder mit Ihrem Kind Kontakt aufzunehmen?
- Wie war die Beziehung zu Ihrem Kind vor der Scheidung?

Schritt 7: Befreien Sie Ihr Kind von Schuld und Scham!

Anna, ein fünfjähriges Mädchen, sitzt bei mir in der Praxis am Kindertisch. Ihre Eltern haben sich vor drei Wochen getrennt, seither zieht sie sich stark zurück und isst kaum etwas. Ich versuche Anna zu einer Zeichnung anzuleiten, die Aufschluss gibt, wie sie sich in der jetzigen familiären Situation fühlt. Anna ist nicht fähig zu zeichnen. Stumm und verzweifelt sitzt sie da. Auf meine vorsichtige Frage „Du, sag mal, dein Papa ist doch vor drei Wochen ausgezogen?" nickt sie. Auf meine weitere Frage

„Glaubst du, dass du daran schuld bist?" beginnt sie bitterlich zu weinen. Als ich zu ihr sage: „Weißt du, kleine Kinder sind nie schuld, wenn sich die Eltern trennen", schaut sie mich erstaunt an. Anna ist jetzt in der Lage, die Zeichnung anzufertigen. Wie können Anna die Schuldgefühle genommen werden? Das ist das wichtigste Thema in den Gesprächen mit Vater und Mutter, die ich getrennt führe.

Kinder bis elf Jahre glauben – je jünger, umso mehr –, dass sie den Lauf der Welt bestimmen (Omnipotenz). Lassen ihre Eltern sich scheiden, dann müssen sie – das ist ihre innere Überzeugung, die auf keinerlei Fakten beruht – etwas falsch gemacht haben. Vielleicht waren sie im Kindergarten nicht brav genug oder haben mit Papa zu oft gestritten, sodass er ausgezogen ist. Vielleicht haben sich die Eltern getrennt, weil das Kind mittags nicht aufgegessen hat. Irgendetwas muss es getan oder zumindest dazu beigetragen haben.

> Es ist wichtig, dass sowohl Sie als Vater als auch Ihre Exfrau als Mutter Ihrem Kind immer wieder sagen und zeigen, dass es nicht schuld an der Trennung ist!

Sagen Sie zum Beispiel: „Ich weiß, dass es für dich schwierig ist, weil die Mama und ich uns getrennt haben. Aber auch wenn wir uns streiten und manchmal aufeinander böse sind, hat das nichts mit dir zu tun. Du bist nicht Schuld daran. Und egal was du auch angestellt hast, das war nicht der Grund dafür, dass sich Mama und ich getrennt haben." So oder so ähnlich können Sie das gar nicht oft genug sagen. Noch wichtiger aber ist, im Kontakt mit dem Kind fair zu bleiben. Auch wenn Sie sich gerade fürchterlich über Ihre Exfrau aufregen – Ihr Kind kann nichts dafür. Schimpfen Sie nicht vor Ihrem Kind über Ihre Exfrau. Es liebt Sie als Vater und Ihre Exfrau als Mutter. Ihr Schimpfen über seine Mutter löst im Kind eine große Zerrissenheit aus, weil die Einheit der Eltern im Herzen Ihres Kindes angegriffen wird. Selbst wenn Sie zu Recht aufgebracht sind, atmen Sie gut durch und denken Sie: „Nicht vor dem Kind!"

Es gibt noch einen weiteren Grund für die Schuldgefühle Ihres Kindes: Stellen Sie sich vor, Sie wären Ihr Kind und würden jetzt aus der Kindersicht die meist sehr unschönen Szenen erleben, die sich bei einer Trennung abspielen. Der erste Impuls aus der Kindersicht könnte sein, dass Sie diese Menschen hassen, die Ihnen das antun. Gleichzeitig appelliert das Verhalten der Eltern an Ihr Mitleid, Verständnis, Ihre Anteilnahme und Hilfsbereitschaft. Aus diesem Konflikt zwischen Hass und Mitleid entsteht das Schuldgefühl. In diesem Schuldgefühl muss der Hass nicht gespürt werden, er ist einfach zu gefährlich. Das Kind glaubt, wenn es den Hass zeigt, würde es die Eltern „zerstören". So übernimmt es die Schuld für die Trennung. Sie zu ertragen ist leichter, als den Hass offen auszudrücken und mit Konsequenzen rechnen zu müssen.

Reden Sie mit Ihrem Kind. Sagen Sie ihm, dass Sie verstehen und akzeptieren, dass es auf Sie böse ist, nach alldem, was Sie zur Mama gesagt haben. Genau wie Sie auch verstehen und akzeptieren, dass Ihr Kind traurig darüber ist, wie die Situation momentan ist. Sagen Sie Ihrem Kind, dass Sie es trotzdem immer lieb haben werden. Das können Sie nicht oft genug tun, in der Zeit unmittelbar nach der Scheidung durchaus einmal in der Woche. „Weißt du, du hast es zurzeit mit mir und der Mama schon nicht leicht. Jetzt habe ich schon wieder so schlimm über die Mama geredet, obwohl ich mir vorgenommen habe, dass ich das nicht mehr tue. Es tut mir leid. Auch wenn ich manchmal schlecht gelaunt und mürrisch bin, hat das nichts mit dir zu tun. Ich verstehe auch, dass du auf mich böse bist, weil ich zurzeit so unausstehlich bin. Doch egal was passiert, ich werde ich dich immer lieb haben. Du bist für mich der wichtigste Mensch auf der ganzen Welt. "

Doch nicht immer geht es um Schuld, vielleicht schämt sich Ihr Kind auch. Rosa und Hans sagen ihren drei Kindern, dass sie sich trennen werden und dass Hans in der nächsten Woche ausziehen wird. Der 16-jährige Fabian erwidert darauf: „Jetzt gehören wir also auch zu diesen Scheidungsfamilien." Rosa erzählte mir, dass in dieser Aussage von Fabian sehr viel Scham mitschwang. Obwohl die Scheidungsrate im deutschsprachigen Raum bei fast 50 Prozent liegt und ungefähr 20 Prozent der Kinder und Jugendlichen von Scheidung betroffen sind, erfüllt die Trennung der Eltern die meisten Kinder mit Scham. Die achtjährige Laura erzählte nur der engsten Freundin davon, dass ihre Eltern sich getrennt haben – und auch nur, „weil ihre Eltern auch geschieden sind". In der Schule versuchte sie es geheim zu halten. Auf diese Weise reagieren viele Kinder und Jugendliche.

Wenn Scheidung auch in unserer Zeit normal geworden ist, haben viele Kinder und Jugendliche das Gefühl, es sei „ein Makel" für sie, „wie wenn man zu einer beschädigten Ware gehören würde", wie es die 16-jährige Lydia ausdrückt. Darüber hinaus glaubt sie wie viele Kinder und Jugendliche in ihrer Situation, „allen anderen geht es besser, nur ich leide wirklich darunter".

In unseren therapeutischen Gruppen erkennen scheidungsbetroffene Kinder und Jugendliche, dass es den anderen genauso oder so ähnlich geht wie ihnen. Sie stehen nicht allein mit ihren Problemen da. Durch das offene Reden mit den anderen Gruppenmitgliedern gelingt es ihnen nach und nach, auch die Scham loszulassen. Was können Sie als Vater beitragen, damit Ihr Kind sich nicht mehr schämt? Ermutigen Sie es, offen mit seinen Freunden und Klassenkameraden über seine Situation zu reden. Sagen Sie zu ihm: „Ich weiß, manchmal möchte man sich einfach verstecken, weil man glaubt, dass es niemandem sonst so schlecht geht wie einem selbst. Doch für dich gibt es keinen Grund, dich zu verstecken. Mama und Papa haben sich getrennt und das ist schlimm für dich. Aber sprich mit deinen Freunden darüber, auch in der Klasse können es ruhig alle erfahren. Du brauchst dich dafür nicht zu schämen." Wenn Sie Freunde und Freundinnen Ihres Kindes kennen, dann wissen Sie vielleicht, dass die eine oder der andere auch geschiedene Eltern hat. Raten Sie Ihrem Kind, sich doch vor allem mit diesem Freund oder dieser Freundin auszutauschen. „Die Eltern von der Sybille sind doch auch geschieden, frag sie doch einmal, wie sie das erlebt."

Geteiltes Leid ist halbes Leid. Solidarität mit anderen ist ein heilender Faktor. Zu entdecken, dass es anderen Kindern genauso geht, lässt auch Ihr Kind, so wie die Kinder und Jugendlichen in unseren Therapiegruppen, spürbar aufatmen.

Sollten aber Sie als Vater oder auch Ihre Exfrau als Mutter Ihrem Kind sogar den Auftrag gegeben haben – wohl aus eigener Scham heraus –, anderen Menschen nichts von der Trennung zu erzählen, dann ist es höchste Zeit, Ihr Kind von dieser Bürde zu befreien! Reden Sie mit ihm und stellen Sie klar: „Du brauchst dich nicht dafür zu schämen, dass sich deine Eltern getrennt haben!" Je weniger Ihr Kind verschweigen oder verstecken muss, umso leichter kann es sich in der Welt der Schule und in der Welt der Freunde und Gleichaltrigen bewegen. Mit der Forderung, den anderen nichts von der Trennung zu erzählen, verhindern Sie auch, dass Ihr Kind Mitgefühl und Anteilnahme seiner Freunde und Vertrauten erfährt.

Sie sind das Vorbild für Ihr Kind. Wenn es wahrnimmt, dass Sie selbst mit Ihrer Situation locker und souverän umgehen, kann es sich an Ihnen orientieren und vor allem die Scham leichter abbauen. Wenn es miterleben kann, dass Sie selbst mit anderen Menschen zwanglos über Ihre Situation reden, dann entlastet das auch Ihr Kind, weil es wahrnimmt, dass die Trennung seiner Eltern kein Familiengeheimnis ist, das auf jeden Fall gehütet werden muss. So muss es keine Angst mehr haben, sich irgendwann zu verplappern. Das Gefühl, etwas verschweigen zu müssen, verbraucht sehr viel Energie. Diese Energie wird für Ihr Kind dann wieder frei und kann für es selbst genützt werden. Es wird wieder lockerer und entspannter.

Wenn Sie sich aber selbst noch schämen, ist es dringend an der Zeit, damit aufzuhören. Natürlich müssen Sie die Verantwortung für Ihr Tun übernehmen, aber das ist etwas anderes, als sich vor lauter Scham ins letzte Erdloch zu verkriechen. In Kapitel 3 können Sie lesen, wie Sie selbst mit der Scheidung fertig werden. Wenn Sie gerade die Scham gepackt hat, tut es Ihnen vielleicht gut, mit großen Buchstaben „Ich schäme mich" auf ein Stück Papier zu schreiben, sich bewusst von der Scham zu distanzieren und dann dieses Papier mit Genuss zu zerreißen oder vielleicht sogar zu verbrennen.

Je schneller Sie als Vater dazu beitragen, dass Ihr Kind die Situation als normalen Alltag akzeptiert, umso schneller legt es seine Scham ab. Je offener Sie selbst mit der Situation umgehen, umso schneller kann Ihr Kind seine Scham überwinden.

Fragen an Sie, wie Sie Ihrem Kind Schuld und Scham nehmen können

- Wie sagen und zeigen Sie Ihrem Kind, dass es an der Scheidung keine Schuld trägt?
- Wie oft haben Sie das schon getan?
- In welcher Weise tragen Sie dazu bei, dass Ihr Kind die Scheidung seiner Eltern zu verheimlichen sucht?
- Wie offen gehen Sie selbst mit Ihrer Scheidung um?
- Wie ermutigen Sie Ihr Kind dazu, seinen Freunden von seiner schwierigen Situation zu erzählen?

Schritt 8: Geben Sie Ihrem Kind Sicherheit!

Sehr wahrscheinlich ist Ihr Kind – so wie die meisten scheidungsbetroffenen Kinder und Jugendlichen – während der Trennung
und ein bis zwei Jahre danach sehr verunsichert. Seine Verun-
sicherung und seine Reaktionen auf die Trennung, wie ich sie
weiter vorn in diesem Kapitel beschrieben habe, können nur
dann langsam abklingen, wenn Ihr Kind eine gute und vor allem sichere Beziehung mit beiden Elternteilen leben kann.
   Vermutlich haben Sie als Vater einen anderen Erziehungs-
stil als Ihre Exfrau als Mutter. Das ist gut so. Auch wenn sich
in der Gesellschaft und im Berufsleben für die Frauen viel verändert hat, sind Mütter weiterhin vermehrt für Nähe und das
Zuhause zuständig. Sie sind eher nach innen orientiert. Väter
weisen in der Regel stärker ihren Kindern den Weg in die Welt
als die Mütter. Sie sind vermehrt nach außen orientiert. Ihr
Kind braucht die Sicherheit, dass Sie ihm als Vater helfen, in
die Welt hinaus zu gehen. So sind auch Sie als Vater gefordert, wenn es darum geht, wie Ihr Kind sich die Welt aneig-
net. Stehen Sie Ihrem Kind bei – so wie viele Väter –, wenn es
eine neue Schule sucht und vor allem dann, wenn es darum
geht, ins Berufsleben einzusteigen. So wie der geschiedene 49-
jährige Ernst – Sie kennen ihn bereits – erzählt: „Als es um
die Lehrstellensuche ging, habe ich mich darum gekümmert,
bei beiden: Bewerbungsschreiben verfassen, halbwegs gut an-
gezogen sein beim Bewerbungsgespräch. Mit ihnen zittern, ob
sie genommen werden. Aber bei beiden hat es gut geklappt,
die Manuela ist jetzt Altenpflegerin und der Laurenz hat Kell-
ner gelernt und leitet jetzt das Restaurant von einem großen
Hotel." Durch diese einander ergänzende Erziehung von Vater
und Mutter wird es auch Ihrem Kind möglich, sein ganzes Po-
tenzial auszuschöpfen.

Die väterlichen Qualitäten haben sich in den letzten 50 Jahren verändert. Väter heute – sehr wahrscheinlich auch Sie – fühlen sich nicht nur für ihr Kind verantwortlich. Das ist noch eher die traditionelle väterliche Seite. Sie begegnen ihm auch mit Zuneigung, Offenheit und Verständnis und nehmen ihr Kind ernst. Diese Qualitäten muss das Kind nach der Scheidung von Ihnen als Vater weiterhin erfahren. Nehmen Sie es hin und wieder in den Arm. Hören Sie Ihrem Kind zu. Lassen Sie dabei Ihre eigenen Sorgen und Gedanken in den Hintergrund treten und widmen Sie sich nur ihm. Hören Sie aber nicht nur zu, sondern versuchen Sie Ihr Kind wirklich zu verstehen, wenn es vielleicht von den Schwierigkeiten in der Schule erzählt, von dem Ärger mit manchen Freunden; aber auch wenn es vom letzten Fußballspiel berichtet, bei dem es ein Tor geschossen hat, oder von der letzten Musikaufführung, wo es als Einziges den Takt wirklich richtig gehalten hat. Zeigen Sie Ihrem Kind dann auch Ihren Stolz. So vermitteln Sie ihm, dass Sie es ernst nehmen.

Wenn Sie diese väterlichen Qualitäten mit Ihrem Kind leben, erfährt es Sicherheit und Beständigkeit in der väterlichen Beziehung. So können seine Schwierigkeiten mit der Scheidung langsam abklingen. Die Sicherheit, die Sie als Vater Ihrem Kind geben, sieht anders aus als die Sicherheit, die seine Mutter ihm gibt. Ihr Kind ist auch auf Ihre Art von Sicherheit angewiesen. Niemand sonst kann ihm diese geben.

Für Ihr Kind spielt Ihre väterliche Verlässlichkeit eine große Rolle. Vor allem scheidungsbetroffene Kinder reagieren auf diesen Punkt sehr sensibel. Ihr Kind braucht das Gefühl, sich auf Sie als Vater 100-prozentig verlassen zu können, weil sein Vertrauen in beide Elternteile durch die Trennung angeschlagen ist. Durch Verlässlichkeit können Sie Ihre Beziehung zu Ihrem Kind dauerhaft erneuern. Kann es auf diese Sicherheit vertrauen, kann es eine gute Vater-Kind-Beziehung mit Ihnen leben.

Halten Sie vereinbarte Zeiten, Aktivitäten und Versprechungen jeglicher Art unbedingt ein. Wenn nicht, erlebt Ihr Kind eine weitere Enttäuschung. Dadurch wird sein durch die Scheidung erlebter Vertrauensbruch erneut aktiviert, so wie bei dem zehnjährigen Leo. Er ist ein begeisterter und begnadeter Skifahrer. Für sein Alter ist er nicht sehr groß. Doch er ist sehr gelenkig und kann sich sehr gut durch die Slalomstangen schlängeln. In dieser Saison ist er bei Rennen schon zweimal Erster und einmal Dritter geworden. Leos Vater hat ihm versprochen, ihn zu seinem nächsten Rennen zu begleiten. Fertig bepackt mit zwei Paar Skiern in der Hand, wartet Leo aufgeregt auf seinen Vater. Zum vereinbarten Zeitpunkt erscheint statt des Vaters der Onkel eines befreundeten Skiklubkollegen von Leo. Leos Vater bat ihn, ihn zum Rennen mitzunehmen. Wütend schleudert Leo die Skier in die Ecke und schließt sich in sein Zimmer ein. Den ganzen Tag ist er nicht ansprechbar. Leos Vater braucht zwei Wochen, bis er wieder mit ihm reden kann.

Ist es Ihnen als Vater nicht möglich – was immer wieder passieren wird –, Vereinbarungen mit Ihrem Kind einzuhalten, dann informieren Sie es, sobald Sie von der Verhinderung wissen. Auch wenn es Ihnen schwerfällt, rufen Sie Ihr Kind an und sagen Sie ihm: „Es tut mir wirklich sehr leid, aber weil mein Arbeitskollege krank ist, muss ich für ihn einspringen [oder was auch immer der Grund ist] und kann ich dich nicht wie vereinbart zum Skirennen begleiten. Ich organisiere einen Ersatz für mich, wahrscheinlich ist es der Onkel von deinem Freund Hans. Wir zwei sehen uns ganz bestimmt am ...“ So kann Ihr Kind zumindest sicher sein, dass Sie sich melden, wenn etwas Unvorhergesehenes passiert, und dass es dann nicht durch Ihre Abwesenheit überrumpelt wird.

Schritt 9: Verstehen Sie den Verlust Ihres Kindes!

Auch wenn Ihr Kind erlebt, dass sich beide Elternteile gut um
es kümmern, so hat es doch etwas sehr Wichtiges verloren: die
Liebe zwischen den Eltern. Es hat zwar Sie als Vater und Ihre
Exfrau als Mutter, aber dieses tolle, auch für das Kind aufregen-
de Dritte, die Liebe zwischen Vater und Mutter, fehlt ab jetzt. Ihr
Kind vermisst wahrscheinlich, sich zwischen den Eltern ins Bett
zu kuscheln oder mit der Mutter an der einen Hand und dem
Vater an der anderen Hand über den Rummelplatz zu spazieren.
Wenn Ihr Kind noch klein ist, dann fehlt ihm, sich zwischen den
Händen von Vater und Mutter schaukeln zu lassen. Es erlebt
nicht, wie Sie als Vater seiner Mutter Ihre Liebe zeigen, wie Sie
sie ansehen, berühren, küssen. Die Sehnsüchte der Kinder sind
nicht nur auf ihren Kontakt mit den Elternteilen beschränkt, sie
wollen ihr Heim, die Welt auch zu dritt erleben. Und sie wollen
auch erfahren, wie Mutter und Vater liebevoll miteinander umgehen.

Dieses Zu-dritt-Sein, dieses Mitansehen, wie Mutter und
Vater sich lieben, ist für scheidungsbetroffene Kinder unwieder-
bringlich verloren. Auf diesem Gebiet ist auch Ihr Kind wirklich
ein Opfer. Ihm wurde ein wichtiger emotionaler Bereich abge-
schnitten. Diese Orientierung, wie sich Mann und Frau zueinander gut verhalten, dieses Vorbild fehlt ihm. Das kann es ihm

auch erschweren, selbst einmal nach dem anderen Geschlecht Ausschau zu halten. Scheidungsbetroffene Kinder – vor allem wenn sie die Scheidung der Eltern in jungen Jahren erlebten – haben meist auch größere Schwierigkeiten in Gruppen, weil ihnen dieser wichtige Lernschritt, von einer Zweierbeziehung in eine Dreierbeziehung zu kommen, entweder gänzlich fehlt oder nur teilweise gelang.

In diesem Bereich müssen geschiedene Eltern die Schuld auf sich nehmen und Ihrem Kind gegenüber auch eingestehen. So wie es Gerhard tat, als er zu seinen vier Kindern sagte: „Ich weiß, aus eurer Sicht ist es nicht in Ordnung, was ich getan habe, dass ich eure Mutter verlassen habe. Mir ist auch klar, was ihr vier dadurch verliert: unser gemeinsames Sein als Familie. Nie mehr gemeinsame Familienausflüge, Wanderungen, Skitage. Wenn einer von euch etwas Besonderes macht, zum Beispiel dein nächster Theaterauftritt, Maxi, werden deine Mutter und ich nicht gemeinsam, sondern getrennt im Zuschauersaal sitzen. Es tut mir leid, dass ich euch das antue, aber ich kann nicht anders." Gerhard erzählte mir, dass seine gemeinsame Zeit mit seinen Kindern viel entspannter verläuft, seitdem er ihnen das eingestanden hat.

Wenn Sie Ihrem Kind gegenüber Ihre Schuld eingestehen, dann brauchen Sie keine Ausreden zu erfinden, dass es jetzt ohnehin dran besser ist. Eine meiner wesentlichen Erfahrungen als Psychotherapeut ist, dass für Kinder und Jugendliche das Leben mit einem Elternpaar immer als die beste Lösung angesehen wird, auch wenn dies objektiv nicht zutrifft. Das noch so gute Leben mit einem getrennt lebenden Elternpaar wird immer nur als zweitbeste Lösung betrachtet. Die Erklärung für mich ist, dass scheidungsbetroffene Kinder die Liebe und Zuneigung zwischen den Eltern so stark vermissen. Aus diesem Verlust heraus trauert auch Ihr Kind.

Wie zeigt das Kind diese Trauer und was können Sie als Vater dagegen tun? Vor allem bei den Übergaben – sei es nun von Mutter zu Vater oder umgekehrt – wird es wahrscheinlich auch Ihrem Kind schmerzlich bewusst, dass es nicht mehr so ist, wie es früher einmal war. So gestalten sich diese Übergaben meist schwierig.

Die 34-jährige Elfriede, seit einem halben Jahr geschieden, erzählt: Immer wenn der neunjährige Lukas nach einem Wochenende mit dem Vater zurückkommt, ist er unausstehlich. Er lässt sich nichts sagen, zweifelt alles an, was sie sagt. Elfriede erlebt dieses Verhalten als Kränkung und als Selbstabwertung. Erst nach ein, zwei Tagen beruhigt Lukas sich und wird wieder zugänglich. Elfriede glaubt, der Besuch beim Vater tue dem Jungen nicht gut, und sie überlegt, ob sie die Besuchsvereinbarung neu regeln soll. In einem Gespräch mit Elfriede kristallisiert sich heraus, wie Lukas früher vor allem die gemeinsamen Sonntage genoss, gemeinsames Frühstück im Bett und bei Schönwetter einen Ausflug an einen See, auf einen Berg oder sonst etwas Schönes. Beim Erzählen wird Elfriede klar, auf was Lukas seit der Scheidung alles verzichten muss. Sie sieht ein, dass er traurig ist und diese Trauer auf die oben beschriebene Art zeigt. Im Gespräch mit ihrem Exmann erfährt Elfriede, dass Lukas auch beim Vater am Anfang schwierig ist und sich erst langsam auf ihn einstellen kann. Diese Übergangsschwierigkeiten sind ganz normal für scheidungsbetroffene Kinder, wobei sie mit der Zeit immer kürzer werden, auch wenn sie nie ganz verschwinden. Oft werden sie so interpretiert, dass der andere Elternteil dem Kind nicht guttut. Dann besteht die Gefahr, dass der Konflikt zwischen den Eltern wieder auflodert und schlimmstenfalls erneut eskaliert.

Haben Sie Geduld mit Ihrem Kind! Es muss sich an eine Lebensform gewöhnen, die es so nicht gewollt hat. Ihr Kind muss sich umstellen, obwohl es gar nicht will. Wenn Ihr Kind zu Ihnen kommt, ist es einerseits sehr froh, dass es wieder mit und bei Ihnen sein kann. Auf der anderen Seite wäre es ihm lieber, wenn es weiterhin in einer intakten Familie leben könnte. Bis Ihr Kind wieder so weit ist, sich richtig auf Sie einzulassen, braucht es Zeit. Reden Sie mit ihm darüber: „Ich weiß, es ist nicht mehr so, wie du es dir wünscht. Das tut mir leid. Aber ich bin jetzt für dich da und ich fände es toll, wenn wir zwei etwas Schönes miteinander machen könnten." Manchmal fällt Ihrem Kind vielleicht nicht ein, was es gerne mit Ihnen machen würde. Dann ist es gut, ein paar Vorschläge parat zu haben, bei denen Sie mit ihm gemeinsam etwas unternehmen und Ihr Kind trotzdem die Möglichkeit hat, die innere Nähe und Distanz zu Ihnen selbst zu regulieren. Solche Ideen sind zum Beispiel ein gemeinsamer Schwimmbadbesuch, eine kleine Bergwanderung, der Besuch eines Fußballspiels oder Kinos. Vor allem: Akzeptieren Sie die Trauer Ihres Kindes und versuchen Sie nicht, die Situation schönzureden!

Fragen an Sie, wie Sie den Verlust Ihres Kindes verstehen können

- Worauf muss Ihr Kind seit der Scheidung verzichten?
- Wie hat Ihr Kind Liebe und Zuneigung zwischen Ihnen und Ihrer Exfrau erlebt?
- Wie werden Sie Ihrem Kind Ihre Schuld eingestehen?

Schritt 10: Stellen Sie vorläufig die eigene Befindlichkeit zurück!

Das Grundproblem für Sie als Vater nach der Scheidung ist – im Grunde genau wie bei Ihrer Exfrau als Mutter –, dass Ihr Kind Sie besonders dann sehr stark braucht, wenn es Ihnen selbst nicht gut geht.

Aus einer gelebten ehelichen oder eheähnlichen Beziehung auszusteigen tut weh. Forschungen haben gezeigt, dass es beiden geschiedenen Ehepartnern ein Jahr nach der Scheidung gleich schlecht geht, egal ob jemand den anderen verlassen hat oder ob er verlassen wurde. Sie müssen viele Schritte gehen, um mit der Scheidung fertig zu werden. Mehr dazu erfahren Sie in Kapitel 3. Es kann sein, dass Sie als Vater sich damit überfordert fühlen, sich in so einer schwierigen Situation auch noch gut genug um Ihr Kind zu kümmern.

Warum sollten Sie es trotzdem tun? Warum ist es wichtig, die eigene Befindlichkeit vorläufig zurückzustellen und sich auch in dieser schwierigen Zeit um Ihr Kind zu kümmern? Einfach weil es Sie jetzt braucht, weil sein Zeithorizont ein ganz anderer ist als der von Erwachsenen. Ganz kleine Kinder können sich ein Morgen kaum vorstellen. Wenn Sie heute und morgen nicht für Ihr kleines Kind da sind, hat es das Gefühl, dass es Sie nicht mehr gibt – als wenn Sie gestorben wären. Kinder und auch noch Jugendliche haben einen ganz anderen Zeithorizont als wir Erwachsene. Für sie dauert die Zeit länger. Und ganz kleine Kinder haben noch keine Strategien, um durch die Zeit zu kommen. Sie können sich nicht zurücklehnen und denken: „Ach, in zwei Wochen kommt der Papa schon wieder." Nein, für kleine Kinder sind Sie als Vater einfach weg – so gut wie tot.

Zeigen Sie sich Ihrem Kind, es muss nicht für lange sein und Sie müssen auch nicht der Supervater sein; doch Sie müssen da sein. Überfordern Sie sich nicht. Greifen Sie auf Aktivitäten zurück, die bisher immer gut mit Ihrem Kind funktioniert haben. Scheuen Sie auch nicht davor zurück, einfach einmal gemütlich miteinander fernzusehen. Es ist nicht wichtig, was Sie miteinander machen, nur dass Sie und Ihr Kind zusammen sind. So wie Ernst erzählt: „Auch wenn es sonst schwierig war, aber der Laurenz und ich haben uns immer noch so Fernsehserien anschauen können und dabei uns über die Figuren in den Filmen lustig gemacht. Dieses Blödeln hat meinem Sohn immer sehr gefallen."

Wenn Ihr Kind klein ist, findet es auch noch keine Worte für das, was passiert ist. Die Kinder sind die Seismographen der Familie. Sie spüren, merken meist schon viel früher als die Erwachsenen, dass etwas nicht stimmt. Und wenn die Trennung stattfindet, spüren sie, dass für sie etwas Schreckliches passiert ist. Doch wenn Ihr Kind noch keine Worte hat, kann es sich nicht verbal und oft auch nicht anders ausdrücken. Es besteht die Gefahr, dass Ihr Kind auf diesen schrecklichen Gefühlen sitzen bleibt, ohne sie ausdrücken und verarbeiten zu können. In diesem Fall braucht Ihr Kind zumindest beide Eltern an seiner Seite, damit es mit seinem Leid nicht allein ist und sichergehen kann, dass beide – Sie als Vater und Ihre Exfrau als Mutter – noch für es da sind.

Versuchen Sie Ihre Wut, Ihren Hass – was immer auch auftaucht, wenn Sie in diesem Trennungsprozess sind – von Ihrer Beziehung zu Ihrem Kind zu unterscheiden. Wenn Sie das schaffen, dann gelingt es Ihnen auch, Ihrem Kind in dieser schwierigen Zeit beizustehen. Sagen Sie sich: „Jetzt geht es um mein Kind, nicht um meine Frau. Mein Kind braucht mich, weil es sonst die Trennung seiner Eltern nicht verkraften kann." Sie merken: Sie nehmen sich dann aus dem Beziehungskonflikt mit Ihrer Frau heraus und sind ganz Vater. Genau darum geht es! Auch wenn Sie selbst durch die Trennung angeschlagen sind.

Versuchen Sie die Zeit zwischen der Trennung und dem Zeitpunkt, in dem Sie wieder Kontakt zu Ihrem Kind aufnehmen, so kurz wie möglich zu halten. Vor allem beruhigt sich Ihr Kind nicht, wenn es keinen Kontakt zu Ihnen hat. Lassen Sie sich das nicht einreden. Ihr Kind kommt nur dann zur Ruhe, wenn es die Sicherheit erfährt, dass es Mama und Papa lieben, auch wenn sie sich trennen.

Manchmal ist es in dieser schwierigen Zeit der Trennung gut, den direkten Kontakt mit Ihrer Exfrau zu vermeiden. Vielleicht kann ein Verwandter, ein Freund oder eine Freundin – auf jeden Fall jemand, den Ihr Kind gut kennt – es von Ihrer Exfrau abholen und auch wieder zurückbringen.

Wenn Sie merken, dass Sie nicht allein mit der Scheidung fertig werden, holen Sie sich psychotherapeutische Hilfe! Vor allem hilft Ihnen das auch, schneller wieder auf die Beine zu kommen und für Ihr Kind da zu sein.

Fragen an Sie, wie Sie vorläufig die eigene Befindlichkeit zurückstellen können

- Welche Unterstützung brauchen Sie, um den Kontakt zu Ihrem Kind halten zu können?
- Wie können Sie den Kontakt zu Ihrem Kind in dieser schwierigen Situation so angenehm und stressfrei wie möglich gestalten?
- Was schaffen Sie gerade noch und wo liegt Ihre absolute Schmerzgrenze, die Sie auch nicht überschreiten sollen?

Schritt 11: Organisieren Sie bei Bedarf psychotherapeutische Hilfe für Ihr Kind!

Wenn es Ihnen gelingt, die Lebenswelt Ihres Kindes so zu stabilisieren, dass es sehr schnell nach der Trennung der Eltern zu beiden Elternteilen eine gute Beziehung leben kann, ist für Ihr Kind schon der wichtigste Schritt getan. Dann kann es seine Wut, sein Klammern oder seine psychosomatischen Beschwerden langsam aufgeben. Wenn Ihr Kind zu all seinen bisher vertrauten Menschen guten Kontakt haben kann und wenn ihm seine vertraute Umwelt erhalten bleibt, umso besser.

Manchmal zeigen Kinder trotzdem noch längere Zeit schwierige Verhaltensweisen. Wenn dies bei Ihrem Kind der Fall ist, dann ist es Zeit, psychotherapeutische Hilfe für es in Anspruch zu nehmen. Dann hat sich in Ihrem Kind etwas festgesetzt, das es ohne Hilfe von außen nicht mehr loswird.

Wie Sie als Vater erkennen können, ob Ihr Kind eine Psychotherapie braucht

- Zeigt Ihr Kind während und nach der Trennung Reaktionen, wie ich sie in diesem Kapitel beschrieben habe? Hat Ihr Kind häufig Wutanfälle, wirkt es hilflos und zieht sich immer mehr zurück, haben seine Schulleistungen massiv nachgelassen, entwickelt es psychosomatische Beschwerden (Bauchweh, Kopfweh, für das es keine medizinische Erklärung gibt)? Machen Ihnen diese Reaktionen Sorgen?

- Haben Sie dieses Kapitel gut durchgearbeitet und alle bisherigen beschriebenen zehn Schritte, wie Sie als Vater mit diesen Reaktionen umgehen können, bei Ihrem Kind verwirklicht?

- Obwohl Sie diese zehn Schritte mit Ihrem Kind gehen, zeigt es diese Reaktionen nach drei Monaten immer noch?

Wenn Sie alle drei Fragen mit Ja beantworten müssen, braucht Ihr Kind dringend psychotherapeutische Unterstützung! So wie der siebenjährige Markus: Seine Eltern waren geschieden, doch nach einer zweimonatigen Streitphase, in der der Vater nur sehr wenig Kontakt mit Markus hatte, beruhigte sich die Lage. Die Eltern fanden eine gute Besuchsregelung und Markus konnte zu beiden Elternteilen eine gute Beziehung leben. Markus kam zu mir, weil er immer wieder in der Schule Wutanfälle bekam. Nachher tat es ihm außerordentlich leid und er entschuldigte sich auch bei jedem. Doch fast jede Woche rastete er einmal aus.

Ich fragte Markus, woran ihn denn seine Wut erinnere. „An einen Vulkan", kam es von ihm wie aus der Pistole geschossen. Ich bat Markus, mir einen Vulkan zu zeichnen. Er zeichnete ihn mit Hingabe. Ganz unten, tief im Vulkan vergraben, zeichnete er einen Regler. Ich fragte ihn, was das sei. Er sagte, „wenn jemand an dem Regler dreht, dann explodiert der Vulkan". Auf meine Frage „Wer dreht denn an dem Regler?" antwortete er: „Das weiß ich nicht." Beim Spielen im Sand baute er ebenfalls einen Vulkan. Als ich im die Kiste mit Dinosauriern zeigte, nahm er begeistert zwei Tyrannosaurus rex heraus. Die beiden Saurier lieferten sich in den Händen von Markus einen minutenlangen erbitterten Kampf. In diesem Kampf wurde auch der Vulkan zerstört.

Nach dieser Therapiestunde kam es in der Schule zu keinen Wutausbrüchen mehr. Meine Vermutung ist, dass Markus im Kampf der Dinosaurier den Kampf seiner Eltern ausdrücken konnte. Auch wenn er nicht darüber reden konnte – Kinder im Alter von Markus können das fast nie –, kam es doch über diesen Ausdruck zu einer Verarbeitung und zu einer Neuorientierung. Die unterschwellige Wut konnte entweichen. Da es keine neuen Anlässe für Wut für den Jungen gab, war das Thema erst einmal erledigt.

Sie haben sich jetzt tapfer durch ein langes Kapitel gearbeitet. Doch wenn Sie diese elf Schritte mit Ihrem Kind gehen, kann es mit großer Wahrscheinlichkeit seine Reaktionen auf die Trennung aufgeben. Genau wie Paul nicht mehr vor Wut rast, Bettina nicht mehr klammert und David kein Kopfweh mehr hat. Dann haben Sie als Vater in Zusammenarbeit mit Ihrer Exfrau als Mutter Ihr Kind von der Zerrissenheit – die Fachleute nennen es Loyalitätskonflikt – befreit. Wenn Ihnen das gelungen ist, haben Sie für Ihr Kind schon das Bestmögliche erreicht.

In diesem Kapitel haben Sie erfahren, was für Ihr Kind nach der Trennung wichtig ist. Wirklich gut können Sie diese Schritte erst gehen, wenn Sie sich selbst von den negativen Auswirkungen Ihrer Trennung befreit haben. Wie Sie dabei vorgehen und was Sie dafür tun können, lesen Sie im nächsten Kapitel.

3. Wut, Verzweiflung, Trauer: Wie Sie selbst mit der Scheidung fertig werden

In diesem Kapitel geht es einmal nur um Sie, darum, wie Sie sich von den negativen Auswirkungen der Trennung befreien können. Wahrscheinlich fiel es Ihnen sehr schwer, sich von Ihrer einst geliebten Frau zu trennen. Doch die Trennung ist vollzogen, auch wenn Sie vielleicht manchmal noch Sehnsucht nach ihr haben. Selbst wenn Sie froh sind, dass Sie sich aus dieser Beziehung lösen konnten, ist die innerliche Trennung von Ihrer Exfrau ein langer Prozess, manchmal auch ein schwieriger und schmerzvoller.

Warum sollen Sie diesen harten Weg gehen? Weil Sie sich sonst innerlich von Ihrer Exfrau nicht lösen und keine neue Liebesbeziehung eingehen können, die nicht von den ungelösten Problemen Ihrer gescheiterten Beziehung überschattet wird. So wie Franz – ein 52-jähriger Mediziner – erzählt, der zwei Monate nach der Scheidung eine neue Beziehung einging: „Am Anfang war es wunderbar, wir haben uns so richtig gut verstanden. Aber mit der Zeit habe ich mich immer zerrissener gefühlt, immer depressiver, ich hatte so gar keinen Antrieb mehr, selbst meine Arbeit, die ich so liebe, machte mir keinen Spaß mehr. Mir sind ständig beide Frauen durcheinandergekommen. Ich war mit meinem Herzen noch ganz in der alten Ehe. Manchmal habe ich die neue Partnerin sogar mit dem Namen meiner Ex angesprochen. Da war dann immer der Teufel los. Ich war einfach noch nicht innerlich frei für eine neue Beziehung. Auch meine neue Partnerin akzeptierte auf Dauer nicht, dass ich nicht wirklich für sie da war – so von ganzem Herzen eben. Da haben wir uns dann – auch wenn es uns beiden schwerfiel – wieder getrennt."

Obwohl es in diesem Kapitel nur um Sie geht, helfen Sie auch Ihrem Kind sehr, wenn Sie selbst mit der Scheidung fertig werden. Zum einen spielt der Faktor Zeit eine Rolle: Je schneller Sie selbst mit der Scheidung fertig werden, umso schneller stehen Sie Ihrem Kind als präsenter Vater wieder zur Verfügung. Der zweite Punkt ist folgender: Erst wenn Sie beginnen, die Trennung von Ihrer Frau zu verarbeiten, wird die Gefahr gebannt, dass Sie über Ihr Kind den Streit mit Ihrer Exfrau weiterführen und es als Soldat in Ihrem Ehekrieg missbrauchen. Diese Gründe sprechen sehr eindeutig dafür, dass Sie sich – wenn Sie es nicht schon gemacht haben – auf die Reise machen, mit Ihrer Scheidung fertig zu werden.

Es ist wirklich wie eine Reise: Stellen Sie sich Ihre innere Befreiung von der Trennung wie eine Weltreise vor, bei der Sie alle fünf Kontinente dieser Erde zumindest einmal besuchen müssen. Jeder Mensch unterscheidet sich von anderen Menschen, keine zwei Menschen sind gleich. So unterscheidet sich auch die Art und Weise, in der Sie sich von den negativen Auswirkungen der Scheidung befreien, von der aller anderen Menschen. Jeder Mensch reist anders.

Ich biete Ihnen hier eine Art Weltkarte, die Ihnen eine Orientierung für Ihre Weltreise geben kann. Doch auf den Weg müssen Sie sich selbst machen. Erst wenn Sie ein Weltreisender sind, erst wenn Sie sich von Ihrer Trennung wirklich befreit haben, können Sie den sechsten Kontinent besuchen, erst dann erfüllen Sie die Voraussetzungen, um mit Ihrer Exfrau ein elterliches Team zum Wohl Ihres Kindes zu bilden.

Welche Kontinente müssen Sie besuchen?

Amerika:
Erkennen Sie Ihre
eigenen Anteile am
Scheitern Ihrer Ehe

Europa:
Stellen Sie sich Ihren
destruktiven Gefühlen
und trauern Sie um
Ihre Ehe

Asien:
Vergeben Sie
Ihrer Ex-Frau

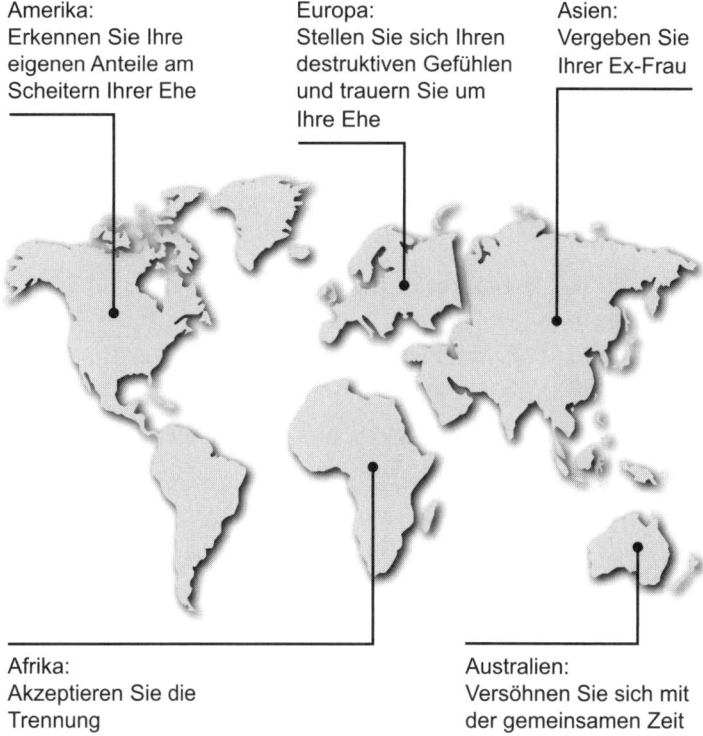

Afrika:
Akzeptieren Sie die
Trennung

Australien:
Versöhnen Sie sich mit
der gemeinsamen Zeit

Diese Kontinente können Sie in verschiedener Reihenfolge besuchen. Für die Verarbeitung ist wichtig, dass Sie jeden Kontinent zumindest einmal besuchen. Abbrüche, Trennungen und Abschiede sind schwierig und schmerzhaft, egal wer sich entscheidet zu gehen. Manche Kontinente müssen Sie vielleicht öfter besuchen. Nicht auf jedem Kontinent lässt sich alles beim ersten Mal erledigen. Wichtig ist, dass Sie diese Reise antreten.

Mit Ihrer Scheidung fertig zu werden ist ein Prozess, der Zeit braucht. Je länger Ihre Beziehung dauerte, umso mehr Zeit benötigen Sie dafür. Mit welchem Kontinent Sie beginnen und wie schnell Sie reisen, kann Ihnen niemand von außen vorgeben. Vertrauen Sie auf Ihre Wahrnehmung, wann welcher Schritt für Sie wichtig ist. Es ist notwendig, dass Sie wieder Zugang zu Ihrem eigenen Empfinden, Fühlen und Wahrnehmen finden. Da tut es manchmal gut, einfach innezuhalten und nachzuspüren, wie es Ihnen wirklich geht. Das mag schmerzhaft und schwierig sein. Halten Sie diesen Schmerz aus, laufen Sie nicht davon. Auch wenn ich für dieses Kapitel das Bild einer Weltreise verwende, ist diese Befreiung von den negativen Auswirkungen der Scheidung ein innerer Prozess. Nur wenn Sie sich Ihrem Inneren stellen und diese Reise absolvieren, werden Sie mit Ihrer Scheidung fertig.

Dabei müssen Sie Ihre eigene Geschwindigkeit und Ihren eigenen Rhythmus finden. Auch wenn es für Sie sentimental klingt: Wenn Sie Abbrüche, Trennungen und Abschiede nicht genügend verarbeiten, ist es wahrscheinlich nur eine Frage der Zeit, bis Sie psychische Probleme bekommen. Und: Es kann dann kein Neuanfang gelingen.

Für dieses Buch habe ich zehn geschiedene Väter interviewt, die nicht meine Klienten sind. Von diesen Vätern wusste ich, oft über Freunde, dass sie ein gutes Verhältnis zu Ihrem Kind haben. Immer wenn ich Sie fragte, wie sie ihre Scheidung verarbeitet hätten, kam der Appell an die Leser, sich Hilfe von außen zu holen. So wie Manfred – Sie kennen ihn bereits aus dem Auftakt – an Sie als Leser appelliert: „Wichtig in der Scheidungssituation ist, so schnell wie möglich sowohl für die Kinder als auch für sich selbst Beistand zu suchen bei qualifizierten Leuten. Nicht nur mit Leuten reden, die nachlegen. Aber psychotherapeutische Hilfe, Berater oder Leute, die eine Distanz haben, um das besser beurteilen zu können. Das kann auch ein Geistlicher sein, aber auf jeden Fall jemand, der in der Lage ist, deine Situation von außen zu sehen, der nicht involviert ist in die Trennung." Ich war sehr überrascht, von acht von diesen zehn Vätern zu erfahren, dass sie sich in ihrer schwierigen Zeit psychotherapeutische Hilfe geholt haben.

Alle Väter, die von ihrer Frau verlassen wurden und gut mit der Scheidung fertig geworden sind, sprachen davon, dass es für sie der wichtigste und schwierigste Schritt war, die Trennung zu akzeptieren. Beginnen auch Sie mit diesem Schritt, bereisen Sie diesen Kontinent.

Afrika: Wie Sie die Trennung akzeptieren können

Trennungen sind nie einfach. Sie sind immer schmerzhaft. Und doch begleiten sie uns das ganze Leben. Es beginnt mit der Geburt, bei der wir uns aus dem Bauch der Mutter verabschieden müssen und unter Schmerzen geboren werden, um mit Mutter und Vater ein Beziehungsdreieck zu bilden. Wenn wir dieses Dreieck verlassen müssen, um in den Kindergarten oder in die Schule zu gehen, tut es weh. Wenn wir uns von Freunden und Bekannten trennen, um in einen neuen Lebensabschnitt einzutreten, in eine andere Stadt ziehen, schmerzt dies meistens. Das ganze Leben besteht aus Trennungen. Nur wenn wir sie innerlich akzeptieren, sind wir frei, um den nächsten Lebensabschnitt gut beginnen zu können.

Manchmal sind Menschen sehr erfindungsreich, wenn es darum geht, die Trennung nicht akzeptieren zu müssen, so wie Harald im nächsten Beispiel:

Harald hasst

Harald, der Vater des elfjährigen Karl, will die Trennung – die bereits vor sechs Jahren von der Mutter des Jungen stattfand – nicht wahrhaben. Er beendet jedes Telefonat mit seiner Exfrau, wobei es nur noch um die Angelegenheiten des Kindes geht, mit dem Satz „Wir werden sicher wieder zusammenkommen". Gleichzeitig terrorisierte Harald die Lehrer des Jungen, indem er behauptet, dass sein Sohn bei der Mutter schlecht aufgehoben sei, dass er nur lerne, wenn er bei ihm ist. Harald hasst alles, was seine Exfrau tut. Sie hat das alleinige Sorgerecht. Einmal im Jahr strengt Harald einen Sorgerechtsstreit an, mit dem Ziel, dass der Junge bei ihm lebt. Gutachten müssen erstellt werden, jedes Jahr wird das Gleiche verhandelt, weil der Vater sich innerlich nicht von seiner Exfrau trennen kann. Das Tragische dabei: Der elfjährige Karl verfällt immer mehr. In der Klasse ist er extrem verhaltensauffällig, er ist aggressiv und hat keine Freunde. Die vierte Volksschulklasse besucht er bereits zum zweiten Mal, wobei er immer öfter die Schule schwänzt und sich mit obdachlosen Jugendlichen in der Nähe des Bahnhofs herumtreibt.

Haralds Hass dient dazu, sich nicht mit der Trennung auseinandersetzen zu müssen. Er liebt seine Exfrau immer noch, doch sie will nichts mehr von ihm wissen. Statt die Trennung – wenn auch widerwillig – irgendwann einmal zu akzeptieren, schlug die Liebe Haralds in Hass um. Durch den Hass fühlt er sich noch mit seiner Exfrau verbunden. Doch diese Form von Verbundenheit ist für alle drei – für Mutter, Kind und letztlich auch für Harald selbst – sehr destruktiv. Wahrscheinlich haben auch Sie während und nach der Trennung Hassgefühle gegen Ihre Exfrau gehegt. Doch irgendwann wird es Zeit, den Hass aufzugeben. Der erste Schritt in diese Richtung besteht darin, Ihre Trennung zu akzeptieren. Nur so leiten Sie die Befreiung von Ihrer Trennung ein und liefern sich nicht Ihrem Hass aus. Das ist auch der erste Schritt, um sich für neue Begegnungen und Beziehungen frei zu machen.

Es gibt viele Wege, um die Trennung nicht akzeptieren oder nicht wahrhaben zu müssen. Einen besonderen Weg wählte Helene, wie ich Ihnen im nächsten Beispiel beschreibe.

Helene verweigert die Realität

Obwohl Heinrich, Helenes Mann, bereits vor einem halben Jahr ausgezogen ist und auch schon die Scheidung bei Gericht eingereicht hat, will Helene sich einfach nicht trennen. Sie erzählt ihren Kindern – dem siebenjährigen Horst und der achtjährigen Helga –, dass der Vater ganz sicher wieder zurückkommt. Immer wenn Heinrich die Kinder holen will, kommen sie nur mit, wenn er Helene auch mitnimmt. So wird Heinrich gezwungen, die Beziehung weiterzuführen, obwohl er sich innerlich schon lange daraus verabschiedet hat. Heinrich erzählt, dass die Spannungen bei solchen Ausflügen kaum zu ertragen sind. „Die Kinder opfern sich für ihre Mutter", sagt er. Nur Helene will nicht wahrhaben, dass es die heile Welt, die sie mit allen Mitteln aufrechterhalten will, schon lange nicht mehr gibt. Die Kinder leiden sehr darunter. Horsts Lehrerin machte Helene bereits mehrmals darauf aufmerksam, dass ihr Sohn massiv an Gewicht verloren hat. Auch Helga zieht sich immer mehr in ihre Fantasiewelt zurück und verliert eine Freundin nach der anderen.

Sie sehen, wie lebensfeindlich eine Verweigerung der Realität sein kann. Wahrscheinlich wollten auch Sie gewisse Dinge während und nach der Scheidung nicht wahrhaben. Das ist normal. Doch wenn Sie daran festhalten, dass Ihre Liebesbeziehung nicht zu Ende sein darf, dann werden Sie mit Problemen konfrontiert wie Helene in diesem Beispiel. Irgendwann müssen Sie sich der Realität stellen, auch wenn Sie nicht angenehm ist. Wahrscheinlich gelingt es Ihnen, die Welt zu sehen, wie sie wirklich ist, wenn Sie beginnen, die Trennung zu akzeptieren.

Pauls Hass und Helenes Realitätsverweigerung haben den gleichen Sinn: die innere Trennung vom Ehepartner zu vermeiden. In meiner therapeutischen Praxis erlebe ich oft, dass ein Trennungskonflikt dann eskaliert und zu einer unendlichen Geschichte wird, wenn einer der Partner nicht bereit ist, die Trennung innerlich zu akzeptieren. Dann ist es für ihn unmöglich, sich aus der Beziehung zu lösen. In diesem Fall ist es nur eine Frage der Zeit, bis der Streit der Eltern über die Kinder ausgetragen wird. Auch der andere Partner kann sich dann sehr schwer aus der Beziehung lösen. Oft zieht sich folglich ein Elternteil von den Kindern zurück – meist ist es der Vater –, weil die Übergabetermine unerträglich sind und die Kinder als Mittel missbraucht werden, um die Beziehung nicht beenden zu müssen. Manchmal hassen und streiten Menschen lieber, als den einst geliebten Partner ziehen zu lassen.

Wie können Sie die Trennung akzeptieren? Setzen Sie sich einmal in Ruhe allein hin. Schalten Sie alle Ablenkungen wie Handy, Fernsehen, Radio, Computer und vieles mehr einfach aus. Tief in Ihrem Inneren spüren Sie, dass Ihre Beziehung zu Ihrer Exfrau wirklich zu Ende ist. Spüren Sie den Schmerz. Lassen Sie ihn zu. Sie müssen durch diesen Schmerz hindurchgehen, damit Sie sich von der Trennung befreien können. Wie Sie sich den aufsteigenden destruktiven Gefühlen stellen können, die eine Trennung begleiten, erfahren Sie auf dem nächsten Kontinent.

Tipp

Beginnen Sie die Trennung zu akzeptieren und lassen Sie sich auf den Prozess der Trauer und des Abschieds ein! Das ist Ihr erster Schritt, damit Sie auch wieder voll auf Ihr Kind eingehen und einen neuen Lebensabschnitt wirklich beginnen können.

 **Europa: Wie Sie sich Ihren destruktiven Gefühlen stellen und um Ihre Ehe trauern können**

Vielleicht fällt es Ihnen deswegen so schwer, die Trennung innerlich zu akzeptieren, weil so viele destruktive Gefühle damit verbunden sind. Wird ein Partner mit der Trennungsabsicht des anderen konfrontiert, so ist die erste Reaktion meist Protest. Wut, Hass und Verbitterung kommen auf. Diese Protestphase ist die dramatischste bei einer Trennung und kann sich über Wochen bis Monate hinziehen. In dieser Phase wird getobt, geschrien, geheult, beschimpft, werden Türen zugeschmissen, manchmal sogar eingeschlagen. Der Mensch wird von Trotz, Wut, Hass und Vergeltungsgefühlen überflutet. Diese Gefühle dienen dazu, sich der Trennung entgegenzustemmen. In dieser Phase hofft der Mensch noch. Es ist ein Appell an den Verlassenden: „Bleib bei mir, komm wieder!" Bei jedem Telefonläuten denkt man, bei jedem Geräusch an der Tür hofft man, dass der andere zurückkommt. „Er muss doch einfach zurückkommen!"

Der Protest in all seiner Dramatik ist eine normale körperliche und seelische Reaktion auf die Trennung, vor allem auf das Verlassenwerden. Franz – Sie kennen ihn schon vom Anfang dieses Kapitels – erzählt zum Beispiel, dass er sich in dieser Phase extrem schuldig fühlte, es als Mann nicht geschafft zu haben, eine Familie zusammenzuhalten. Seine Sehnsucht nach einer heilen Familie war auch deshalb so stark, weil er seinen eigenen Vater erst mit 42 Jahren kennen lernte und selbst nie eine intakte Familie erlebt hat. Neben der Schuld, etwas falsch gemacht zu haben, kommt die Scham hinzu: Was werden die anderen sagen? Scheidungen sind inzwischen aufgrund ihrer Häufigkeit etwas Normales geworden, doch erlebe ich immer wieder, dass Väter, Mütter und sogar Kinder sich dafür schämen.

Verdrängen Sie Ihre Gefühle nicht. Lassen Sie Ihre Wut, Ihren Hass, Ihre Bitterkeit, Ihre Schuldgefühle, Ihre Scham und Ihre Rachegedanken zu. Doch es gibt zwei Grenzen: 1. Verletzen Sie niemanden physisch und auch nicht psychisch. Die Gefahr in dieser dramatischen Protestphase ist, dass Sie Ihre Noch-Frau so sehr verletzen, dass eine gemeinsame Elternschaft nicht mehr möglich wird. 2. Führen Sie niemals Ihre Auseinandersetzungen mit Ihrer Exfrau vor Ihrem Kind, sondern drücken Sie Ihre Wut, Ihren Hass, Ihre Bitterkeit so aus, dass Sie niemanden dabei verletzen. Laufen Sie zum Beispiel, treiben Sie Kampfsport, schreien Sie unter Eisenbahnbrücken, prügeln Sie auf Kissen ein und schleudern Sie sie durch die Wohnung. Vor allem: Suchen Sie sich Menschen, mit denen Sie reden können. Auch Männer brauchen das. Wenn ein Mensch in seiner Wut, in seinem Hass und in seiner Bitterkeit stecken bleibt, hat dies verheerende Auswirkungen auf seinen weiteren Lebensweg.

Natürlich ist die Auseinandersetzung mit Ihrer Partnerin wichtig. Es gilt zu verstehen, was passiert ist. Männer haben manchmal die Eigenart, diese Dinge nicht wahrhaben zu wollen. „Ich habe einfach nicht bemerkt, wie unglücklich meine Frau mit mir ist“, sagt Franz immer wieder. Er bedauert von ganzem Herzen, dass durch seine zu späte Einsicht seine Ehe nicht mehr zu retten war.

Nach dem Protest kommt die Verzweiflung. Irgendwann ist die Kraft für den Kampf, für den Protest verbraucht. Die Hoffnung, der Partner könnte zurückkommen, wird aufgegeben. Genau diesen Schritt konnten Harald und Helene nicht gehen. Meist entwickelt es sich so, dass statt der Wut und Rachegedanken mehr und mehr der Schmerz spürbar wird, auch im

Körper, „Verengungen in der Brust", „ein Brocken im Bauch", so beschreiben es Klienten, die in diese Phase getreten sind. Auch sonst psychisch stabile Menschen zeigen in dieser Phase der Verzweiflung vorübergehend psychosomatische Beschwerden. Kopfschmerzen, Magenbeschwerden, Verdauungsstörungen, Hauterkrankungen, Schlafstörungen bis hin zu Herz- und Kreislaufbeschwerden sind möglich.

Der Schmerz kann so unerträglich werden, dass viele Menschen ihn nicht ohne eine Art Narkose überstehen. Menschen in der Verzweiflungsphase greifen oft zu Betäubungsmitteln, Tabletten, Alkohol, Nikotin oder geben sich übermäßigem Fernsehen, Vergnügungen und Sex hin.

Viele Männer können erst mit einer neuen Partnerin die Trennung akzeptieren. Auf meine Frage „Nach der Scheidung ist es dir sehr schlecht gegangen, wie bist du denn da wieder herausgekommen?" antwortet Manfred: „Ja, hauptsächlich dadurch, dass ich meine zweite Frau kennen gelernt habe. Also, das ist relativ schnell gegangen. Das ist auch etwas, das mich heute ein bisschen irritiert. Da war einfach zu viel Kompensation drinnen."

Doch auch Menschen, die in dieser Zeit neue Bindungen eingehen, werden vom Trennungsschmerz eingeholt. Deswegen haben diese neuen Beziehungen so oft wenig Bestand. Die Verzweiflung lässt sich nicht überlisten, auch wenn der Versuch verständlich ist.

Schämen Sie sich nicht Ihrer Tränen in dieser Phase der Verzweiflung! Weinen tut gut und hilft uns den Stress der Trennung abzubauen. In dieser Zeit brauchen wir andere Menschen. Intensivieren Sie den Kontakt zu Ihrer Familie. Sie mindert das Alleinsein und begegnet Ihnen mit Verständnis. Die Familie führt uns auch zum Ursprung zurück und vermittelt etwas von dem verlorenen Heimatgefühl. Suchen Sie Ihre Freunde auf oder lassen Sie alte Freundschaften wieder aufleben. Ohne Mitmenschen besteht die Gefahr, sich einzuigeln und zu betäuben – und das über viele Monate. Oft werden Männer nicht allein mit der Verzweiflung fertig. Wenn der Schmerz chronisch wird, suchen Sie einen Psychotherapeuten auf! Professionelle Begleitung kann helfen, Sie durch die Verzweiflung führen.

Nach dem Protest und der Verzweiflung muss die Phase der Trauer beginnen. Wenn Menschen nicht trauern können, macht die Trauer sich selbstständig und kann in eine Depression münden. Problematisch ist dabei auch, dass die gedrückte Stimmung, der Interessenverlust, die Freudlosigkeit, erhöhte Ermüdbarkeit und Einschränkungen in den Aktivitäten nicht mehr mit der Trennung in Verbindung gebracht werden und dadurch schwerer zu behandeln sind.

Wenn Sie die Trennung mit einer Schussverletzung vergleichen, dann kann durch die Akzeptanz der Trennung erst einmal die Kugel entfernt werden. Sie leben jetzt mit einer offenen Wunde. Erst die Trauer leitet den Heilungsprozess ein.

Tipp

Lassen Sie Gefühle des Protests, der Wut, des Hasses, der Verzweiflung zu. Aber verletzen Sie niemanden dabei! Suchen Sie Beistand bei Familie und Freunden. Wenn Sie merken, dass Sie sich über längere Zeit nur betäuben – durch Alkohol, Medikamente, Arbeit oder Sex – oder wenn der Schmerz chronisch wird, suchen Sie einen Psychotherapeuten auf.

Wie Sie um Ihre Ehe trauern können

Wenn jemand stirbt, ist klar, dass dieser Mensch nicht mehr erreichbar ist. Jemand, der einen geliebten Menschen durch Tod verloren hat, kann sich aufmachen, die Trennung zu akzeptieren und so zu trauern – das sind die neuesten Erkenntnisse der Trauerforschung –, dass der Mensch in seinem Herzen weiterleben kann.

Im Fall einer Trennung kann es für Sie schwieriger sein zu trauern. Ihre Exfrau ist physisch weiterhin erreichbar, nur als Liebespartnerin für Sie nicht mehr. Vielleicht fällt es Ihnen auch schwer zu sagen: „Ach, wir hatten es so schön miteinander!", wenn sie Ihnen jederzeit auf der Straße begegnen kann und wenn Sie sich mit ihr wegen Ihres Kindes immer wieder treffen. Vor allem: Wie können Sie es schaffen, Ihre Expartnerin, mit der Sie sich wahrscheinlich im Streit getrennt haben, wieder in Ihrem Herzen wohnen zu lassen?

In Ihrem Fall geht es darum, loszulassen und zu verstehen. Für Sie gilt es, die Liebesbeziehung loszulassen und zu verstehen, was passiert ist, dass es zu dieser Trennung kam. Auch der 54-jährigen Manfred – Sie kennen ihn bereits aus dem Auftakt – musste sich auf diesen Trauerprozess einlassen, wie Sie im nächsten Beispiel sehen werden.

Manfred ist fassungslos

Manfred wurde kurz nach seinem 40. Geburtstag von seiner Ehefrau Maria, die acht Jahre jünger ist, von einem Tag auf den anderen verlassen. Maria weigerte sich, mit Manfred darüber zu reden, was passiert war und wie sie zu diesem Schritt kam. Die einzige Aussage von ihr war, dass sie nichts mehr mit ihm zu tun haben möchte, und das nach einer 13-jährigen intensiven Beziehung. Für Manfred brach eine Welt zusammen, vor allem weil er nicht bemerkt hatte, wie Maria von ihm weggedriftet war. Sehr stark zu schaffen machte ihm auch, dass er seine beiden geliebten Töchter Monika und Silvia, damals sieben und fünf Jahre alt, nicht mehr jeden Tag sehen konnte. Manfred versank in einer tiefen Depression. Seine Firma, eine blühendes Architekturbüro, konnte er nur mithilfe seiner guten Mitarbeiter über Wasser halten.

Wenn auch Sie von Ihrer Exfrau verlassen wurden, geben Sie sich Zeit, um zu Ihrer Trauer zu finden, vor allem wenn es wie bei Manfred von heute auf morgen ohne Ankündigung geschah. Wenn Sie mit der Trennung aus heiterem Himmel überrascht wurden. Nach seiner depressiven Phase gelang es Manfred zu verstehen, dass er für seine Exfrau einfach nicht präsent war. „Immer nur das Geschäft", wie seine Exfrau sagt. Erst indem er das verstand und akzeptierte, dass diese Liebesbeziehung zu Ende ist, konnte er sich wirklich auf die Trauer einlassen. Manfred erzählt: „Dieses Loslassen war verdammt hart – und auch einzusehen, was ich alles falsch gemacht habe. Aber schließlich habe ich die Verantwortung übernommen und wieder nach vorn geschaut. Doch diese Zeit der Trauer war wirklich hart. Immer wieder in diesen Schmerz einzutauchen und sich nicht durch Arbeit abzulenken, immer wenn ich ein Bild von Maria sah, schossen mir die Tränen ein. Doch langsam – im Grunde weiß ich nicht wieso und warum – wurde der Schmerz weniger und – auch wenn das pathetisch klingt – wurde ein Licht am Horizont sichtbar."

Machen Sie es wie Manfred, lassen Sie die Trauer zu. Laufen Sie nicht vor ihr weg. Gehen Sie durch den Schmerz. Schämen Sie sich dabei Ihrer Tränen nicht. Nehmen Sie sich Zeit für sich, in der Sie einfach trauern können. Wenn es möglich ist, lassen Sie sich hin und wieder von einem guten Freund dabei begleiten. Es ist nicht realistisch – so wie bei einem Verstorbenen – dass Sie Ihre Exfrau im Herzen bewahren. Es reicht, wenn Sie es schaffen, sich mit der gemeinsamen Zeit zu versöhnen. Doch das ist eine Reise zum Kontinent Australien.

Auch wenn Sie Ihre Exfrau verlassen haben, werden Sie um das Trauern nicht herumkommen, so wie Walter im nächsten Beispiel zeigt:

Walter hat sich entschieden

Als Walter, ein 39-jähriger Arzt, seine Frau Judith und seinen vierjährigen Sohn Andreas verließ, war seine neue Freundin bereits schwanger. Walter hatte mit Judith beinahe 14 Jahre zusammengelebt. Ein Jahr lang war Walter zwischen den beiden Frauen hin- und hergependelt. Erst die Schwangerschaft von Sylvia, seiner Freundin, hatte den Ausschlag gegeben, sich für sie zu entscheiden. Seit er von seiner Exfrau weggezogen ist, neigt er zu Jähzorn und hat Schwierigkeiten, sich in seinem Beruf als Orthopäde an einem Krankenhaus zu konzentrieren. Gesundheitlich ist er angeschlagen, er leidet verstärkt unter Magenbeschwerden, die er vorher nicht kannte.

Wenn auch Sie Ihre Frau verlassen haben, dann waren Sie höchstwahrscheinlich in der ersten Zeit einfach nur froh, sie losgeworden zu sein. Vermutlich haben Sie versucht, mit viel Freude und Entschlossenheit in den neuen Lebensabschnitt zu gehen. Ich nehme an, dass Ihnen das in der ersten Zeit auch gelungen ist. Doch nach und nach – meistens nach zwei, drei Monaten – kommt oft die Ernüchterung. So wie bei Walter lassen sich 14 Jahre gemeinsamer Liebesbeziehung doch nicht von heute auf morgen auslöschen. Auch Walter musste sich seinen destruktiven Gefühlen stellen und zu trauern beginnen. Bei ihm kam zuerst die ganze Enttäuschung, die Wut hervor, dass diese 14 Jahre so sinnlos waren. Dann wurde ihm klar, dass es auch viele schöne Momente gegeben hatte, worauf die Trauer einsetzte. Walter ging und geht immer noch durch den Schmerz dieses Verlustes, wobei für ihn klar ist, dass die Trennung gut ist. Doch einen neuen Lebensabschnitt zu beginnen und um den alten zu trauern schließt einander nicht aus.

Auch wenn Sie Ihre Frau verlassen haben, kommen Sie nicht umhin, um sie zu trauern. Schließlich haben Sie Ihre Exfrau einmal geliebt, und wenn eine Liebe zu Ende geht, ist es wichtig, diese gemeinsame Zeit zu verarbeiten. Auch Ihnen bleibt eine „Weltreise" nicht erspart.

Jeder Mensch hat seinen eigenen Rhythmus und sein eigenes Tempo in seiner Trauer. Deshalb lässt sich Trauerarbeit oft nicht in Trauerseminaren leisten. Auch der Begriff „Trauerarbeit" täuscht. Trauer ist immer wieder etwas sehr Stilles. Es gilt dem Gefühl der Trauer zu folgen. Lassen Sie die Wehmut zu, wenn Sie beim Anblick einer Frau sofort an Ihre Exfrau denken. Den Stich ins Herz, wenn Sie am gemeinsamen Lieblingsrestaurant vorbeigehen. Die Bitterkeit, wenn Sie Ihr Kind auf seine Mutter zulaufen sehen und daran denken müssen, dass Sie früher zu zweit auf diese Frau zugestürmt sind. All das gilt es zu fühlen und auszuhalten. Die Trauer ist nicht mit Arbeit zu lösen, viel mehr mit Aushalten, Erkennen und Verstehen.

Um sich lösen zu können, müssen Sie verstehen, was Ihnen Ihre Exfrau bedeutete, warum ihr Verlust so schwer ist und wodurch es zu dieser Trennung kam – nicht nur mit dem Kopf, auch mit dem Herzen. Trauer ist ein natürlicher Vorgang, um eine schwere seelische Erschütterung zu verarbeiten, genauso wie eine körperliche Wunde aus ihrer Tiefe heraus langsam heilt.

Mit dem Vertrauen auf die Selbstheilungskräfte der Psyche und der aktiven Auseinandersetzung mit der Trennung tauchen Sie langsam durch den dunklen Nebel in Ihrem Herzen, wenn Ihre Wunde der Trennung von innen zu heilen beginnt. Viele Männer wollen diesen Weg abkürzen, indem sie eine neue Partnerin wählen. Doch die meisten erkennen nach kurzer Zeit, dass sie innerlich noch nicht so weit sind. So wie Gerhard – Sie kennen ihn ebenfalls bereits aus dem Auftakt – erzählt: „Die Karin war eine tolle Frau. Aber es hat einfach nicht gepasst. Es waren da gleich wieder ganz viele Parallelen und Abhängigkeiten wie mit meiner Exfrau. Ich bin noch nicht so weit. Es wäre für mich und für die Karin nicht gut gewesen. Ich rate allen Männern, sich nach der Trennung Zeit zu lassen, bevor sie eine neue Partnerin suchen. Sonst kommen sie vom Regen in die Traufe."

Die Wunde der Trennung beginnt mit der Trauer von innen zu heilen, aber vernarben kann sie erst, wenn Sie Ihrer Exfrau vergeben. Erst dann ist ein wirklicher Frieden und damit ein Neuanfang möglich.

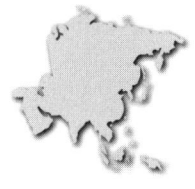

Asien: Wie Sie es schaffen, Ihrer Exfrau zu vergeben

„Ich will diesem Menschen gar nicht vergeben, warum sollte ich das?" Diesen Satz höre ich häufig, wenn ich in der Psychotherapie einen Vorstoß in diese Richtung mache. Doch Vergebung kann eine durchaus egoistische Sache sein. Sie entlastet vor allem den Menschen, der vergibt. Sie ermöglicht ihm, sein emotionales Gefängnis zu verlassen und wieder auf die Menschen – und vor allem auf sein Kind – zuzugehen.

Durch Vergeben wandeln Sie zerstörerische Gedanken in ruhigere und gesündere Überlegungen um. Es gelingt Ihnen dann auch, sich ein Stück weit von Ihrer Exfrau zu distanzieren. Wenn Sie vergeben, werden unangenehme Gefühle wie Wut, Hass und Verbitterung beruhigt, dadurch gewinnen Sie Ihre Macht zurück und werden nicht von diesen Gefühlen getrieben und unter Umständen sogar zu Handlungen angeleitet, die sie später bereuen würden. Wenn es Ihnen gelingt, Ihre Vergeltungs- und Rachewünsche durch Vergeben langsam loszulassen, verbessert sich Ihr Umgang mit anderen Menschen wieder, denn dann müssen Sie auch nicht mehr Ihre Wut auf Ihre Exfrau in Ihre Arbeitsstelle tragen oder mit dieser Wut im Bauch Ihrem Kind begegnen. Für alle anderen Menschen um Sie herum wäre es eine Erleichterung, wenn Sie vergeben könnten, weil Sie dann wieder auf eine zivilisierte Weise auf sie zugehen können.

Aber auch die Beziehung zu Ihrer Exfrau gewinnt, wenn Sie ihr vergeben können. Das ist vor allem im Hinblick auf die elterliche Beziehung wichtig, weil Sie und Ihre Exfrau auch dann Eltern bleiben, wenn sie geschieden sind. Es ist für Sie unmöglich, gut mit Ihrer Exfrau Ihr Kind zu erziehen, wenn Sie der Wunsch nach Vergeltung und Rache nicht zur Ruhe kommen lässt.

Indem Sie vergeben, werden Sie auch mental und körperlich gesünder, weil – wie Forschungen belegen – Vergeben den Blutdruck senkt und bei Rückenschmerzen und Depressionen den chronischen Schmerzen entgegenwirkt. Bei Übergewichtigen wirkt sich Vergeben normalisierend auf das Körpergewicht aus, und es kann Kopfschmerzen, Schlafstörungen und Schwindel lindern. Sie sehen: Wenn Sie Ihrer Exfrau vergeben, profitieren vor allem Sie selbst davon.

Viele Menschen scheuen vor der Vergebung zurück, weil sie ein falsches Verständnis davon haben. Harald erwiderte, als ich mit ihm über Vergebung sprach: „Ich kann ihr nicht vergeben, ich kann das einfach nicht vergessen!" Er braucht auch nicht zu vergessen! Vergeben ist nicht vergessen. Das menschliche Gehirn ist so angelegt, dass es sich an schmerzhafte Erlebnisse erinnern kann. Wohlgemeinte Ratschläge wie „Vergiss das alles", „Schau nur nach vorn", „Lass das hinter dir" – wirken nicht, können nicht wirken. Im Gegenteil: Um zu vergeben, brauchen Sie ein gutes Gedächtnis und ein waches Bewusstsein.

„Was Sie mir angetan hat, kann ich einfach nicht so hinnehmen, ich kann es nicht entschuldigen", sagt Franz. Das ist auch nicht notwendig. Wenn man etwas hinnimmt, findet man sich mit dem verletzenden Ereignis ab und leidet im Stillen. Man redet sich ein, dass man die Verletzung ja verdient habe. Darum geht es beim Vergeben nicht. Wenn man etwas entschuldigt, bringt man zum Ausdruck, dass man eigentlich nicht verletzt worden ist oder dass das verletzende Geschehen keinen Streit wert ist. Vergebung heißt nicht, dass Ihnen die Verletzung immer wieder angetan werden darf. Verletzungen dürfen in der Zukunft nicht mehr passieren, auch wenn Sie vergeben haben.

Franz sagte außerdem, als ich in unserem Gespräch die Vergebung ins Spiel brachte: „Ich will ihr nicht vergeben, da kann ich doch gleich wieder mit ihr zusammen sein." Vergebung ist zwar ein wichtiger Schritt für eine echte Versöhnung, Vergebung und Versöhnung sind aber nicht das Gleiche. Vergebung verändert an der Tatsache der Trennung nichts. Vergebung bedeutet nicht Versöhnung mit dem Menschen, der uns Schmerz zugefügt hat, sondern ist die Fähigkeit, Ballast aus der Vergangenheit abzuwerfen, um im Hier und Jetzt glücklich zu leben. Das ist gerade im Scheidungsfall wichtig. Vergebung beginnt mit einem Entschluss im Herzen: „Ich vergebe meiner Exfrau und finde meinen inneren Frieden."

Doch einfach ist es mit der Vergebung nicht, sie erfordert mehr als eine Willensanstrengung. Vergebung ist ein Lernprozess, bei dem die Sensibilität, das Herz, die Intelligenz, das Urteilsvermögen, die Vorstellungskraft und der innere Glauben mobilisiert werden. Es liegt auf der Hand, dass sich Vergeben nicht befehlen lässt.

Bei einer Scheidung, gerade wenn sie im Streit geschieht, kommt es auf beiden Seiten zu Verletzungen. Damit Sie die gemeinsame Zeit wertvoll und als wichtigen Schritt in Ihrem Le

ben anerkennen können, ist es wichtig, Ihrer Exfrau zu vergeben.

**Woran merken Sie, dass es bei Ihnen dringend an der Zeit ist zu
vergeben**
1. Ihr Groll beherrscht Sie.
2. Sie geben den Verletzungen durch Ihre Exfrau die Schuld an
    allem Negativen, das Ihnen widerfährt.
3. Bei jeder passenden und unpassenden Gelegenheit erzählen Sie
    Ihre Leidensgeschichte.

Wie Verzeihen auch in einer fast ausweglosen Lage geschehen
kann, lässt sich am Beispiel von Max – einem 35-jährigen Spe-
ditionskaufmann – gut darstellen. Er wird Sie bei diesem Drei-
phasenprozess begleiten.

1. Ihr Groll beherrscht Sie

Wenn Groll Sie so beherrscht wie Max, dann geht es Ihnen
vielleicht so, wie er berichtet: „Immer wenn ich eine Frau sehe, die meiner Ex ähnlich sieht, erfasst mich ein innerer Groll,
oder wenn ich eine Frau mit einem Mann reden sehe oder wenn
ich an einer Schule vorbeigehe – immer ist dieser Groll da, fast
immer." Max erzählt auch, dass die Scheidung jetzt schon drei
Jahre her ist. Seine Frau verliess ihn von heute auf morgen, ohne ihm zu sagen warum. Dabei ist sein Gesicht von Bitterkeit
gezeichnet.

Wie konnte Max und wie können auch Sie Ihren Groll überwinden? Nehmen Sie die Verletzung weniger persönlich! Natürlich müssen Sie, wenn Sie verletzt werden, den Schaden anerkennen. Gleichzeitig sollten Sie fähig sein festzuhalten, dass das,
was Ihnen passiert ist, keine noch nie da gewesene Katastrophe

darstellt. Das hilft Ihnen auch, sich ein Stück weit innerlich von Ihrer Exfrau zu distanzieren. Viele Frauen verlassen ihre Männer auf die gleiche Art und Weise, wie es die Frau von Max tat. Diese Erkenntnis war für Max neu. Ich bat ihn, sich einmal ein bisschen umzuhören, wie Freunde und Bekannte sich von ihren Frauen trennten. „Das kann ich doch nicht, das ist viel zu persönlich!", erwiderte Max. „Aber Sie erzählen das doch auch jedem von sich", antwortete ich. Da stimmte Max mir nachdenklich zu.

Als Max begann, sich mit anderen geschiedenen Männern auszutauschen, erfuhr er nicht nur von einigen, dass ihre Frauen sie auf ähnliche Weise verlassen hatten, sondern plötzlich war er jemand, der sich für das Leid anderer interessierte. Auch das veränderte etwas für ihn. Durch sein Interesse war er nicht mehr derjenige, der jeden, ob dieser es wollte oder nicht, mit seiner Geschichte überfiel. Langsam sah Max ein, dass er mit seiner erlittenen Verletzung nicht allein auf der Welt war. „Das Leben ist nicht fair", sagte er, „aber mit sehr vielen Menschen nicht", fügte er dann noch hinzu.

Sie sehen: Max fiel es sehr schwer anzuerkennen, dass er nicht der Einzige war, der auf diese Art und Weise von seiner Exfrau verlassen wurde. Aber indem er es schaffte, konnte er seinen Groll langsam aufgeben und den ersten Schritt in Richtung Versöhnung gehen.

Erkennen auch Sie, dass es immer wieder Menschen gibt, denen Ähnliches passiert ist wie Ihnen. Wenn es Ihnen – so nach und nach – gelingt, es weniger persönlich zu nehmen dass Ihre Exfrau Sie verlassen hat, kann Ihr Groll Sie nicht mehr beherrschen und ein Versöhnungsprozess beginnt.

2. Sie geben den Verletzungen durch Ihre Exfrau die Schuld an allem Negativen, das Ihnen widerfährt

„Dieses verdammte Weib!", schimpfte Max. „Wenn ich nur an sie denke, kommt mir die Galle hoch, auch daran ist sie schuld! Ich kann mich in meinem Job nicht mehr konzentrieren, weil ich andauernd an die miese Art denken muss, wie sie mich verlassen hat. Wenn ich gefeuert werde, ist das Ihre Schuld." Diese Litanei hatte kein Ende.

Wenn auch Sie – so wie Max – den Verletzungen durch Ihre Exfrau die Schuld an allem Negativen geben, das Ihnen widerfährt, müssen Sie erkennen, dass Ihre Exfrau nicht an allem schuld sein kann! Dann ist es auch für Sie an der Zeit, wieder die Verantwortung für Ihre Gefühle zu übernehmen.

Wenn Max daran denkt oder davon erzählt, wie ihn seine Exfrau verlassen hat, setzt er sich damit selbst unter Stress. Seine Herzfrequenz wird schneller, sein Blutdruck steigt, seine Muskeln verspannen sich und sein Atem wird flacher. Er fühlt sich unwohl und nervös. Weil Max dies sehr oft tut, ist sein Blutdruck insgesamt gesundheitsgefährdend gestiegen. Indem Max die Schuld an seinem Befinden seiner Exfrau zuschreibt, glaubt er diesen Zustand selbst nicht mehr beeinflussen zu können. Obwohl seine Frau ihn schon vor dreieinhalb Jahren verließ, setzt Max das im Hier und Jetzt so unter Stress, als wäre es gerade erst geschehen. Damit verleiht er seiner Exfrau eine Macht, die sie schon lange nicht mehr besitzt. Wenn er ihr vergibt, erobert er sich diese Macht wieder zurück.

Max beschließt zu vergeben. Immer wenn er beginnt, an seine Exfrau zu denken, atmet er dreimal tief durch und formuliert für sich: „Ich vergebe ihr." Anfangs wird seine Wut größer, doch Max hält durch und langsam nehmen die Stresssymptome ab. Er hat eingesehen, dass er mit seiner Verletzung nicht allein dasteht.

Wenn auch Sie die Macht über Ihr Leben wieder zurückgewinnen wollen, dann vergeben Sie Ihrer Exfrau. Immer wenn in Ihnen diese Schuldzuweisungen hochkommen, atmen Sie tief durch und sagen Sie sich ganz bewusst: „Ich vergebe meiner Exfrau und ich übernehme wieder selbst die Verantwortung für mein Leben." Lassen Sie diesen Satz für die nächste Zeit zu Ihrem Leitsatz werden, und Sie werden sehen, wie Sie wieder Macht über Ihr Leben erlangen und vieles, was in Ihrem Leben negativ verläuft, sich wieder zum Besseren wendet.

3. Bei jeder passenden und unpassenden Gelegenheit erzählen Sie Ihre Leidensgeschichte

Vielleicht kommt Ihnen die Endlosgeschichte von Max bekannt vor? „Ich kann nie mehr einer Frau vertrauen, weil mich meine Ex so schmählich verlassen hat. Einfach auf und davon, von heute auf morgen, kein Wort vorher. Ich dachte immer, es sei alles in Ordnung. Unserem Jungen Franz ging es gerade nicht so gut. Aber deswegen läuft man doch nicht gleich davon!" Auf meine Frage, wem er diese Geschichte denn schon erzählt habe, antwortet er: „Jedem, der mir über den Weg läuft. Jeder soll erfahren, was für ein Miststück sie ist!" Im gleichen Atemzug erzählt Max, dass sich seine Arbeitskollegen in letzter Zeit so seltsam verhalten, sie scheinen ihm aus dem Weg zu gehen.

Obwohl die Ehe von Max und seiner Exfrau bereits vor drei Jahren geschieden wurde, hat er ein Endlosband im Kopf, das immer wieder die gleiche Geschichte abspult und ihn immer wieder aufs Neue aufregt. Unter diesem dauernden Groll, der ihn ständig auf einem hohen Stresspegel festhält, leidet auch seine Gesundheit. Seine Exfrau nimmt so viel Platz in seinem Hirn und Herzen ein, dass es Max nicht möglich ist, sich ausreichend um seinen siebenjährigen Sohn Franz zu kümmern, obwohl Franz sehr an ihm hängt.

Wenn Sie sich wie Max von diesem Ballast der Leidensgeschichte befreien wollen, dann schreiben Sie sie in eine Heldengeschichte um und finden Sie wieder zu den wichtigen Dingen in Ihrem Leben!

Zwei von den Männern, denen es auch so erging wie Max, wurden richtig gute Freunde von ihm. Bei ihren gemeinsamen Ausflügen erleben sie viel Spaß. Sie bemerkten auch, dass sie sich nur gegenseitig hinunterzogen, wenn sie einander immer wieder die gemeinsame Leidensgeschichte erzählten. Jetzt haben sie die Abmachung, dass jeder erzählen darf, aber nur fünf Minuten und nur einmal. Damit kommen sie prächtig zurecht und haben dann ihren Spaß. Bei der letzten gemeinsamen Bootsfahrt verzichteten sie ganz darauf: „Warum sich quälen, wenn das Leben so schön sein kann?", meint Max.

Dadurch dass Max seine erlittene Verletzung relativierte („Anderen erging es genauso schlecht."), dass er seine Exfrau nicht mehr für alles verantwortlich macht und dass er ihr vergeben hat, bessert sich sein Gesundheitszustand und er hat wieder Kraft und Energie für andere, „wichtigere Dinge", wie er sagt. Er fühlt sich nicht mehr – das ist der wesentliche Punkt – als Opfer. Beim nächsten Treffen mit seinen zwei Freunden überrascht er sie, indem er seine Geschichte neu erzählt: „Obwohl mich meine Frau auf eine sehr hässliche Weise verlassen hat – von heute auf morgen, ohne ein Wort, warum, ohne es angekündigt zu haben –, habe ich mich nicht unterkriegen lassen. Nach einer Zeit des Leidens habe ich ihr vergeben. Jetzt stehe ich wieder mit beiden Beinen im Leben. Meine Arbeit gefällt mir wieder. Wisst ihr, ich hatte ganz vergessen, wie gerne ich musiziere. Gestern habe ich nach dreieinhalb Jahren die Gitarre wieder ausgepackt. Meine Finger waren schon etwas eingeros-

tet, aber dann – es geht nichts über einen guten Blues!" Max'
Freunde geben bewundernde Laute von sich und klopfen ihm
freundschaftlich auf die Schulter. Er lächelt gerührt und fährt
dann fort: „Aber was mich wirklich bedrückt, ist die Sache mit
meinem Jungen. Da habe ich wirklich nur die weihnachtlichen
und österlichen Pflichtbesuche gemacht. Das ändere ich jetzt.
Ich habe einen großartigen Jungen und ich möchte wieder so
viel Zeit wie möglich mit ihm verbringen."

Max hat also wieder zu den für ihn wichtigen Dingen gefunden, zu seinem Jungen, zu seiner Musik. All dies war erst wieder
möglich, als er seiner Exfrau nicht mehr so viel Platz in seinen
Gedanken und Gefühlen gab.

Es dauerte dann noch drei Monate, bis Max mit seiner
Exfrau die Besuchszeiten mit seinem Sohn so geregelt hatte,
dass es für ihn und den Jungen gut war. Die beiden sehen sich
jetzt jeden Dienstagnachmittag und jedes zweite Wochenende.
Ein erfahrener Mediator, den Max hinzuzog und den auch seine
Exfrau akzeptierte, begleitete die Gespräche zwischen den beiden. „Damit ich nicht in alte Verhaltensweisen falle", erklärte
mir Max.

Wenn es Ihnen gelingt, Ihre Leidensgeschichte in eine Heldengeschichte umzuschreiben, verlassen Sie damit Ihren Opfer-
status und nehmen Ihr Leben wieder selbst in die Hand. Das ist
ein wesentlicher Schritt, um sich von den negativen Auswirkungen der Scheidung zu befreien. Werden Sie wieder Herr Ihrer Geschichte und bestimmen Sie Ihr Leben wieder selbst! Damit wird
auch wieder Energie frei, sich um die wichtigen Dinge im Leben
zu kümmern. Gehen Sie doch einmal in sich und überlegen Sie,
was Ihnen wirklich wichtig ist und was Sie vielleicht schon lange
nicht mehr gemacht haben. Das kann Tennis-Spielen sein, Mu-
sizieren, Geschichten-Schreiben, Engagement in der Politik, die
Modelleisenbahn – was auch immer. Packen Sie es wieder an!

Vergeben ist ein willentlicher Entschluss, doch man fasst ihn nicht von heute auf morgen. Vergebung ist das Gefühl von Frieden, das sich einstellt, wenn es Ihnen gelingt, eine Verletzung weniger persönlich zu nehmen, wenn Sie die Verantwortung für Ihre Gefühle übernehmen und in Ihrer Geschichte vom Opfer zum Helden werden. Durch Vergebung erfahren Sie Frieden im Hier und Jetzt. An Ihrer Vergangenheit ändert sich nichts, wohl aber an Ihrer Gegenwart. Obwohl Sie verletzt worden sind, beschließen Sie weniger zu leiden.

Vielleicht ist es für Sie auch wichtig – so wie Max es getan hat –, sich Gefährten zu suchen, neue Freunde oder den Kontakt zu alten wieder zu erneuern und zu intensivieren. In einer Gemeinschaft kann es leichter gelingen, sich neu zu orientieren. Dabei ist jedoch wichtig, dass das Klima in der Runde offen ist, sodass eine Neuorientierung gelingen kann. Das funktioniert nicht, wenn zum Beispiel der Hass auf die Exfrau nicht aufgegeben werden darf, weil es eine ungeschriebene Regel der Gruppe ist, dass man die Exfrau hassen muss. Dann können die wichtigen Schritte, um mit der Scheidung fertig zu werden, nicht gelingen.

Besonders half es Max, dass er lernte, seine inneren Bilder zu steuern. Wenn ihn wieder seine Grollbilder überfallen, wechselt er ganz einfach wie mit einer Fernbedienung in einen anderen Kanal. Zurzeit bevorzugt er den Musikkanal, dann stellt er sich B. B. King und Eric Clapton gemeinsam auf der Bühne vor und lässt den Blues los. „Doch es gibt viele mögliche Kanäle", wie er sagt.

Wenn bei Ihnen auch immer wieder die gleichen negativen Bilder erscheinen, hilft es Ihnen, den Kanal zu wechseln. Schauen Sie doch einmal, welches Ihr Lieblingskanal ist. Der Schönheitskanal zum Beispiel: Schauen Sie sich um, was Ihnen gerade Schönes ins Auge fällt. Wenn Sie im Stau stehen, bemerken Sie die Schönheit des Himmels, der Wolken und schauen Sie, ob Sie Vögel entdecken können. Wenn Sie an einem Kindergarten vorbeifahren, erfreuen Sie sich am Lachen der Kinder. Genießen Sie Ihre Lieblingsmusik, Ihre Lieblingsfilme, Ihre Lieblingsspeisen und vieles mehr. Sie sehen: Es geht darum, aus einem schwierigen Kanal in einen schöneren zu wechseln. Diese Macht haben Sie. Wahrscheinlich fallen Ihnen noch viele Kanäle ein, die für Sie wertvoll sind.

Tipp

Verzeihen Sie Ihrer Exfrau und schütteln Sie Ihren Groll ab, indem Sie

1. einsehen, dass Sie mit Ihrem Leid nicht allein auf der Welt sind,
2. Verantwortung für Ihre Gefühle übernehmen und aufhören, Ihrer Exfrau für alle Widrigkeiten in Ihrem Leben die Schuld zu geben,
3. Ihre Leidensgeschichte in eine Heldengeschichte umschreiben,
4. den wirklich wichtigen Dingen in Ihrem Leben wieder Raum geben.

Amerika: Wie Sie Ihre eigenen Anteile am Scheitern erkennen

„It takes two to tango." Dieses Sprichwort sagt, dass für einen Tanz, eine Beziehung immer zwei verantwortlich sind – sowohl beim Bilden als auch beim Beenden der Beziehung. Wenn Sie die Schuld für das Ende Ihrer Beziehung nur bei Ihrer Exfrau sehen, wird es zwar möglich, den Schmerz der Trennung zu verleugnen. Doch der Preis ist hoch. Nach und nach wird das ganze Leben nur noch auf Rache und Vergeltung ausgerichtet, so wie bei Harald (Sie kennen Ihn schon aus dem Kapitel „Afrika"). Er konnte die Trennung von seiner Frau einfach nicht akzeptieren. Er lebt jetzt nur noch dafür, sich an seiner Exfrau zu rächen. Unter diesen ständigen Rache- und Vergeltungswünschen leidet das eigene Leben und es ist nur eine Frage der Zeit, bis sich diese Destruktivität auch auf andere Lebensbereiche überträgt. Harald begann zum Beispiel aus der eigenen Opferhaltung heraus, an seiner Arbeitsstelle Geld zu unterschlagen. Diese kriminelle Handlung wiederum wurde von seiner Exfrau gerichtlich verwendet, sodass er zurzeit keinen Kontakt mehr zu seinem Jungen hat. Eine endlose Spirale des Hasses. Lassen Sie sich nicht auf dieses Spiel ein! Übernehmen Sie Verantwortung für Ihr Tun, lernen Sie daraus und gehen Sie weiter auf Ihrem Weg durchs Leben.

Wenn es Ihnen gelungen ist, die Trennung zu akzeptieren, wenn Sie durch Wut und Verzweiflung gegangen sind, wenn Sie getrauert und Ihrer Exfrau vergeben haben, wird Ihnen meist auch bewusst, was Sie selbst dazu beitrugen, dass es zur Scheidung kam. Falls nicht, überlegen Sie doch einmal für sich in einer stillen Stunde, welches Ihr Anteil an der Trennung ist. Sollten Sie unsicher sein, reden Sie mit gemeinsamen Freunden und bitten Sie sie, Ihnen ehrlich Auskunft darüber zu geben. Wählen Sie dabei aber solche Freunde aus, die Ihnen das auch wirklich sagen, und nicht jene Freunde, deren Loyalität vielleicht zu weit geht und die auch nur Ihrer Exfrau die Schuld für die Trennung in die Schuhe schieben.

Der 56-jährige Konrad erzählt über seine eigenen Anteile am Scheitern seiner Beziehung: „Es hat schon ein paar Jahre zwischen uns gekriselt, aber die letzten Monate, bevor ich ausgezogen bin, war ich wirklich gemein zu meiner Frau. Den Ausschlag hat dann gegeben, dass ich mich fluchtartig in ein Verhältnis gestürzt habe. Dann ist die Sache zwischen meiner Ex und mir so eskaliert, dass ich ausgezogen bin." Oder wie Ernst sagt: „Wir waren einfach zu verschieden. Wir haben geheiratet, weil die Kinder gekommen sind, aber wir hatten von Anfang an Schwierigkeiten miteinander. Das lag bei uns beiden, aber hauptsächlich an unserer Verschiedenheit."

Selbst wenn Ihre Exfrau Sie verlassen hat, trugen Sie einen gewissen Anteil dazu bei, indem Sie Dinge taten oder Verhaltensweisen zeigten, die Ihre Exfrau aus der Ehe trieben. Finden Sie diese eigenen Anteile am Scheitern Ihrer Beziehung heraus! Auch diese Handlungen gilt es zu betrauern und daraus zu lernen, damit Sie die gleichen Fehler in einer anderen Beziehung nicht wieder machen.

Manfred konnte seine Scheidung überhaupt erst verstehen, als er herausgefunden hatte, inwiefern er zum Scheitern seiner Ehe beigetragen hatte: „Die Maria, meine erste Frau, hat mich quasi über Nacht verlassen. Die hat jahrelang geschluckt, sie hat zwar irgendwann vorher ein Signal gesendet, doch das habe ich nicht deuten können. Sie hat mir dann in einer fremden Stadt gesagt, quasi auf neutralem Boden, sie will mit mir nichts mehr zu tun haben. Sie wollte auch nicht darüber reden. Ich habe sehr lange gesucht, woran es denn lag. Heute denke ich, dass ich für sie einfach nicht greifbar war. Ich habe mich in meiner Arbeit vergraben und immer einen auf lustig gemacht. Aber die Maria hatte in mir einfach kein Gegenüber, keinen Ansprechpartner und sicher auch keinen Ehemann, der sich mit ihr beständig um die gemeinsamen Kinder gekümmert hat." Erst mit dieser Einsicht gelang es Manfred, sich auf den Weg zu machen, um mit seiner Scheidung fertig zu werden, sich auf die Weltreise zu begeben – vor allem auch mit dem Ziel, seine nächste Liebesbeziehung besser zu leben.

Das Erkennen Ihrer Anteile kann für Sie erschwert werden, weil wir in einer Kultur leben, in der das Gewinnen zählt. Scheidung und Trennung werden aber immer noch als Scheitern betrachtet. Manchmal ist es leichter, die Schuld beim anderen als bei sich selbst zu suchen. Tappen Sie nicht in diese Falle, stehen Sie zu Ihren Anteilen am Misslingen der Ehe! Nur so können Sie aus Ihren Fehlern lernen und sich frei machen für neue und erfüllende Beziehungen. So erarbeitete Franz für sich: „Die Trennung ist immer auch eine Chance für neue und gute Beziehungen."

Wenn Sie noch mit Ihrer Exfrau reden können, teilen Sie ihr mit, welches Ihre Anteile am Scheitern der gemeinsamen Beziehung waren. Das funktioniert natürlich nur dann, wenn Sie sicher sein können, dass Ihre Exfrau das nicht verwenden wird, um Ihnen zu schaden. Bitten Sie sie um Verzeihung. Sollte sie Ihnen vergeben, kann dieser Schritt dazu beitragen, dass Sie schneller mit der Scheidung fertig werden. Das Wichtigste aber ist, dass Sie sich selbst vergeben; nur so können Sie mit Ihren Schuldgefühlen fertig werden und einen Neuanfang wagen. Immer wenn Sie Schuldgefühle quälen, atmen Sie tief durch und sagen Sie zu sich: „Ich habe die Verantwortung für mein Tun übernommen und ich vergebe mir." Lassen Sie dann Ihre Schuldgefühle los und gehen Sie Ihren Weg weiter.

Tipp

Zum Scheiden gehören immer zwei. Haben Sie den Mut zu erkennen, was Sie zum Scheitern Ihrer Ehe beigetragen haben. Wenn Sie aus Ihren Fehlern lernen, wird Ihre nächste Beziehung glücklicher sein. Seine eigenen Anteile am Scheitern der Ehe zu erkennen ist ein wesentlicher Schritt, um mit der Scheidung fertig zu werden. Wenn Sie Schuldgefühle plagen, vergeben Sie sich selbst!

 ## Australien: Wie die Rückschau versöhnend wirken kann

Wenn Sie auf die zerbrochene Beziehung zurückschauen, ohne die hier beschriebene Weltreise unternommen zu haben, können Sie nur Ihre Expartnerin weiter hassen und abwerten. Dann kommen Sie auch nicht mehr an das heran, was Sie an ihr geliebt haben, was sie in Ihnen angesprochen hat und was Sie mit ihr verlieren. Sie können nicht erkennen, was in der gemeinsamen Zeit zu Ihren inneren Schätzen geworden ist. Sie hassen und werten dann nicht nur Ihre Exfrau, sondern auch eine wichtige Periode in Ihrem Leben ab – und damit letztlich auch sich selbst.

Väter, die die Scheidung bewältigt haben, erzählen Beispiele wie Gerhard: „Jetzt hatten wir ein 20-jähriges Hüttenjubiläum. Eine Gruppe von jungen Leuten, meine Exfrau und ich gehörten dazu, haben die damals gebaut. Die haben nur mich und nicht meine Exfrau eingeladen. Dann habe ich nachgefragt. Die haben geglaubt, wenn sie sie auch einladen, würde ich nicht kommen. Da habe ich gesagt, bitte schreibt meine Exfrau auch an. Ich bringe sie mit, weil sie auch dazugehört hat. Die Zeit mit ihr war ein Abschnitt meines Lebens, den ich nicht missen möchte. Es war eine schöne Zeit, warum sollte ich dann diese Frau, die Mutter meiner Kinder, nicht mitnehmen?"

Doch eine zweite Heirat mit ihr kommt für ihn nicht infrage: „Zu viel Zeit möchte ich aber nicht mit ihr verbringen. Schließlich sind wir geschieden."

Oder wie Manfred erzählt: „Mit der Maria, meiner ersten Frau, habe ich wieder ein sehr inniges Verhältnis – kein Liebesverhältnis, aber ein gutes elterliches Verhältnis. Wir sind eben beide die Eltern von unseren Mädchen. Sie und ich sind sehr stolz auf diese zwei und wenn eine Beziehung zwei so Goldstücke hervorgebracht hat, dann kann sie gar nicht so schlecht gewesen sein." Ein breites Lächeln zeigt seinen Vaterstolz.

Wenn Sie Ihre Ehe, Ihre Lebensgemeinschaft Revue passieren lassen, achten Sie doch einmal nur auf die schönen Momente. Ich bin überzeugt, Sie finden eine ganze Menge davon. Auch wenn Ihre Exfrau und Sie jetzt getrennt sind, ist es doch gut, diese wunderbaren und schönen Momente zu genießen. Diese gemeinsame Zeit ist ein Teil von Ihnen. Auch wenn Ihre Beziehung vielleicht ein unschönes Ende fand, so kann Ihnen diese guten Zeiten, diese wunderbaren Momente mit Ihrer Exfrau niemand nehmen. Bekennen Sie sich dazu und bewahren Sie diesen Schatz!

Vielleicht können Sie auch gewisse Persönlichkeitsanteile, die Sie an Ihrer Exfrau besonders schätzen, in Ihrem Herzen weiterleben lassen. So erzählt Manfred: „Die Maria war immer so liebevoll zu den Kindern, das habe ich so an ihr gemocht und das habe ich auch von ihr übernommen, obwohl ich es natürlich auf eine andere Art und Weise bin."

Wenn Sie so weit gekommen sind, dann ist Ihre Wunde der Scheidung nicht nur von Rückständen befreit, nicht nur aus der Tiefe verheilt, sondern es hat sich auch eine schützende Narbe darüber gebildet. Die Narbe mag jucken, wenn sich das Wetter ändert, und der erlebte Schmerz ist auch nicht ausradiert, aber die Wunde ist gut verheilt und vernarbt. Wir Männer sind manchmal auch stolz auf gewisse Narben und können sie mit Würde tragen.

Tipp

Erinnern Sie sich auch an die guten Zeiten mit Ihrer Exfrau. Dann können Sie in Würde und Wärme auf die gemeinsame Zeit schauen. Nur so kann die Wunde Ihrer Scheidung vernarben.

Der sechste Kontinent: das elterliche Team

Eine neue elterliche Beziehungsebene zwischen Ihnen und Ihrer geschiedenen Frau ist dann möglich, wenn Sie alle fünf Schritte gegangen sind, die notwendig sind, um mit der Scheidung fertig zu werden. Wenn Sie Weltreisender geworden sind und alle fünf Kontinente bereist haben, gilt:

- Afrika: Sie haben die Trennung akzeptiert.
- Europa: Sie haben sich Ihren destruktiven Gefühlen gestellt und um Ihre Ehe getrauert.
- Asien: Sie haben Ihrer Exfrau vergeben.
- Amerika: Sie haben Ihre eigenen Anteile am Scheitern Ihrer Ehe erkannt.
- Australien: Sie können auf die Zeit mit Ihrer Exfrau versöhnt zurückblicken.

Nach dieser Reise ist Ihre Beziehung zu Ihrer Exfrau keine Liebesbeziehung mehr. Aber Sie haben eine Möglichkeit gefunden, sich als Eltern gut um das gemeinsame Kind zu kümmern. Das ist der Fall, wenn beide Elternteile die Scheidung bewältigt haben. Mehr dazu in Kapitel 5.

Sie kennen jetzt die Landkarte für Ihre Weltreise, um mit Ihrer Scheidung fertig zu werden. Doch die Karte ist noch nicht der Weg. Ob und wie Sie sich zu dieser Reise aufmachen, entscheidet darüber, wie Sie in zwei, drei Jahren dastehen werden, ob Sie mit Ihrer Scheidung fertig geworden sind und gut in Ihrem Leben vorankommen oder ob Sie immer noch mit Ihrem Schicksal hadern und von Ihren Rache- und Vergeltungswünschen beherrscht werden. Diese Reise entscheidet auch darüber, ob es Ihnen gelingt, mit Ihrer Exfrau ein gutes elterliches Team zum Wohl Ihres Kindes zu bilden.

Auch Franz, der 52-jährige Mediziner, gelang es letztlich, ein Weltreisender zu werden. Er befreite sich von den Schatten seiner Ehe. Vor drei Jahren heiratete er wieder. Er ist sehr glücklich in seiner Ehe. Die Kinder aus der ersten Ehe sind schon erwachsen und beruflich gut etabliert. Zu ihnen hat Franz eine liebevolle väterliche, manchmal auch kameradschaftliche Beziehung. Wann immer es geht, treffen Sie sich. Für Franz hat sich die Weltreise gelohnt.

Mein Appell an Sie: Machen auch Sie sich auf den Weg! Und: Gute Reise!

4. Warum Sie auch nach der Scheidung für Ihr Kind wichtig sind

Im letzten Kapitel haben Sie sich damit auseinandergesetzt, wie Sie selbst mit der Scheidung fertig werden. Jetzt geht es um Ihre Bedeutung als Vater nach der Trennung. Was mich bei Kindern und Jugendlichen immer wieder anrührt, ist ihre Liebe zum Vater und ihre Sehnsucht nach dem Vater. Oft können sie diese gar nicht mit Worten erklären. Es ist eher eine Veränderung ihres Körpers, ihrer Haltung, ihrer Stimme. So wie bei der achtjährigen Lena Gesicht und Augen zu strahlen beginnen, wenn sie von ihrem geliebten Vater spricht. Oder wie der 14-jährige Stefan sich souverän aufrichtet, wenn er erzählt, dass er am Wochenende wieder mit seinem Vater Tennis gespielt hat. Kinder und auch Jugendliche können oft noch nicht ausdrücken, was ihnen ihr Vater bedeutet. Aber wenn sie von ihm berichten, ist sehr gut spürbar und erkennbar, welche Beziehung sie zu ihm haben. Ist sie gut, sind sie voller Stolz, Zuversicht und Freude. Sie können ihre Vaterliebe leben und ihre Vatersehnsucht wird erfüllt.

Anders ist es bei scheidungsbetroffenen Kindern und Jugendlichen, deren Vatersehnsucht nicht erfüllt wird und die ihre Vaterliebe nicht leben können. Auch das wird im Kontakt mit ihnen spürbar: wenn sie die Augen senken, wenn sie in sich zusammenfallen oder wenn ihre Stimme brüchig wird, vor allem dann, wenn sie erzählen, dass das mit ihrem Vater nicht mehr so gut klappt, oder wenn sie sehr verzweifelt sind, weil sie gar keinen Kontakt mehr zu ihm haben. Oft halten sie dann nur mit Mühe die Fassade aufrecht, um ihre Verzweiflung zu verstecken. Jedes Kind, jeder Jugendliche hat eine natürlich Sehnsucht nach seinem Vater, die sie in einer guten Vater-Kind-Beziehung leben wollen.

Ich bin der festen Überzeugung, dass auch Sie als geschiedener Vater eine tiefe Sehnsucht nach Ihrem Kind haben. Manchmal ist sie von den Problemen und Schwierigkeiten überdeckt, die Sie durch Ihre Scheidung erlebt haben und vielleicht immer noch erleben. Doch wenn Sie mit der Scheidung fertig geworden sind, wie ich es im dritten Kapitel beschreibe, haben auch Sie wieder einen freien Blick für Ihr Kind. Wenn Sie diese Sehnsucht nach Ihrem Kind spüren, ist es an der Zeit, sie in einer befriedigenden Vater-Kind-Beziehung zu leben.

In diesem Kapitel arbeite ich anhand von Fallbeispielen mit Ihnen fünf Möglichkeiten heraus, wie es sich für Ihr Kind auswirken kann, wenn Sie als Vater präsent sind oder sich nach der Scheidung zurückgezogen haben. Aufgrund der Beschreibungen können Sie erkennen, wo Sie und Ihr Kind stehen. Anschließend zeige ich Ihnen konkrete Schritte, wie Sie sich Ihrem Kind wieder annähern können, damit Ihre Sehnsucht nach ihm und die Vatersehnsucht Ihres Kindes erfüllt werden.

Hat Ihr Kind zu wenig oder gar keinen Kontakt mehr zu Ihnen, beginnt es zu protestieren und zu kämpfen. Erfolgt keine Veränderung in der Vater-Kind-Beziehung, fängt es an zu leiden und zu verzweifeln. Dauert die Phase der Verzweiflung zu lange, gibt es auf und resigniert. Wird der Streit zwischen Ihrer Exfrau und Ihnen nicht beendet, ist die Wahrscheinlichkeit groß, dass der Konflikt über Ihr Kind ausgetragen wird. Es hält irgendwann diese ewigen Konflikte nicht mehr aus. Um ihnen zu entgehen und um nicht mehr spüren zu müssen, dass der Streit seinen Eltern wichtiger ist als es selbst, könnte Ihr Kind sich für einen Elternteil entscheiden. Meist ist das die Mutter. Anders könnte dieses Kind psychisch nicht überleben.

Damit Ihr Kind sich von der Scheidung gut erholen kann, muss seine familiäre Umwelt so schnell wie mögliche wieder in ein Gleichgewicht gebracht werden. Es braucht die Sicherheit, dass sowohl Vater als auch Mutter weiterhin für es da sind. Sie als Vater und Ihre Exfrau als Mutter müssen sich darum kümmern, dass dies geschieht – nicht Ihr Kind!

Ein afrikanisches Sprichwort lautet: „Man braucht ein ganzes Dorf, um ein Kind zu erziehen." Auch wenn es in Mitteleuropa und in der heutigen Zeit für Kinder und Jugendliche viel weniger Bezugspersonen gibt, so sind zumindest die mütterlichen und väterlichen Verwandten und Freunde für Ihr Kind sehr wichtig. Achten Sie darauf, dass Ihr Kind durch die Scheidung weder die mütterliche noch die väterliche Seite der Verwandtschaft, noch die Freunde der Eltern verliert. Damit Ihr Kind nicht sozial verarmt, braucht es beide Großväter, beide Großmütter und alle vorhandenen Tanten, Onkel, Cousinen und Cousins – alle Menschen, die zu Ihrer Familie gehören, und alle Freunde, die auch mit Ihrem Kind Kontakt haben.

Wo steht Ihr Kind mit seiner Vatersehnsucht? Diese Frage können Sie für sich beantworten, wenn Sie die folgenden fünf Fallbeispiele aufmerksam lesen und Ihr Kind einem davon zuordnen.

Laura hat es gut

Wenn die achtjährige Laura am Puppenhaus baut, wirkt sie sehr lebendig. Sie baut und plappert, stellt um, erfindet Geschichten von den Personen im Puppenhaus und springt immer wieder zu ihrer eigenen Geschichte. Laura wurde von ihrer Mutter bei mir angemeldet, weil sie immer wieder starke Wutanfälle hat. In der Psychotherapie kristallisierte sich heraus, dass Laura – deren Eltern seit eineinhalb Jahren geschieden sind – einen guten Kontakt zu Mutter und Vater hat. Ihren Vater sieht sie jeden Dienstagnachmittag und jedes zweite Wochenende. Die beiden verstehen sich sehr gut. Sie hat auch einen guten Einblick in die Welt des Vaters. Er nimmt sie immer wieder zu seiner Arbeitsstelle, die Stadtbibliothek, mit. Die neue Freundin des Vaters verhält sich auf nette und freundliche Art sehr zurückhaltend. Laura findet sie sympathisch und mag sie. Die meiste Zeit verbringen sie und ihr Vater ohne die Freundin.

Auch mit der Mutter geht es Laura gut. Beide kommen ausgezeichnet miteinander aus. Die Mutter lebt mit ihrer Tochter eine liebevolle und eine klare Grenzen setzende Beziehung. Sie ist noch etwas unsicher, wie sie sich mit Peter – ihrem neuen Freund – vor Laura verhalten soll. Laura erzählt mir, dass Sie Peter mag und ihn sehr nett findet. So wie Laura das erzählt, klingt es ehrlich und nicht von der Mutter eingefädelt. Laura hat auch nach wie vor guten Kontakt zu beiden Omas und Opas. Es gibt eine Unzahl von Tanten und Cousinen auf beiden Seiten und Laura ist immer wieder bei Familienfeiern, sowohl väterlicherseits als auch mütterlicherseits. Vaters und Mutters Freunde und Freundinnen kennt sie ebenfalls, die meisten mag sie und findet sie liebenswert.

Sie sehen: Laura ist ein Paradebeispiel dafür, wie für ein Kind nach der Scheidung die Familien und Freunde, sowohl die des Vaters als auch die der Mutter, erhalten bleiben können. Warum ist sie immer wieder wütend? Im Laufe der therapeutischen Arbeit stellte sich heraus, dass Laura sich schämt. Sie schämt sich vor den Klassenkameradinnen, weil ihre Eltern sich scheiden ließen und sie jetzt wieder bei ihrer Mutter schläft – schließlich ist sie kein Baby mehr. Die Scham macht sie in der Klasse zur Schauspielerin. Sie vermeidet – wann immer es geht –, über die Eltern und ihr jetziges Leben zu erzählen. Laura ist ständig darum bemüht, nichts von sich mitzuteilen. Das ist furchtbar anstrengend. Und so kommt ihre Wut bei dem Menschen hervor, bei dem sie sich am sichersten fühlt: bei ihrer Mutter.

Damit Lauras Wutanfälle aufhörten, reichten einige wenige Stunden Psychotherapie. Die Scham als Quelle der Wut konnte sehr schnell herausgearbeitet werden. Mit der tatkräftigen Unterstützung beider Eltern konnte Laura einsehen, dass es keine Gründe für ihre Schamgefühle gibt. Lauras Eltern gingen mit gutem Beispiel voran und sie konnte miterleben, wie ihre Eltern begannen, ihre Trennung nicht mehr zu verheimlichen und anderen Menschen davon zu erzählen. Mehr dazu, wie Sie Ihr Kind von Schuld und Scham befreien können, lesen Sie in Kapitel 2, Schritt 7. So konnte Laura ihre Wutanfälle aufgeben, die damit auch aufhörten. Sie wurde wieder ein fröhliches, aufgewecktes Kind, wie früher. Laura gehört zu jenen glücklichen Kindern, die sowohl mit dem leiblichen Vater als auch mit dem Stiefvater eine gute Beziehung leben können. Vater und Tochter haben eine gute Möglichkeit gefunden, eine Vater-Tochter-Beziehung zu leben, die beide zufriedenstellt. Laura wird trotz der Trennung ihrer Eltern einen guten Weg gehen.

Die Schritte, die Lauras Eltern gegangen sind, müssen auch Sie und Ihre Exfrau machen, damit Ihr Kind es nach der Scheidung gut hat.

Warum geht es Laura so gut? Sie kann sowohl eine sichere Vater-Kind-Beziehung als auch eine sichere Mutter-Kind-Beziehung leben. Die Übergänge von Laura zwischen Mutters Welt und Vaters Welt sind von den Eltern gut und klar geregelt und auf die Bedürfnisse von Laura abgestimmt. Auch die neuen Partner der Eltern wurden und werden vorsichtig bei Laura eingeführt. Dadurch wird sie in diesem Bereich nicht überfordert. Beide Eltern sind gut mit der Scheidung fertig geworden und können sehr klar ihre elterliche Beziehung von der beendeten Liebesbeziehung trennen. Dadurch können sie als Eltern miteinander im Gespräch bleiben, wenn für Laura etwas verändert werden muss – wie es in diesem Beispiel notwendig war, damit Laura ihre Scham abbauen konnte.

Woran erkennen Sie, dass Ihr Kind es mit Ihnen gut hat?

Sie haben einen guten Kontakt zu Ihrem Kind, es kommt gerne zu Ihnen und Sie fühlen sich miteinander wohl. Sie verbringen mit Ihrem Kind zumindest alle zwei Wochen ein gemeinsames Wochenende, dann wird die Sehnsucht Ihres Kindes nach Ihnen als Vater gut genug erfüllt. In der Erziehung muss nichts perfekt sein, es reicht, wenn es gut genug ist.
Was müssen Sie als Vater tun?
Einfach nur weiter so. Ich gratuliere Ihnen. Genießen Sie es!

Fabian kämpft

Die Scheidung seiner Eltern traf den 16-jährigen Fabian wie ein Blitz. Als seine Eltern ihm ihren Entschluss mitteilten, sich scheiden zu lassen, war sein erster Kommentar: „Jetzt hat es uns auch erwischt." Fabians Vater – der 45-jährige Schauspieler Hans – verließ die Familie, weil er sich wieder selbst finden wollte. Dabei fand er sehr schnell eine neue Freundin. Hans hatte zwar weiterhin Kontakt zu seinen Kindern – Fabian hat noch einen älteren Bruder und eine jüngere Schwester –, aber er war nicht mehr richtig für sie greifbar. Ständig hing er am Handy, um mit seiner neuen Freundin zu telefonieren. Dauernd wurde er angerufen. Fabian, der sehr sensibel ist, merkte, dass sein Vater nicht wirklich da war. Er begann den Vater zu schonen.

Fabian sitzt bei mir in der Praxis und erzählt von einem Fest mit gemeinsamen Freunden. Eine Freundin der Familie feierte ihren 50. Geburtstag. Vier Familien, die sich seit vielen Jahren kennen und vieles gemeinsam erlebt haben: Urlaube, Wanderungen und einiges mehr. Beim Erzählen bricht es plötzlich aus Fabian heraus: „Wieso kann er sich nicht frei machen und kommen? Wieso kann er der Erika" – so heißt die Frau, die ihren Geburtstag feierte – „nicht zu diesem wichtigen Fest gratulieren?" Fabian weint und redet schluchzend weiter: „Wieso sind ihm seine besten Freunde nicht mehr wichtig? Wieso ist ihm unsere Familie nicht mehr wichtig? Er kann ja eine Freundin haben, aber er muss es doch schaffen, einen Abend mit uns zu verbringen, ohne dass die mitkommt, ohne dass er dauernd mit ihr telefonieren muss! Wieso bin ich ihm nicht mehr wichtig?" Die letzte Frage stellt Fabian sehr leise und dicke Tränen rollen seine Wange hinunter.

Fabian liebt seinen Vater und bisher glaubte er, sein Vater würde auch ihn lieben. Daran zweifelt er jetzt und dieser Zweifel vergiftet sein Herz. Er findet seinen Vater pubertär: „Das ist jetzt schon die dritte Freundin, seit er vor eineinhalb Jahren auszog, um sich selbst zu finden. Und immer ist es die Richtige." Fabian wird beim Erzählen richtig wütend. Dadurch wird er wieder lebendig. Ich erarbeite mit Fabian einen Plan, wie er seinen Vater in die Pflicht nehmen, wie er um ihn kämpfen kann.

Und so setzt Fabian diesen Plan um: Er sagt seinem Vater, was er sich von ihm wünscht. Er möchte alle zwei Wochen einen gemeinsamen Abend mit ihm und in dieser gemeinsamen Zeit ist Handyverbot – für beide. Sein Vater geht darauf ein und hält sich auch daran. Ihm ist klar, dass ohnehin nicht mehr viel Zeit bleibt, bis Fabian ganz auf eigenen Beinen steht und in eine andere Stadt ziehen wird, um zu studieren. Fabian hat akzeptiert, „es ist nicht mehr so wie früher", doch er hat gekämpft und einen Teilerfolg errungen. Nicht immer geht es so gut aus.

Woran erkennen Sie, dass Ihr Kind kämpft? Was können Sie als Vater für es tun?

Ihr Kind beginnt zu kämpfen, wenn es bei Ihnen als Vater seinen Platz verliert. Ein Alarmzeichen für Sie ist, wenn es bei Ihnen nicht an erster, zweiter oder dritter Stelle, sondern erst ganz weit hinten kommt. Natürlich kann Ihr Kind für Sie nicht immer an erster Stelle stehen. Es gibt Zeiten, da müssen Sie im Beruf kämpfen, Aufträge erledigen, Positionen sichern. Dann wieder geht es für Sie darum, die Trennung von Ihrer Frau zu regeln oder in eine neue Liebesbeziehung einzusteigen. Es gibt immer wieder notwendige Aktivitäten, die von Ihnen fordern, Ihr Kind kurzfristig zurückzustellen. Es kann damit leben, wenn diese Rückstellung befristet ist, wenn es für Ihr Kind absehbar ist, dass es wieder die Nummer zwei oder sogar die Nummer eins in Ihrem Leben wird. Gehen Sie einmal in sich und taxieren Sie ganz ehrlich, an welcher Stelle Ihr Kind zurzeit für Sie steht. Belügen Sie sich dabei nicht! Es ist nicht möglich, dass Ihr Kind an erster Stelle steht und Sie überhaupt keine Energie verwenden, um etwas mit ihm zu unternehmen. Geben Sie Ihrem Kind seinen Platz zurück, so wie Hans seinem Sohn Fabian seinen Platz zurückgab. Fabian steht für Hans nicht an erster Stelle, aber für Fabian weit genug vorn, dass er gut damit leben kann, weil Hans jetzt auch wieder Energie aufbringt, um mit ihm etwas zu unternehmen. Solange Ihr Kind um Sie kämpft, haben Sie es nicht sonderlich schwer, wieder gut in Ihre Vaterrolle einzusteigen. Tun Sie es! Vereinbaren Sie mit Ihrer Exfrau mehr gemeinsame Zeit mit Ihrem Kind. Bringen Sie wieder eine Regelmäßigkeit in Ihre Kontakte mit ihm – mindestens 14-tägig ein Wochenende, noch besser zusätzlich einen Nachmittag oder einen Abend pro Woche. Besprechen Sie mit Ihrem Kind, was es gerne mit Ihnen unternehmen möchte. Greifen Sie auf bewährte Aktivitäten mit ihm zurück. Versuchen Sie in dieser gemeinsamen Zeit wirklich für es da zu sein. Zeigen Sie väterliche Präsenz! Wenn es möglich ist, schalten Sie in dieser Zeit Ihr Handy aus und vermeiden Sie auch andere Ablenkungen. Vor allem: Seien Sie verlässlich! Halten Sie alle Vereinbarungen penibel ein. Dann braucht Ihr Kind nicht mehr um Sie zu kämpfen.

Geben sie Ihrem Kind die Zeit, die es braucht, um sich in seiner Vater-Beziehung neu zu orientieren. Sehr wahrscheinlich weicht es in der ersten Zeit von seinem gewohnten Verhalten ab. Es kann überangepasst sein, es will Sie ja nicht verärgern. Es kann aufsässig und bockig sein oder sich zurückziehen. Diese Verhaltensweisen sind nur vorübergehend und Ihr Kind wird sie sehr schnell wieder aufgeben, vor allem wenn es merkt, dass es sich nicht mehr anzustrengen braucht, weil es nicht mehr um seinen Platz kämpfen muss, da Sie wieder für es da sind.

Leonore leidet

Die Eltern der elfjährigen Leonore sind gerade dabei, sich scheiden zu lassen. Leonores Vater ist seit einem Jahr aus dem Haus der Familie ausgezogen. Seither hat sie nur einen sehr unregelmäßigen Kontakt zu ihm, obwohl er nur zwei Straßen entfernt wohnt. Leonore ist ein für ihr Alter großes Mädchen mit langen blonden Haaren. Zurzeit ist sie unkonzentriert und nervös, „sowohl in der Schule als auch zuhause", sagt die Mutter.

Leonore sitzt bei mir in der Praxis und schaut mich mit großen traurigen Augen an. Auf die Frage „Wie geht es dir?" antwortet sie lange nicht, dabei sinkt sie noch mehr in sich zusammen, als würde sie am liebsten von der Bildfläche verschwinden. Indem ich sie ihre Familie zeichnen und ihre jetzige Situation mit Mutter und Vater mit Figuren stellen lasse, gibt sie zu erkennen, dass sie zurzeit so unter der ungeklärten Situation zwischen Vater und Mutter leidet, dass ihr Selbstwert sehr stark gesunken ist. Innerlich beschäftigt sie vor allem, dass sie das Gefühl hat, sie sei ihrem Vater egal. „Er kümmert sich einfach nicht mehr um mich, obwohl er in unserem Dorf ganz in der Nähe wohnt", klagt sie. Leonore hat fast all ihre Interessen verloren. Von ihren Freundinnen zieht sie sich immer mehr zurück. Sie bemühen sich zwar, aber Leonore weiß zurzeit einfach nichts mit ihnen anzufangen. Der innere Schmerz ist zu stark. Ihre Schulnoten haben sich rapide verschlechtert. „Früher hat er mit mir immer Mathematik gelernt, weil er das besser kann wie die Mama. Jetzt ruft er nicht einmal an, um sich zu erkundigen, wie es mir in Mathe geht. Ich bin ihm völlig egal. Wenn ich ihn anrufe, ob ich kommen kann, und dann hinübergehe, ist er nicht da. Er hat es vergessen, sagt er dann später. Es ist einfach eine Gemeinheit, nur weil er mit der Mama nicht mehr leben will, bleibe ich doch seine Tochter, oder?" Dabei zittern ihre Schultern und sie beginnt zu weinen. Sie ist unsicher, welche Rolle sie bei ihrem Vater noch spielt. Diese Unsicherheit lässt sie leiden und fesselt fast ihre gesamte innere Aufmerksamkeit.

Leonores Vater, der 48-jährige Vincent, ist Zeichenlehrer an einem Gymnasium. Er kämpft zurzeit selbst mit sich und mit seiner Noch-Frau. Vincent machte es sich nicht leicht, aber er traf für sich die Entscheidung, ohne seine Noch-Frau zu leben. „Meine Kinder liebe ich sehr", sagt er, „aber zurzeit bin ich selbst so durch den Wind, dass ich es gerade noch schaffe, meine Unterrichtsstunden zu halten. Mehr ist zurzeit nicht drin."

„Da hat Leonore schlechte Karten", denke ich mir. Ich erkläre Vincent mithilfe von Leonores Zeichnung, dass seine Tochter vor allem deswegen so leidet, weil sie glaubt, sie sei ihm egal. Er schaut mich mit großen fragenden Augen an. „Aber ich liebe meine Tochter wirklich, sie ist mir alles andere als egal!", bricht es aus ihm heraus. „Dann müssen Sie einen Weg finden, es ihr zu zeigen, sonst leidet sie", antworte ich. Vincent wirkt sehr nachdenklich. Er kann akzeptieren, dass Leonore zurzeit vor allem Orientierung braucht, wann ihr Vater wirklich für sie da ist. Das muss nicht viel sein, aber das, was er anbietet, muss er einhalten, sonst verliert Leonore ihr Vertrauen in ihn als Vater.

In der nächsten Therapiestunde wirkt Leonore wie ausgewechselt. Aufrecht sitzt sie da, strahlend. „Papa lernt wieder Mathe mit mir, jeden Donnerstag von zwei bis halb vier. Alle 14 Tage verbringe ich den Samstag mit ihm, einmal im Monat mit Übernachten", sprudelt es aus ihr heraus. Dabei lächelt sie. Dadurch dass ihr Vater sich ihr wieder zuwandte, konnte Leonore ihre quälenden Selbstzweifel aufgeben. Ihr Kopf und ihr Herz wurden wieder für das alltägliche Leben frei. So kann die Elfjährige wieder auf ihre Freundinnen zugehen, konzentriert und aufmerksam in der Schule mitarbeiten wie früher. Leonores Mutter ist sehr erstaunt, wie schnell das ging. Ich bin es auch.

Woran erkennen Sie, dass Ihr Kind leidet? Was können Sie als Vater für es tun?

Vielleicht geht es Ihnen auch so wie Vincent. Obwohl Sie Ihr Kind lieben, sind Sie durch die Scheidung so absorbiert, dass Sie es innerlich aus den Augen verlieren. Dadurch haben Sie übersehen, dass es sein Kämpfen um Sie aufgegeben und bereits zu leiden begonnen hat. Es vermisst Ihr Interesse an seiner Person und vor allem die gemeinsame Zeit. Weitere Kennzeichen für das Leiden Ihres Kindes sind: Es beginnt seinen Selbstwert zu verlieren. Sie erkennen das daran, dass es innerlich und äußerlich in sich zusammensackt. Es verliert seine Interessen – der so geliebte Fußball landet in der Ecke und wird nicht mehr angeschaut. Oder es zieht sich sozial zurück und meidet seine Freundinnen und Freunde.
Vor allem braucht Ihr Kind Ihre Präsenz. Dazu ist es notwendig, dass Sie in der Zeit, die Sie mit ihm verbringen, einmal alle anderen Dinge zurückstellen: keine äußeren Ablenkungen wie Telefonate, noch schnell zu schreibende E-Mails, noch fertig zu stellende Berichte oder Ähnliches.
Noch wichtiger ist Ihre innere Präsenz im Kontakt mit Ihrem Kind. Lassen Sie sich – auch wenn es Ihnen in dieser Phase schwerfällt – wieder ganz auf es ein. Schauen Sie es doch wieder einmal ganz genau an. Ist es gewachsen? Hat es sich verändert? Wie ist sein Haarschnitt? Wie geht es Ihrem Kind zurzeit? Lassen Sie sich überraschen. Wenn Ihnen das gelingt, kann Ihr Kind entdecken, dass Sie sich wieder für es interessieren. Das lässt sein Herz höher schlagen. Wenn Sie wieder kontinuierlich für Ihr Kind da sein können, dann in einem Rhythmus der für Ihr Kind überschaubar ist – zum Beispiel so wie bei Leonore: zwei, drei Stunden pro Woche und zumindest einen Tag jedes zweite Wochenende. Dann hört auch Ihr Kind auf zu leiden.
Wahrscheinlich müssen Sie dazu ein Stück weit über Ihren Schatten springen und Ihre eigene Befindlichkeit vorläufig zurückstellen. Aber egal, was auch in der Zeit der Scheidung passiert ist, Ihr Kind braucht Sie. Ihr Glück ist, dass Sie in diesem Stadium des Leidens – das ist ähnlich wie im Stadium des Kämpfens – nicht allzu große Widerstände überwinden müssen. Ihr Kind wird Sie mit Freuden wieder als Vater annehmen. Ein wichtiger Faktor für die Erfüllung der Vatersehnsucht Ihres Kindes liegt in seinem Wunsch nach gemeinsamer Zeit. Gehen Sie sicher, dass Sie genügend Zeit mit ihm verbringen, in der Sie als Vater präsent sind.

Otmar hat aufgegeben

Der neunjährige Otmar – Sie kennen ihn bereits aus dem ersten Kapitel – lebt nach der Trennung seiner Eltern bei der Mutter. Die Scheidung war ein lang andauernder Kampf, bei dem Otmar viele unschöne Szenen zwischen seinem Vater und seiner Mutter miterleben musste. Er kommt zu mir, weil er in der Schule Schwierigkeiten mit der Lehrerin hat und in der Klasse ständig zum Außenseiter wird. Otmar ist etwas pummelig, aber nicht dick, wie es seine Mitschüler im Chor brüllen, wenn er morgens die Klasse betritt.

Im Diagnosegespräch bitte ich ihn, von seinem Vater zu erzählen, was Otmar verweigert. „Mit dem will ich nichts mehr zu tun haben!", sagt er. Bei einer anderen Gelegenheit bitte ich ihn, ein Symbol aus Ton für seinen Vater zu formen. Er verweigert wieder. Unvermittelt bricht es aus ihm heraus: „Herr Ballnik, also wirklich, was mein Vater mit mir gemacht hat, ist eine einzige Frechheit! Der kümmert sich einen Scheiß um mich. Mit dem Typen habe ich abgeschlossen!" Viel mehr ist aus Otmar nicht mehr herauszubekommen. Auch seine Mutter lehnt es ab, seinen Vater in die Therapie mit einzubeziehen. Bei der Beschreibung des Vaters verwendet sie ähnliche Worte wie Otmar. Meine Vermutung ist, dass Otmar viel von dem Hass der Mutter auf seinen Vater aufgenommen hat. Er kann sich kein eigenes Bild von ihm machen, weil er keinen Kontakt mehr zum ihm hat. So bleibt ihm nichts anderes übrig, als seinen Vater abzuwerten. Dadurch entwertet er letztlich sich selbst, weil seine Entwicklung zu einem großen Teil durch den Vater mitbestimmt wurde.

Otmar ist es aber möglich, sich auf die Therapie mit mir als Mann einzulassen. So können einige wichtige Schritte eingeleitet werden. Er beginnt sich in der Klasse zu wehren und auch sein Verhalten gegenüber seinen Mitschülern – die ihn als arrogant, besserwisserisch und unnahbar erlebten – kann er zum Positiven verändern. Dadurch wird er weniger zum Außenseiter. Auch mit der Lehrerin kommt er besser zurecht.

Otmar verabscheut seinen Vater, weil er nicht mehr für ihn da ist und weil seine Mutter seinen Vater hasst. Aber sein Herz ist noch nicht versteinert, es ist noch lebendig und es bedürfte nur eines kleinen Anstoßes seitens des Vaters, damit Otmar ihm sein Herz wieder öffnen und er darin Einlass finden würde. Er hat zwar aufgegeben, aber es ist eine Form der Aufgabe, die der Vater ohne allzu großen Krafteinsatz durchbrechen könnte. Das zeigt sich darin, wie offen Otmar auf meine männlichen Spielangebote eingeht – Fußball in allen Variationen – und wie er sich nach der männlichen Seite im Leben sehnt.

Beginnt ein Kind aufzugeben, muss es sein Herz verschließen. Wenn ein Kind seinen Vater nicht mehr lieben kann oder darf, fängt es oft an, ihn zu hassen, und damit startet es auch, sich selbst zu hassen, weil der Vater ein Teil seines Selbst ist. Würde es Otmars Vater gelingen, wieder Kontakt zu seinem Sohn aufzunehmen, und würde er es aushalten, dass Otmar nicht gleich mit offenen Armen auf ihn zugeht, hätten die beiden innerhalb kurzer Zeit wieder ein gutes Vater-Sohn-Verhältnis.

Woran erkennen Sie, dass Ihr Kind aufgegeben hat? Was können Sie als Vater für es tun?

Wenn Ihr Kind aufgegeben hat, ist es für Sie als Vater schwer zu erkennen, weil Sie zu diesem Zeitpunkt meist kaum oder gar keinen Kontakt mehr zu ihm haben. In dieser Phase des Aufgebens tut Ihr Kind wahrscheinlich so, als sei es an Ihnen nicht interessiert. Ihr Kind hält es leichter aus, dass es selbst nichts mehr mit Ihnen zu tun haben will, als dass es akzeptieren muss, dass Sie als Vater keinen Kontakt mehr zu ihm wollen. Es kann sein, dass es seiner Mutter sagt, dass es gar nicht mehr zu Ihnen will. Es wertet Sie als Vater ab, zum Beispiel mit Aussagen wie: „Bei ihm ist es ohnehin nur langweilig."

In diesem Fall ist es für Sie wichtig dranzubleiben, nicht aufzugeben. Lassen Sie sich durch Ihre Exfrau und auch durch Ihr Kind nicht verunsichern. Ihr Kind braucht Sie! Doch der Ball liegt bei Ihnen. Es liegt an Ihnen – auch wenn es Ihnen schwerfällt –, wieder Kontakt zu Ihrer Exfrau aufzunehmen und mit Ihr Rahmenbedingungen zu klären, wie es wieder zu einem Erstkontakt mit Ihrem Kind kommen kann. Rufen Sie sie an und sagen Sie Ihr ruhig, bestimmt und höflich: „Ich weiß, ich habe mich lange nicht um unser Kind gekümmert. Das tut mir leid. Doch mir ist bewusst geworden, wie wichtig es für mich ist. Und mir wird auch immer klarer, wie wichtig ich als Vater für es bin. Ich möchte unser Kind wieder sehen – beim ersten Mal kann es auch nur kurz sein."

Lassen Sie sich bei diesem Telefonat auf keine Streitereien ein. Wenn Ihre Exfrau Sie verbal angreift, gehen Sie nicht darauf ein! Legen Sie bei diesem Telefonat Ihren Fokus nur auf Ihr Kind. Lassen Sie alles andere einmal beiseite. Wenn es Ihnen gelingt, nicht auf die Streitangebote Ihrer Exfrau einzusteigen, muss auch sie ihren Fokus auf Ihr gemeinsames Kind legen. Wenn Sie zum Beispiel sagt: „Nun hast du dich so lange nicht um unser Kind gekümmert, jetzt braucht es dich auch nicht mehr!", dann antworten Sie: „Ja, das stimmt leider. Doch ich weiß jetzt, wie wichtig Väter für Ihre Kinder sind, und ich weiß, dass es noch nicht zu spät ist. Ich bitte dich einfach nur darum, unser Kind wieder sehen zu dürfen." Selbst wenn Ihre Exfrau mit der Trennung noch nicht fertig geworden ist, so wird sie doch im Innersten ihres Herzens spüren, dass ihr Kind einen Vater braucht. Es wird ihr als Mutter sehr schwerfallen, Ihnen Ihre Bitte abzuschlagen.

Bevor Sie Ihr Kind wiedersehen, ist es geschickt, ihm eine freundliche Karte oder einen netten Brief zu schreiben. So kann es sich gut auf sein Treffen mit Ihnen einstimmen. Vielleicht gelingt es Ihnen damit bereits, bei ihm die erste Hürde zu nehmen. Sehr wahrscheinlich wecken Sie damit in ihm auch die schönen Erinnerungen an gemeinsame Erlebnisse.

Vermutlich werden Sie beim ersten Kontakt mit Ihrem Kind nach längerer Zeit nervös sein. Das ist schon in Ordnung so. Es geht auch gar nicht darum, beim ersten Treffen alles wieder aufzuholen, alles zu klären oder was auch immer. Bei Ihrem ersten Kontakt mit Ihrem Kind geht es nur darum, miteinander zu sein. Nehmen Sie sich nichts Großartiges vor, kaufen Sie keine teuren Geschenke, gehen Sie einfach auf Ihr Kind zu. Beachten Sie seine Grenzen. Wenn Sie Ihr Kind lange nicht gesehen haben, kann eine Umarmung, ein Kuss schon zu viel sein. Begrüßen Sie es, geben Sie ihm die Hand, sagen Sie ihm – auf Augenhöhe –, dass Sie sich freuen, wieder mit ihm zu sein. Dann warten Sie ab, wie Ihr Kind reagiert. Wahrscheinlich wird es anfangs schüchtern und abwartend sein. Plaudern Sie mit ihm. Fragen Sie, wie es ihm geht, was in der Schule läuft. Vermeiden Sie Konfliktthemen! Fragen Sie Ihr Kind auf keinen Fall über seine Mutter aus! Spielen Sie mit Ihrem Kind. Vielleicht gibt es ein gemeinsames Lieblingsspiel. Bringen Sie das mit. Reden Sie nicht zu viel mit Ihrem Kind. Machen Sie etwas gemeinsam. So werden Sie sich langsam wieder aneinander gewöhnen.

Wenn der Erstkontakt gelungen ist, gilt es mit Ihrer Exfrau Vereinbarungen zu treffen, nach denen Sie Ihr Kind künftig regelmäßig sehen können. Mehr dazu in Kapitel 6 unter „Damit die Beziehung zu Ihrem Kind nicht versandet: gemeinsame Zeit".

Karl hat sich entschieden

Karl ist der elfjährige Junge von Harald. Über Harald habe ich schon im dritten Kapitel geschrieben. Seit sechs Jahren sind die Eltern von Karl geschieden. Genauso lange tobt ein Sorgerechtsstreit um Karl. Obwohl Harald, der 43 Jahre alt ist und bei einem Verkehrsbetrieb arbeitet, mit einer neuen Partnerin zusammenlebt, liegt sein ganzes Streben darin, wieder mit der Mutter von Karl ein Liebespaar zu werden. Da diese Liebe unerwidert bleibt, hasst er sie. Ihm ist jedes Mittel recht, um seine Exfrau Gertrude schlechtzumachen. Seine Exfrau hält dagegen. Sie bleibt ihm nichts schuldig. Sie entzieht dem Vater den Jungen. Sie erzählt Karl, dass sein Vater geistig krank sei und vieles mehr. Die Akte der beiden füllt nach sechs Jahren und nach ebenso vielen Sorgerechtsprozessen ganze fünf dicke Ordner.

Karl hat das Problem für sich so gelöst, dass er sich eindeutig auf die Seite seiner Mutter geschlagen hat. Er will mit seinem Vater nichts mehr zu tun haben. Diese Lösung ist verständlich und nachvollziehbar. Sie hat für den Jungen nur gravierende Nachteile: Durch die Abwendung vom Vater muss Karl auch seine Vaterbilder zerstören und wichtige Teile seiner Psyche abwerten, wenn nicht sogar vernichten. Er muss alles ablehnen, was nur irgendwie mit Mann, Autorität und Grenzen zu tun hat. Dies zeigt sich in seinen massiven Schwierigkeiten in der Schule. Die vierte Klasse Volksschule besucht er bereits zum zweiten Mal. Auch dieses Mal – so sagt die Lehrerin – wird er es nicht schaffen, vor allem wegen seiner Verhaltensauffälligkeiten. Karl ist aggressiv und verstockt. Weder seine Lehrerin noch seine Mitschüler finden Zugang zu ihm. Er rebelliert gegen alles und jeden. In der Pause lässt er oft die Fäuste sprechen. Seine Lehrerin und seine Mitschüler sind froh, dass er kaum noch zur Schule geht. Seine Mutter lässt ihn allein zuhause und er treibt sich immer mehr mit obdachlosen Jugendlichen am Bahnhof herum.

In der ersten Therapiestunde ist Karl nicht ansprechbar, er verweigert. Er ist schon bei zu vielen Gutachtern gewesen, er kennt all ihre Tricks. Er kann aber auch keine Hilfe mehr annehmen. Starr und unbeweglich sitzt er da und wartet, dass die Stunde zu Ende geht. Zur nächsten kommt er nicht mehr. Die Mutter sagt: „Er mag nicht."

Wenn die Streitigkeiten der Eltern zu keinem Ende kommen, dann kann auch die Zerrissenheit ihres Kindes nicht aufgehoben werden. Wird der Streit auch noch über das Kind ausgetragen – und das wird er ab einer gewissen Intensität und Dauer automatisch –, wird das Kind psychisch krank, manchmal auch körperlich. Sein soziales Netz zerfällt. Solange die Streitigkeiten nicht beendet werden, kann das Kind seine Vatersehnsucht nicht erfüllen.

Im Gegensatz zu Otmar ist es Karl nicht mehr so schnell möglich, seinen Vater wieder in sein Herz zu lassen. Zu viel Schlimmes ist zu lange passiert. Der ewige Streit hat Karl zermürbt. Erst wenn Harald die Trennung von seiner Exfrau wirklich akzeptieren kann, wenn Gertrude aufhört, weiterhin Öl ins

Feuer zu gießen, indem Sie Vereinbarungen nicht einhält oder ihren Exmann als geistig krank bezeichnet, kann die Situation sich so entspannen, dass Karl aus seiner Zerrissenheit herauskommt und vielleicht wieder sein Herz für den Vater öffnen kann.

Woran erkennen Sie, dass Ihr Kind sich gegen Sie entschieden hat? Was können Sie als Vater für es tun?

Für Sie als Vater ist dieses Erkennen sehr hart. Es kann sich so ausdrücken, dass Ihr Kind die Straßenseite wechselt, wenn es Ihnen zufällig begegnet. Es tut alles, um den Kontakt zu Ihnen zu vermeiden. Im Extremfall kann es so weit gehen, dass selbst ein Video, ein Bild, auf dem Sie zu sehen sind, Abwehr und Fluchtreaktionen Ihres Kindes auslösen. Wenn es sich gegen Sie entschieden hat, ist das in ihm noch stärker einzementiert, als wenn es Sie aufgegeben hätte. Dieses Problem ist für Sie nicht mehr in direktem Kontakt mit Ihrem Kind zu lösen. Erst muss die Endlosschleife des Streits mit Ihrer Exfrau durchbrochen werden – so wie bei Harald. Erst wenn es ihm möglich ist, die Trennung von seiner Exfrau zu akzeptieren, wenn er aufhört, sich überall über sie zu beschweren und sie überall schlechtzumachen, und wenn seine Exfrau ihn nicht mehr als psychisch krank hinstellt, kann dieser Streit beendet werden. Es geht hier nicht darum, wer Recht hat oder wer nachgibt. Diese Form der Auseinandersetzung kennt nur Verlierer. So wie Karl kann Ihr Kind seine Entscheidung gegen Sie als Vater ist dann zurücknehmen, wenn es dabei nicht mehr Gefahr läuft, sofort zwischen die Kriegsfronten der Eltern zu geraten. Beenden Sie den ewigen Streit! Wenn Ihnen das gelungen ist, gehen Sie bei der Kontaktaufnahme mit Ihrem Kind so vor, als wenn Ihr Kind aufgegeben hätte (siehe vorheriges Kapitel „Otmar hat aufgegeben").

Egal wo Ihr Kind steht, ob es kämpft, leidet, aufgegeben hat oder sich entschieden hat: Manchmal kann es sein, dass Ihre Exfrau den Kontakt zu Ihrem Kind nicht zulässt oder untergräbt. Wenn Sie jetzt nicht zu ihm durchkommen, ist es sehr nützlich, Ihre Versuche zu dokumentieren. Kopieren Sie geschriebene Briefe an Ihr Kind, führen Sie ein Protokoll, ein Tagebuch über Ihre Bemühungen, wieder mit ihm Kontakt aufzunehmen. Es kommt die Zeit, da wird Ihr Kind Sie fragen: „Wo bist du gewesen, Vater?" Dann wird es gut sein, wenn Sie sagen und zeigen können: „Es tut mir leid, mein Kind, dass ich nicht für dich da gewesen bin, aber ich habe es versucht. Schau her, das habe ich gemacht." Sie erleichtern Ihrem Kind die Verarbeitung seiner vaterlosen Kindheit, wenn es auf Briefe, Dokumente und Fotos zurückgreifen kann, die die Versuche seines Vaters dokumentieren, mit ihm zu sein. Auch für Sie als Vater ist es psychologisch entlastend, wenn Sie festgehalten haben, was Sie versucht haben. Dann können Sie innerlich auch besser abschalten, was vielen Vätern schwerfällt, denen es nicht mehr gelingt, Kontakt zu ihrem Kind aufzubauen.

Vieles ist von Ihnen als Vater beeinflussbar – vieles nicht. Tun Sie, was in Ihrer Macht liegt, und vertrauen Sie auf die Zeit. Grundsätzlich arbeitet die Zeit für Sie. Die Vatersehnsucht Ihres Kindes ist eine nicht zu unterschätzende Macht. Bei manchen Vater-Kind-Schwierigkeiten und Abbrüchen, die im Augenblick unlösbar scheinen, erfahre ich durch Zufall, dass sich nach Jahren doch eine Lösung gefunden hat.

So erzählt Herman – Sie kennen ihn aus dem Auftakt –, der seine Zwillingsmädchen zwischen deren 12. und 15. Lebensjahr nicht sehen konnte, dass er jetzt – die Zwillinge sind 23 – das beste Verhältnis zu ihnen hat. Mit 15 begannen die Töchter vermehrt nach ihm zu fragen und setzten sich gegen den Willen ihrer Mutter durch. Herman nahm vorsichtig wieder Kontakt zu den beiden auf, er konnte wieder einen Teil der Verantwortung übernehmen und geleitete seine beiden Töchter in ihre Berufswelt – beide sind Altenpflegerinnen. Zurzeit ist Herman viel mit seinen Töchtern unterwegs, beim Italiener zum Beispiel. Die Zwillinge besuchen auch gerne seine Konzerte. Er ist Gitarrist in einer Band, die Folkmusik macht.

Der Rückzug der Väter

Da Sie dieses Buch lesen, ist es sehr wahrscheinlich, dass Sie an einer guten Beziehung mit Ihrem Kind interessiert sind. Das große Problem vieler scheidungsbetroffenen Kinder und Jugendlichen ist, dass ihre Väter sich zurückziehen und keinen Kontakt mehr mit ihnen haben wollen.

Obwohl Kinder auch nach der Scheidung ihren Vater brauchen, haben nach der Trennung mehr als ein Drittel der Väter keinen oder fast keinen Kontakt mehr zu ihren Kindern. Betrachtet man die vielen Gründe, warum Väter unersetzlich sind – siehe Kapitel 1 –, so ist diese Vaterabwesenheit eine Quelle von psychischem und sozialem Leid und Elend in riesigem Ausmaß – für die betroffenen Kinder, für ihre Väter und letztlich auch für ihre Mütter.

Welches sind die Gründe für diese Vaterabwesenheit? Manche Väter sind nach der Scheidung psychisch so angeschlagen, dass sie die Energie nicht aufbringen, mit ihren Kindern zu sein. In diesem Fall wäre es für Sie notwendig, sich psychotherapeutische Hilfe zu holen, damit Ihnen der Weg aus der Krise – wie ich es im dritten Kapitel beschreibe – gelingen kann.

Gerhard wählte diesen Weg und erzählt: „Mir ist es damals wirklich schlecht gegangen, Gott sei Dank habe ich einen guten Psychotherapeuten gefunden. Erst als ich selbst aus dem Gröbsten heraußen war, konnte ich wieder Kontakt zu meinen Kindern aufnehmen. Ich kann jedem nur raten, nicht in seiner schwarzen Suppe, in seiner Depression, seinem Selbstmitleid oder was auch immer hocken zu bleiben. Wenn es dir so richtig schlecht geht, dann musst du dir einfach Hilfe holen. Und wenn du ganz unten bist, hilft nur noch Psychotherapie, sonst überforderst du deine Freunde und auch deine Familie. Ich weiß nicht, warum wir Männer uns da so anstellen. Wenn wir uns den Fuß brechen, fahren wir auch ins Krankenhaus und lassen ihn eingipsen. Aber alles, was die Seele betrifft, da spielen wir immer noch den einsamen Cowboy." Dabei lacht er und fährt dann wieder etwas ernster fort: „Aber gut, ich habe selbst sehr lange gewartet und wenn mir ein guter Freund nicht noch einen Tritt in den Hintern gegeben hätte, wäre ich vielleicht heute noch nicht dort. Das ist auch so ein Appell, vielleicht hat ja nicht jeder so einen guten Freund. Warte nicht so lange damit! Vereinbare einen Termin, geh einfach hin, die beißen dich nicht."

Manche Väter ziehen sich gekränkt aus der Beziehung mit ihren Kindern zurück, weil sie Frau und Kind in einen Topf werfen. Sie haben die Demütigung des Verlassenwerdens durch ihre Exfrau noch nicht verwunden. Wenn Sie zu ihrer Frau keine Beziehung mehr haben können, dann wollen sie das Kind auch nicht mehr sehen – so wie Joachim sagt: „Ich habe diese Frau geliebt. Jetzt wo Sie gegangen ist, will ich auch die Franziska [seine neunjährige Tochter] nicht mehr sehen." Dabei schluckt er, hält den Atem an und seine ganze Bitterkeit erfüllt den Raum. Auch er muss zuerst die Schritte gehen, die ich im dritten Kapitel beschrieben habe.

Manche Väter sind mit ihrem neuen Leben so beschäftigt – neue Freundin, neues Kind, neue Lebenswelt –, dass es für ihr Kind aus der ersten Ehe keinen Platz mehr zu geben scheint. Walter, der 39-jährige Arzt – erzählt: „Sie wissen ja, wie das ist: Mein Serafin, das Baby mit meiner neuen Frau, ist jetzt drei Monate alt; keine Nacht durchschlafen, der Stress als Arzt im Krankenhaus. Meine neue Frau und ich haben uns jetzt einen Baugrund gekauft. Ich freue mich so auf unser neues Nest."

Ich hatte Walter zu mir eingeladen, weil Andreas, sein vierjähriger Sohn aus der ersten Ehe, im Kindergarten durch Wut- und Schreianfälle auffällig geworden war. Walter konnte einsehen, dass die gezeigten Verhaltensweisen von Andreas mit seiner Abwesenheit zu tun hatten. Es gelang ihm – nach einem von mir geleiteten Gespräch mit seiner Exfrau –, wieder regelmäßigen Kontakt zu Andreas aufzunehmen. Zurzeit genießt er diese Kontakte und ist davon fasziniert, wie Andreas sich entwickelt. Vielleicht braucht er jetzt etwas länger für sein neues Haus, doch Walter hat es geschafft, seine Prioritäten zugunsten von Andreas zu ändern. Wenn auch Sie in einer neuen Beziehung leben und mit Ihrer neuen Partnerin ein Kind bekommen oder bereits haben, vergessen Sie Ihr „altes" nicht! Auch dieses Kind ist Ihr Kind und braucht Sie als Vater.

Bei manchen Vätern entwickelt sich in der neuen Beziehung ein Konkurrenzkampf zwischen der neuen Partnerin und den Kindern aus der geschiedenen Ehe. Leider bleiben dabei manchmal die Kinder auf der Strecke, so wie bei Otmar. Früher, als Otmars Vater noch Zeit mit ihm verbrachte, läutete pausenlos das Handy des Vaters, weil seine neue Freundin irgendetwas von ihm brauchte. Auch wenn der Vater Otmar versprochen hatte, die Zeit mit ihm ohne Freundin zu verbringen, tauchte diese mit irgendwelchen fadenscheinigen Anliegen auf. Wenn Otmars Vater ihm seine Hand auf die Schultern legte oder ihm nahe war, drängte sich die neue Freundin sofort dazwischen. Irgendwann entschied sich Otmars Vater für seine neue Freundin und gegen Otmar und brach den Kontakt zu seinem Sohn ab.

Wenn Sie in so einer Lage sind, ist es wichtig, zwischen den Bedürfnissen Ihres Kindes und denen Ihrer Lebensgefährtin zu unterscheiden. Die Bedürfnisse Ihres Kindes sind klar: Es braucht in der wenigen Zeit, die es mit Ihnen verbringt, Ihre ganze Aufmerksamkeit. Kinder sind noch nicht in der Lage, dieses Bedürfnis nach Zuneigung und Beachtung zurückzustellen, doch Erwachsene können das. Reden Sie mit Ihrer Lebensgefährtin und sagen Sie Ihr bestimmt: „Du bist mir sehr wichtig, mit dir lebe ich. Doch auch mein Kind ist mir wichtig und wenn ich schon so wenig Zeit mit ihm verbringen kann, dann spielt es für mich in dieser Zeit die erste Geige." Wie Sie Ihre neue Lebensgefährtin bei Ihrem Kind einführen können, erfahren Sie in Kapitel 7.

Einige geschiedene Eltern bekämpfen sich noch Jahre nach der Scheidung so, dass der Kampf über das Kind ausgetragen wird. Wenn der Vater das Kind holen will, ist es krank oder will nicht. Türen werden nicht geöffnet, Vereinbarungen nicht eingehalten. Gelingt es beiden Elternteilen nicht, wie ich es im dritten Kapitel beschreibe, mit der Scheidung fertig zu werden, kommt es oft dazu, dass der Vater aus der Erziehung des Kindes hinausgedrängt wird oder sich zurückzieht, weil er die Eskalationen bei der Übergabe des Kindes nicht mehr aushält. Einige Väter resignieren in solchen Fällen und bemühen sich nicht mehr um ihr Kind. Dadurch bricht der Kontakt ab. Wenn das bei Ihnen der Fall ist, bleiben Sie trotzdem dran! Dokumentieren Sie Ihre Versuche, mit Ihrem Kind zusammen zu sein, und vertrauen Sie auf die Zeit. Vielleicht geht es Ihnen so wie Herman.

Sie wissen jetzt, wie Ihr Kind damit umgehen kann, wenn es seine Vatersehnsucht nicht leben kann: Zuerst kämpft es, dann leidet es. Erfolgt keine Besserung, gibt es auf oder entscheidet sich für die Mutter. Sie wissen jetzt, was zu tun ist, damit es Ihrem Kind und Ihnen besser geht. Mein Appell an Sie: Ziehen Sie sich nicht zurück! Bleiben Sie dran. Versuchen Sie, so gut es geht, Vater zu sein, auch nach der Trennung. Sie sind als Vater wichtig für Ihr Kind und es braucht Sie!

Wenn ich mich mit älteren Männern unterhalte, dann leuchten sehr oft ihre Augen, wenn sie von ihren Kindern erzählen, wenn auch vieles nicht immer leicht war, wie sie manchmal erzählen, wenn ich nachfrage. Selbst wenn sie von der Mutter ihres Kindes getrennt lebten, wird bei vielen von ihnen spürbar, wie stolz sie auf ihre Kinder sind und wie wichtig es für sie ist,

Vater zu sein. Auch Sie haben ein Kind. Es wäre schön, wenn auch Ihre Augen leuchten, wenn Sie von Ihrem Kind erzählen.

Wenn Sie ein guter Vater sein wollen, geht es nicht ohne die Mutter Ihres Kindes. Im nächsten Kapitel erfahren Sie, wie Sie mit Ihrer Exfrau ein gutes Eltern-Team bilden können – zum Wohl Ihres Kindes.

5. Warum Sie auch nach der Scheidung mit Ihrer Expartnerin ein elterliches Team bilden sollten

Konrad und Viktoria verstehen einander nicht mehr. Seit Jahren kriselt es zwischen den beiden. Sie haben vieles versucht: nächtelange Gespräche, Paartherapie, gemeinsame Urlaube ohne die Kinder. Doch das Ergebnis war immer das gleiche: Sie lieben einander nicht mehr.

Vor einem Jahr begann der 56-jährige Leiter einer Kunstgalerie mit einer anderen Frau eine Affäre. Das gab den Ausschlag zur Trennung. So zog Konrad vor neun Monaten aus dem gemeinsamen Haus aus – nur mit einer kleinen Reisetasche. Inzwischen hat er eine eigene Wohnung, vorläufig nur gemietet. Die Kinder von Konrad und Viktoria sind der achtjährige Ludwig, der sehr gerne bastelt und der allen mechanischen Dingen auf den Grund geht, und der zehnjährige Moritz, den sein Vater als Philosoph bezeichnet.

Bei allen Differenzen zwischen Viktoria und Konrad haben die beiden doch beschlossen, dass ihr Streit nicht auf den Rücken der Kinder ausgetragen wird und dass die Kinder an erster Stelle stehen. Die beiden vereinbaren, dass sie zwischen der Beziehung als Liebespaar, die gescheitert ist, und ihrer elterlichen Beziehung unterscheiden. Viktoria und Konrad haben beschlossen, ein Eltern-Team zu sein – zum Wohl ihrer Kinder.

Ein Eltern-Team gewährleistet am ehesten, dass Ihr Kind sich trotz der Trennung seiner Eltern positiv entwickelt und durch die Eltern gut ins Leben geführt wird. Aus diesem Grund: Bilden auch Sie mit Ihrer Exfrau ein Eltern-Team!

Bevor ich Ihnen beschreibe, wie ein Eltern-Team funktioniert und wie Sie mit Ihrer Exfrau eines bilden können, schildere ich Ihnen die wichtigsten Voraussetzungen dafür.

Kein Liebespaar mehr, aber Eltern für das ganze Leben

Wenn Sie einmal Vater sind, bleiben Sie es Ihr ganzes Leben – auch wenn die Kinder groß und bereits außer Haus sind, das zeigen die neuesten Forschungen, und selbst wenn der Kontakt zu den Kindern sehr lose ist. Ein Vater-Kind-Band löst sich auch durch eine Scheidung nicht auf. Das Vatersein wird vielleicht schwieriger, doch hoffentlich nicht unmöglich.

So erzählt Konrad: „Ich habe von Anfang an auch alles für meine Kinder gemacht: gewickelt, das Fläschchen gegeben, alles außer stillen. Ich war immer für sie da. Ich bin nachts aufgestanden, wenn sie weinten, um sie zu trösten. Ich bin an ihrem Bett gesessen, wenn sie krank waren. Abends habe ich ihnen Geschichten erzählt, damit sie besser einschlafen konnten. Das kann doch nicht einfach aufhören, nur weil meine Exfrau und ich geschieden sind! Ich kann doch die Kinder nicht aus meinem Herzen herausreißen. Meine Kinder sind ein Teil von mir. Ich bin sehr froh, dass ich mich mit meiner Exfrau so geeinigt habe, dass ich trotzdem ein guter Vater sein kann. So wie Konrad sehen es viele geschiedene Väter. Sie haben – höchstwahrscheinlich wie Sie – erkannt und leben es so, dass beide Eltern für ihr Kind wichtig sind, auch nach der Scheidung.

So schlimm Ihre Konflikte in Ihrer Ehe auch waren und so schrecklich Ihre Scheidung auch war: Es gab einmal eine Zeit, da liebten Sie Ihre Exfrau. Zwischen Ihrer Exfrau und Ihnen gab es einmal eine Liebesbeziehung. Zu dritt lebten Sie mit Ihrem Kind, so wie es in Abbildung 5.1 grafisch dargestellt ist.

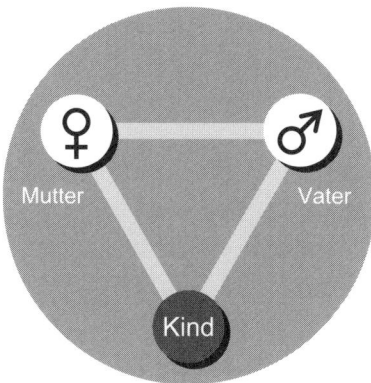

Grafik 5.1: das intakte Beziehungsdreieck Vater-Mutter-Kind

Dann kam der Streit oder das Auseinanderleben, wie es in Abbildung 5.2 dargestellt ist.

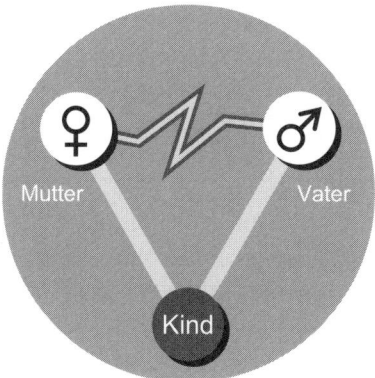

Grafik 5.2: der Beziehungskonflikt des Elternpaares während der Trennung

Sie und Ihre Exfrau haben sich getrennt. Ihre Liebesbeziehung ist jetzt zu Ende, auch wenn Sie das bedauern und es Ihnen schwerfiel, dies zu akzeptieren. So wie Konrad: „Puh, wenn ich daran denke, was für eine tolle Frau die Viktoria ist, dann finde ich es einfach schade, dass wir auseinandergegangen sind." Andere Männer sind froh darüber, dass die Liebesbeziehung zu Ende gegangen ist: „Wenn ich sehe, wie meine Exfrau auf Familie macht, wie sie von einer Tante zur nächsten rennt, wie sie immer nur unterwegs sein muss, weil sie sich selbst nicht aushält, da bin ich einfach froh, dass ich da nicht mehr mitmachen muss", sagt Olaf.

Einige Männer haben akzeptiert, dass die Liebesbeziehung zu Ende ist, und schauen doch voll Wärme auf diese Zeit zurück: „Die Elisabeth, meine Exfrau, ist schon eine tolle Frau, vor allem eine tolle Mutter. Wir hatten eine wirklich schöne Zeit. Aber mit ihr leben möchte ich nicht mehr, das ist vorbei." Eine gescheiterte Partnerschaft gilt es zu betrauern und zu akzeptieren – siehe Kapitel 3.

Letztlich spielt es keine Rolle, wer schuld war – it takes two to tango –, und auch nicht, wer wen verlassen hat oder wie die Scheidung verlaufen ist. Wenn Sie und Ihre Exfrau ein Kind haben, dann bleiben Sie Eltern und Sie bleiben Vater. Entscheidend ist, dass Mutter und Vater sich ein Stück von der emotionalen Lähmung frei gemacht haben, die eine Scheidung mit sich bringen kann. Beide müssen mit der Trennung fertig geworden sein. Erst dann ist es Ihnen möglich, mit Ihrer Exfrau elterlich zusammenzuarbeiten, wie es in Grafik 5.3 dargestellt ist.

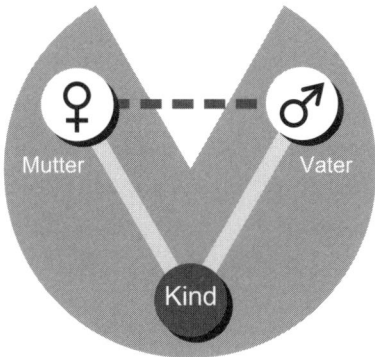

Grafik 5.3: keine Liebesbeziehung zur Expartnerin mehr, aber eine elterliche Zusammenarbeit

Für Ihr Kind ist es lebenswichtig, dass Sie als Vater zwischen der beendeten Liebesbeziehung zu Ihrer Exfrau und der Eltern-ebene – auf der Sie als Vater mit Ihrer Exfrau als Mutter zusam-menarbeiten – unterscheiden können. Denn nur so kann sich für Ihr Kind eine Vaterwelt und eine Mutterwelt entwickeln, in denen es sich zuhause fühlen kann. Nur so ist es ihm auf Dauer möglich, zwischen der Vaterwelt und der Mutterwelt ohne Zer-rissenheit hin- und herzugehen. Wenn Sie als Vater diese Ebenen verwechseln, also von der Elternebene immer wieder in die Lie-besbeziehung fallen, dann entstehen Chaos, Konflikt und Streit. In den meisten Fällen wird in der Folge ein Elternteil – meist ist es der Vater – aus seiner Elternfunktion hinausgedrängt oder er zieht sich zurück. Nur wenn Sie als Vater Ihre Elternrolle ganz klar von der beendeten Liebesbeziehung auseinanderhalten können, ist eine langfristige Zusammenarbeit mit Ihrer Exfrau möglich!

Wenn Sie sehr emotional reagieren, Wut, Hass oder Rache-gefühle spüren, dann ist das meist ein Zeichen, dass Sie sich wieder in einem alten Konflikt in Ihrer Liebesbeziehung befinden. Dann ist es gut, durchzuatmen und sich selbst zu stoppen, sich auf die Zunge zu beißen. Wenn dies nicht genügt, verlassen Sie die Situation. Sagen Sie dann: „Entschuldige bitte, ich muss mich erst beruhigen. Können wir das morgen besprechen?" Wenn Sie dies nicht tun, besteht die Gefahr, dass Sie Dinge sagen oder tun, die Sie nicht mehr zurückzunehmen können. Sie gefährden damit die gemeinsame Elternschaft. Erst wenn Sie für sich wieder klar denken können und wissen, was zur beendeten Liebesbeziehung und was zu Ihrer Vaterrolle gehört, treffen Sie sich erneut mit Ihrer Exfrau und reden mit Ihr als Vater Ihres Kindes, aber nicht als Liebespartner.

So erzählt Ernst: „Als die Lydia und ich auseinandergegangen sind, da war uns beiden schon klar: Auch wenn es zwischen uns vorbei ist, bleiben wir doch beide Eltern. Das war mir von Anfang an bewusst und ich habe mir in all den hässlichen Auseinandersetzungen immer wieder mal auf den Mund gebissen und gewisse Dinge nicht gesagt, weil ich wusste, wir müssen wegen der Kinder bald wieder einmal miteinander reden. Da kann ich nicht das ganze Porzellan zerschlagen."

Fragen an Sie zu Ihrer Elternschaft

- Gelingt es Ihnen, zwischen Ihrer beendeten Liebesbeziehung und Ihrem Vatersein zu unterscheiden?
- Bei welchen Gelegenheiten geraten für Sie die Paarebene und die Elternebene durcheinander?
- Wie gehen Sie damit um?
- In welcher Weise behindert Ihre Einstellung zu Ihrer Exfrau Sie in Ihrem Vatersein?
- Welche alten, ungeregelten Streitpunkte verhindern ein konstruktives elterliches Gespräch mit Ihrer Exfrau?

Mutters Welt und Vaters Welt

Konrads Exfrau, die 32-jährige Viktoria, möchte, dass aus ihren Kindern einmal etwas wird. Sie sieht es als ihre mütterliche Pflicht an, den Kindern einen guten Start in diese Welt zu ermöglichen. Dabei ist ihr Lernen sehr wichtig, schließlich ist ihre eigene Mutter Lehrerin. Sie hat ihre Kinder sehr gerne und liebt es, beide zu umsorgen. Es ist für sie nicht immer ganz einfach, das Programm der Kinder und ihre eigene Berufstätigkeit – sie ist Visagistin – unter einen Hut zu bringen.

Ihr Sohn Ludwig besucht die dritte Volksschulklasse und Moritz – der ältere von ihren beiden Söhnen – geht seit drei Monaten in die erste Klasse am Gymnasium. Ludwig geht gerne in die Schule, aber noch mehr liebt er die Pausen, denn da geht es mit seiner Bande, in der er der zweite Chef ist, immer rund. Moritz blüht so richtig auf, seit er ins Gymnasium geht. All seine Energie steckt er ins Lernen und für ihn ist es sehr erfüllend, einen Ort zu haben, an dem man den Dingen des Lebens auf den Grund geht. Mit seinen vielen Fragen macht er sich nicht immer bei seinen Klassenkollegen beliebt, doch damit kommt Moritz ganz gut zurecht, auch wenn sie ihn immer wieder als Streber bezeichnen.

Doch die Schule ist nicht alles für die beiden. Ludwig lernt noch Trompete- und Moritz Cellospielen. Auch sportlich betätigen sich die zwei. Ludwig ist im Fußballklub, er ist ein Bewegungstalent mit dem Ball. Moritz geht im Tennis auf, das er zweimal in der Woche trainiert.

Sie sehen: ein strenges Programm für die beiden Jungen. Doch sie mögen es so und Viktoria als Mutter setzt alles daran, ihnen dieses Programm zu ermöglichen. Dazu braucht es schon Konsequenz und Ausdauer; das sind auch die Eigenschaften, die sie versucht, ihren Kindern zu vermitteln. So setzt sie klare

Grenzen und bemüht sich, fair und gerecht zu sein – Eigenschaften, die sie selbst eher als männlich bezeichnet, doch war es in ihrer Familie schon immer so, dass mehr die Frauen auf diese Dinge achteten.

Daneben kommt aber auch das Zusammensein nicht zu kurz. Viktoria und ihre beiden Jungs verbringen nicht nur viel Zeit miteinander, sondern sie besuchen gerne gemeinsame Freunde. So gibt es in dem Bezirk, in dem Viktoria mit Ludwig und Moritz wohnt, viele gute Freundinnen mit etwa gleichaltrigen Kindern, die einander gerne und oft besuchen. Manchmal ist das für Moritz ganz schön anstrengend, weil er lieber mehr für sich wäre. Ludwig liebt es so, um ihn können gar nicht genug Kinder sein. Vielleicht lernt er dabei sogar so viel, dass er in seiner Bande bald einmal der erste Chef wird.

Wenn die Kinder jedes zweite Wochenende zu ihrem Vater Konrad kommen, sieht das ganz anders aus. Die drei hängen sehr aneinander. Da gibt es zuerst einmal großes Begrüßungsumarmen und dann – das muss einfach sein – gemeinsames Durch-die-Wohnung-Toben. Das würde ihre Mutter so nie erlauben.

Konrad ist bewusst, wie stark die Kinder unter der Woche eingespannt sind. So bietet er gerne – das kommt auch seinem Naturell entgegen – einen Ausgleich. Dazu kommt, dass er als Galerist wochentags ebenfalls sehr viel zu tun hat. Der Ausgleich besteht dann darin, einmal das zu tun, worauf jeder Lust hat – aber natürlich gemeinsam.

Freitagabends, wenn die Jungen kommen, kochen sie erst einmal miteinander. Konrad ist kein besonders guter Koch, doch sie lieben es, gemeinsam in der Küche zu stehen, dabei zu plaudern und zu blödeln. Die Jungs erzählen, was alles in den letzten zwei Wochen passiert ist. Konrad telefoniert mit seinen Jungen fast täglich, doch es ist für ihn viel schöner, sie persönlich um sich zu haben. Beim Erzählen wird viel gelacht und gescherzt.

Konrad ist darin Spezialist. „Die Mama ist eher die Ernstere", sagt Moritz.

Fast nebenbei entstehen dabei Spaghetti oder eine Pizza wird fertig. Es kann aber auch vorkommen, dass vor lauter Erzählen und Miteinandersein das Essen etwas zu lange kocht, um es vorsichtig auszudrücken. Bei der letzten Pizza mussten sie die halbe Nacht lüften, um den Geruch der verbrannten Überreste wieder loszuwerden. „Holzkohle", meinte Ludwig lapidar. Gott sei Dank ist ein Dönerstand nicht weit, der bei solchen Notfällen gestürmt wird.

Am nächsten Morgen wird dann erst einmal ausgeschlafen, gekuschelt, gerangelt – was eben so anfällt unter Männern. Im Anschluss wird gefrühstückt und miteinander besprochen, was man denn an diesem herrlichen Tag gemeinsam unternehmen könnte. Doch was letztlich passiert, ist gar nicht so wichtig. Hauptsache, die drei können zusammen sein.

Sie sehen: Vaters Welt und Mutters Welt sind sehr verschieden. Doch Ludwig und Moritz kommen damit gut zurecht. Lieber wäre es ihnen schon, wenn Mama und Papa zusammen wären. Doch so haben sie es auch schön und sie schätzen beide Seiten. Die Jungen haben rasch erkannt, was bei der Mutter und was beim Vater möglich ist. Innerhalb dieser Möglichkeiten bewegen sie sich gut, auch wenn beide Welten verschieden sind. Sie gehen gerne zu ihrem Vater und kehren auch wieder gerne zur Mutter zurück. Wenn Ludwig dem Papa unbedingt erzählen will, was in so einem alten Radio alles drinnen ist, dann ruft er ihn einfach an.

Nach der Trennung von Ihrer Exfrau ist es für Sie wichtig, eine eigene Vaterwelt zu erschaffen, eine Welt, in der sich Ihr Kind wohlfühlt und in der es sich gut orientieren kann. Nur so kann Ihr Kind Sie weiterhin gut als Vater erleben und empfindet die väterliche Seite nicht nur als Nebenschauplatz. Wenn es eine Vaterwelt und eine Mutterwelt gibt, kann Ihr Kind Vater und Mutter innerlich gleichwertig erfahren, auch wenn es wahrscheinlich bei Ihnen – dem Vater – weniger Zeit verbringt. Es kann dadurch sowohl die väterliche als auch die mütterliche Art des Lebens erfahren. So erleben Ludwig und Moritz zum Beispiel bei ihrer Mutter viel mehr Struktur, während Sie bei ihrem Vater erfahren, wie sie das Leben im Augenblick an sich herankommen lassen können. Wenn es eine Vaterwelt und eine Mutterwelt gibt, kann Ihr Kind später sowohl auf väterliche als auch auf mütterliche Denkansätze, Werte und Verhaltensweisen zurückgreifen. Klare Regeln sind für Ihr Kind in beiden Welten notwendig, wobei diese durchaus unterschiedlich sein dürfen. Damit diese Vaterwelt für Ihr Kind entstehen kann, ist es zum Beispiel wichtig, dass es in Ihrer neuen Wohnung – auch wenn sie vielleicht sehr klein ist – einen eigenen Bereich hat. Das muss kein eigenes Zimmer sein, aber ein Platz, an dem es auch einige persönliche Dinge unterbringen kann, damit es sich auch bei Ihnen zuhause fühlt. Mehr dazu, wie Sie diese Vaterwelt für Ihr Kind erschaffen können, lesen Sie in Kapitel 6.

Fragen an Sie zu Vaters Welt und Mutters Welt

- Wie würden Sie die Welt beschreiben, die Ihr Kind bei Ihnen als Vater erlebt?
- Wie würden Sie die Mutterwelt Ihres Kindes beschreiben?
- Wie unterschiedlich erlebt Ihr Kind die verschiedenen Welten?
- Wie kommt Ihr Kind mit den verschiedenen Welten zurecht?

Mittendrin statt nur dazwischen

Hier beschreibe ich, was Ihr Kind von Ihnen als Vater braucht, damit es gut und ohne Zerrissenheit sowohl in seiner Vaterwelt als auch in seiner Mutterwelt leben kann. Das ist für Ihr Kind notwendig, damit es sich nicht innerlich ständig mit dem Streit und der Trennung seiner Eltern auseinandersetzen muss, sondern sich gut auf seine eigene Entwicklung konzentrieren kann.

Wenn Ludwig wieder einmal mit seinem Chemiekasten arbeitet und nicht mehr weiterweiß, kann ihm seine Mutter nicht wirklich dabei helfen. Wenn er dann seinen Vater anruft und ihn nicht erreicht, weil dieser wieder einmal in einer wichtigen Sitzung ist, kann es schon passieren, dass er zu schimpfen anfängt und Worte gebraucht, die seiner Mutter nicht gefallen. Doch wenn sie ihm erklärt, dass er den Papa am Abend ganz sicher erreichen und dieser ihm dann weiterhelfen wird, beruhigt Ludwig sich schnell wieder. Sie sehen also: Dadurch dass Viktoria akzeptiert, dass ihr Sohn wichtige Dinge so schnell wie möglich mit seinem Vater besprechen möchte, kann Ludwig auch innerlich zwischen den Welten reisen, ohne ständig in seinen Interessen gebremst zu werden.

Wenn Ihr Kind bei Ihnen ist, kann es sein, dass es ganz schnell ganz wichtige Dinge der Mama mitteilen oder sie etwas fragen möchte. Lassen Sie das zu, solange es nicht jede halbe Stunde passiert oder Ihr Kind dadurch den Regeln Ihrer Welt ausweichen will. Dann sagen Sie zum Beispiel: „Ich verstehe ja, dass du deine Hausaufgaben nicht gleich machen willst. Vielleicht ist das bei der Mama auch anders. Aber wenn wir nachher losziehen wollen, um im Wald ein Lagerfeuer zu machen, musst du vorher alles erledigt haben."

Bei Moritz ist das anders. Er beschäftigt sich gerade mit Religion, damit, wie das mit der Dreifaltigkeit denn ist. Dann setzt Viktoria sich mit ihrem Sohn hin und sie besprechen das miteinander. In Religion ist eher Viktoria die Spezialistin, Papa hat damit, so sagt Moritz, „eher weniger am Hut". Aber wenn es um das geht, was zwischen Mann und Frau im Bett passiert, dann redet Moritz lieber mit dem Papa darüber.

Ludwig und Moritz sind ziemlich verschieden; was bei ihnen gleich ist: Sie gehen beide gut zwischen Vater und Mutter hin und her. Beide erleben keine Zerrissenheit, weder wenn sie beim Vater noch wenn sie bei der Mutter sind und auch nicht, wenn sie von der Vaterwelt in die Mutterwelt wechseln oder umgekehrt. Beide Kinder können ihren Fragen nachgehen, die sie gerade beschäftigen, und müssen sich nicht innerlich damit auseinandersetzen, was die Mutter jetzt wieder sagen wird, wenn sie den Vater anrufen oder fragen, wann sie wieder zu ihm dürfen.

Moritz und Ludwig sitzen nicht – wie viele andere scheidungsbetroffene Kinder und Jugendliche – zwischen den Stühlen. Egal ob sie in Vaters oder in Mutters Welt sind, sie sind mittendrin statt nur dazwischen. Wenn Ludwig und Moritz jedes zweite Wochenende zum Papa gehen, dann erzählen sie dort frisch von der Leber weg, was in diesen zwei Wochen alles passiert ist. Sie können einfach drauflosplaudern, ohne überlegen zu müssen, was sie von der Mama nicht erzählen können oder was den Papa vielleicht kränken könnte. Wenn sie nach dem Wochenende begeistert zurück zur Mama kommen, erzählen sie auch dort ganz locker, was sie an den beiden Tagen alles erlebt haben. Sie merken zwar, dass Viktoria manchmal nicht ganz einverstanden ist, dass sie am Samstag bis Mitternacht einander Gruselgeschichten vorgelesen haben, aber die beiden wissen eben, dass Mama und Papa da unterschiedlicher Auffassung sind. Aber das sollen doch die beiden klären und nicht sie, die Kinder. So sagt Viktoria nicht: „Der Papa müsste doch wissen, dass ihr nicht so lange wach bleiben dürft!" Sie akzeptiert die Vaterwelt, auch wenn es dort andere Regeln gibt als in der Mutterwelt. Konrad schimpft auch nicht bei den Kindern über die vielen Besuche, die seine Kinder ständig machen müssen, obwohl er findet, dass seine Kinder mehr zur Ruhe kommen sollten. Auch er akzeptiert die Mutterwelt.

Wahrscheinlich werden auch Sie Toleranz brauchen, um die Mutterwelt akzeptieren zu können. Das ist kein Wunder, wahrscheinlich haben diese Differenzen zwischen Ihnen und Ihrer Exfrau zur Trennung beigetragen. Was Sie wissen müssen: Kinder können grundsätzlich recht gut mit diesen Verschiedenheiten umgehen und leben. Auch Ihr Kind kann sich sehr wahrscheinlich auf beide Welten gut einstellen. Schwierig wird es für Ihr Kind erst dann, wenn Sie als Vater oder Ihre Exfrau als Mutter beginnen, die andere Welt schlechtzumachen. Damit nehmen Sie Ihrem Kind die Lockerheit und es fängt an zu zweifeln, ob die andere Welt denn wirklich so gut ist. Ihr Kind braucht von beiden Eltern das Okay, dass die andere Welt in Ordnung ist. Dann kann es sich in beiden zu Hause fühlen. Solange Sie keine Gefahr für Leib und Leben Ihres Kindes sehen, akzeptieren Sie die Mutterwelt!

Wenn Konrad sonntagabends Moritz und Ludwig zurückbringt, beobachten die Kinder schon ganz genau, was zwischen ihren Eltern passiert. Es ist noch nicht so lange her, dass es beim Nachhausebringen zu Auseinandersetzungen wegen Dingen kam, die die beiden nun wirklich nicht verstehen. Doch seit zwei Monaten sind diese Streitereien vorbei. Viktoria und Konrad begrüßen einander höflich, besprechen die wichtigsten Dinge, zum Beispiel, wie das mit dem neuen Cello von Moritz läuft und Ähnliches. Dann umarmt Konrad seine beiden Buben noch einmal, verabschiedet sich von Viktoria und geht. Auch wenn Moritz und Ludwig den direkten Kontakt zwischen ihren geschiedenen Eltern erleben, entsteht bei ihnen keine Zerrissenheit mehr.

Auch Ihr Kind wird sehr genau darauf achten, wie Sie und Ihre Exfrau miteinander umgehen. Seien Sie höflich zu Ihrer Exfrau, wenn es irgendwie geht, achten Sie sie. Wenn Ihr Kind das wahrnimmt, kann es sich entspannen und sich in beiden Welten zuhause fühlen.

Moritz und Ludwig sind innerlich frei. Sie können sich in Gedanken mit Mama und mit Papa auseinandersetzen, ohne dass es ihnen bei jedem inneren Wechsel einen Stich ins Herz versetzt. Ludwig kann also denken: „Verdammte Chemie, ohne Papa komme ich da nicht weiter!", auch wenn er gerade neben der Mutter steht. Er kann ihr das auch sagen, ohne dass sie darüber böse wird.

Auch Ihr Kind kann innerlich so frei sein wie Ludwig und Moritz, wenn Sie

1. akzeptieren, dass Ihr Kind, wenn es bei Ihnen ist, auch einmal an die Mutterwelt denkt, über sie berichtet oder zwischendurch mit der Mutter Kontakt aufnimmt;
2. anerkennen, dass die Mutterwelt von Ihrer Vaterwelt verschieden sein darf;
3. bei der Übergabe Ihres Kindes an Ihre Exfrau höflich zu ihr sind und sie achten.

Fragen an Sie, wie Ihr Kind zwischen der Mutter- und der Vater-Welt hin- und hergeht

- Wie laufen die Übergänge Ihres Kindes zwischen der Mutter- und der Vaterwelt ab? (Höflichkeit, Auseinandersetzungen?)
- Wie erzählt Ihr Kind Ihnen über die Zeit bei der Mutter? (Unbefangen, locker und frei oder zurückhaltend und zögernd?)
- Wann erleben Sie Ihr Kind zerrissen?
- Wann erleben Sie Ihr Kind innerlich frei?

Was verhindert Zerrissenheit?

Damit Ihr Kind wirklich gut zwischen der Vaterwelt und der Mutterwelt hin- und hergehen kann, müssen Sie und Ihre Exfrau einige wichtige Punkte klären.

Punkte, die Sie mit Ihrer Exfrau klären müssen, damit Ihr Kind ohne Zerrissenheit zwischen der Vaterwelt und der Mutterwelt hin- und hergehen kann

- Sie und Ihre Exfrau treffen Absprachen.
- Die finanziellen Angelegenheiten sind gut geregelt.
- Die Zukunft Ihres Kindes wird gemeinsam geplant.

Wenn Sie und Ihre Exfrau in diesen drei Punkten zu einer einvernehmlichen Lösung kommen, kann Ihr Kind sich sowohl in der Mutterwelt als auch in der Vaterwelt wohlfühlen.

Sie und Ihre Exfrau treffen Absprachen

Alle wichtigen Dinge, die Ihr Kind betreffen, werden direkt zwischen Ihnen als Vater und Ihrer Exfrau als Mutter geregelt – vor allem die Übergänge Ihres Kindes zwischen der Vaterwelt und der Mutterwelt. Die Zeiten, wann es bei wem ist, müssen ganz klar definiert sein – siehe auch Kapitel 6 unter „Damit die Beziehung zu Ihrem Kind nicht versandet: gemeinsame Zeit". Aber auch die Art und Weise, wie Ihr Kind hin- und hergeht, müssen Sie und Ihre Exfrau klären. Wer holt Ihr Kind wann wo ab und was muss es dabeihaben? Damit ist gewährleistet, dass es diese Angelegenheiten weder mit Ihnen noch mit seiner Mutter verhandeln muss, und es bekommt nie das Gefühl, sich für oder gegen Mutter oder Vater entscheiden zu müssen.

Die finanziellen Angelegenheiten sind gut geregelt

Die monatlichen Alimente des Elternteils, bei dem das Kind nicht wohnt – sehr wahrscheinlich sind Sie das als Vater –, sind klar geregelt und so hoch, dass Ihre Exfrau den notwendigen Verpflichtungen, die durch Ihr Kind entstehen, nachkommen kann. Die Alimente sind aber nicht so hoch, dass Ihre finanzielle Existenz gefährdet ist. Zwischen Ihnen als Vater und Ihrer Exfrau als Mutter besteht eine klare Vereinbarung, wie mit außertourlichen Aufwendungen für Ihr Kind umgegangen wird: Beteiligung des Vaters an der Zahnspange, am Musikunterricht, am Skikurs und vieles mehr. So kommt Ihr Kind nicht in Gefahr, bei Ihnen intervenieren zu müssen, dass Sie den Skikurs bezahlen, was seine Zerrissenheit verstärken würde.

Die Zukunft des Kindes wird gemeinsam geplant

Sie und die Mutter Ihres Kindes besprechen gemeinsam alle wichtigen Entscheidungen, die für Ihr Kind relevant sind: Welcher Kindergarten? Welcher Schultyp? Berufseinstieg? Usw. Natürlich wird Ihr Kind, wenn es alt genug ist, in die Entscheidungen einbezogen. Bei der Schulwahl und beim Berufseinstieg soll es natürlich kräftig mitreden. So wird gewährleistet, dass Sie und Ihre Exfrau, was die Entwicklung Ihres Kindes betrifft, an einem Strang ziehen und es nicht einmal in diese – zum Beispiel kaufmännischer Zweig an der Realschule – und dann wieder in die entgegengesetzte Richtung – zum Beispiel musischer Zweig am Gymnasium – gezogen wird.

Werden die beschriebenen Punkte nicht eingehalten, vergrößert sich die Zerrissenheit Ihres Kindes. Doch das ist nicht immer leicht zu erkennen. Darum führe ich hier kurz Beispiele an, wie es nicht gemacht werden soll.

Was vergrößert die Zerrissenheit?

Absprachen zwischen Ihnen und Ihrer Exfrau sind unklar

Die Mutter sagt zur siebenjährigen Anna: „Nächste Woche kannst du nicht zum Papa, sag ihm das." Damit ist Anna bei Weitem überfordert. Sie schafft es nicht, ihrem Vater das zu sagen, weil sie Angst hat, der Papa würde dann glauben, dass sie ihn nicht mehr mag. Vermeiden Sie es, Ihr Kind Nachrichten von Ihnen an Ihre Exfrau überbringen zu lassen! Greifen Sie lieber zum Telefonhörer und sagen Sie es ihr direkt oder schreiben Sie ihr eine E-Mail.

Die finanziellen Angelegenheiten sind nicht gut geregelt

„Sag deiner Mama, dass ich nichts zu deiner Landschulwoche dazuzahle, schließlich bekommt sie sowieso schon so hohe Alimente." Auch wenn das inhaltlich stimmen sollte: Der zwölfjährige Matthias ist es leid, der Überbringer solcher Botschaften zu sein. Weil er sonst ein gutes Verhältnis zu seinem Vater hat, bittet er ihn, es der Mutter doch selbst zu sagen. Er schämt sich dafür und hat das Gefühl, wenn es ihn nicht gäbe, würden Mutter und Vater sich nicht immer über das Geld streiten. Erschrocken lenkt Hans, der Vater von Matthias, ein. Ihm war nicht bewusst, wie schwierig es für seinen Sohn ist, diese Nachrichten zu überbringen. Vermeiden Sie es, dass Ihr Kind sich mit finanziellen Dingen auseinandersetzen muss, die Sie und Ihre Exfrau als Eltern betreffen! Setzen Sie sich mit Ihrer Exfrau in regelmäßigen Abständen – etwa alle vier, fünf Monate – zusammen, um in Ruhe gemeinsam diese finanzielle Seite zu regeln. Auch wenn einmal etwas Unvorhergesehenes eintritt, das Geld kostet, hören Sie Ihrer Exfrau zu und, wenn nötig, beteiligen Sie sich. Es kommt Ihrem Kind zugute!

Jeder Elternteil versucht die Zukunft des Kindes allein zu bestimmen

Herbert, 39 Jahre alt und leidenschaftlicher Techniker, will unbedingt, dass sein Sohn Walter, gerade 14 Jahre alt geworden, eine technische Mittelschule besucht. Stolz geht er mit ihm am Tag der offenen Tür in die Mittelschule, an der er selbst Abitur gemacht hat. Er stellt dem Direktor und einigen Lehrern Walter vor, die zum Teil frühere Schulkollegen von ihm sind. Margit, die 36-jährige Mutter von Walter, will ihn unbedingt in ein musisches Gymnasium bringen und redet vor allem über Kunst und Literatur mit ihm. Beide gehen nur von ihren eigenen Interessen aus. Mutter und Vater sehen nicht, dass Walter ganz andere Interessen hat. Sie liegen im Sport. Walter ist so selbstbewusst, dass er Mutter und Vater zu einem Dreiergespräch einlädt und ihnen drei Prospekte von Sportschulen zeigt, die er sich selbst aus dem Internet besorgt hat. Doch nicht alle Kinder können das. Manche versuchen es beiden Elternteilen rechtzumachen und bleiben dabei selbst auf der Strecke. Sie und Ihre Exfrau sollten es vermeiden, Ihrem Kind Ihre eigenen Interessen aufzuzwingen. Achten Sie darauf, was ihm wirklich gefällt, was ihm Spaß macht und was es kann. Dann treffen Sie mit Ihrer Exfrau die richtige Entscheidung. Sie beide wissen, was für Ihr Kind gut ist!

Teambildung nach dem großen Streit

Die Mutter bringt das Kind auf die Welt, der Vater ist heute fast immer dabei. Beide kümmern sich um ihr Kind. Das Baby will an der Brust der Mutter trinken, es will schlafen, gehätschelt werden, es verdaut. Heute wissen wir, dass das Baby von Anfang an ein soziales Wesen ist. Psychologen sprechen von einem Kommunikationsgiganten. Einmal ist das Baby beim Vater, dann wieder bei der Mutter. Nach ein paar Wochen kann es die Stimme von Vater und Mutter unterscheiden. Es kommuniziert von Anfang an mit beiden unterschiedlich.

Das Kind wird größer und bewegt sich – anfangs krabbelnd, dann wackelig gehend und schließlich laufend – zwischen Vater und Mutter hin und her. Nach und nach kommen auch andere Menschen dazu: Verwandte, wie Großeltern, Tanten und Onkel, Freunde. Es wächst mehr und mehr in einen sozialen Bezugsrahmen, in eine soziale Welt hinein. Vielleicht geht es in eine Mutter-Kind-Spielgruppe, wo es auf noch mehr Menschen trifft. Mit drei bis vier Jahren kommt es in den Kindergarten. Danach geht es in die Schule. Seine soziale Welt wird immer größer. Es wird immer selbstständiger und autonomer. Sie sehen: Das Kind bewegt sich von Vater und Mutter weg, in die Welt hinaus und kommt doch immer wieder zu den beiden zurück. Die beiden wichtigsten Menschen – auch für Ihr Kind – waren, sind und bleiben Vater und Mutter.

Selbst wenn Sie als Vater sich von Ihrer Exfrau scheiden ließen, bleiben Sie beide als Vater und Mutter die wichtigsten Bezugspersonen Ihres Kindes. Wie können Sie es auch nach der Scheidung gemeinsam großziehen? Das Zauberwort heißt Zusammenarbeit, einander ergänzende Teamarbeit, um das gemeinsame große Ziel, die Erziehung ihres Kindes, zu erreichen.

Für Ihr Kind ist es am besten, wenn seine Mutter und Sie Ihre Stärken optimal einbringen können, sodass es beide Eltern kontinuierlich erlebt, Sie beide seine Ankerplätze und Ruhepole auf seinem Weg in die Welt und in sein eigenständiges Leben sind.

Wie bin ich darauf gekommen, dass geschiedene Eltern ein Team sein sollen? Henry, ein 28-jähriger Außendienstmitarbeiter eines großen Möbelherstellers, kam wegen Beziehungsproblemen mit seiner Freundin und damit verbundenen Potenzstörungen zu mir in Psychotherapie. Nach einigen Stunden Therapie kamen wir zu einem Schlüsselerlebnis. Henry – dessen Eltern sich hatten scheiden lassen, als er acht Jahre alt war – wurde sehr oft als Spielball für den Konflikt der Eltern missbraucht. Das ging so weit, dass er ein paar Monate beim Vater wohnte, der ihm immer erzählte, was für ein Miststück Henrys Mutter sei – bis er dann vom Vater wieder zu seiner Mutter abgeschoben wurde. Die Mutter behauptete sehr oft, dass Henry all seine Schlechtigkeit nur vom Vater habe und überhaupt dieser Ausgeburt von Bösartigkeit sehr ähnlich sei. „Der eine hat mich in die Richtung, der andere in die andere Richtung gezogen, und ich bin in der Mitte auseinandergerissen", brach es plötzlich aus Henry heraus. „Was hättest du denn gebraucht?", fragte ich nach. „Dass sie als Team arbeiten, dass sie einmal mich in den Mittelpunkt stellen und mich als Eltern-Team betreuen, dass es einfach einmal auch um mich gegangen wäre, dass ist doch ihr verdammter Job als Eltern!" Dann herrschte einen Augenblick Stille und schließlich setzte Henry nach: „Ich spiele Fußball, linker Verteidiger, ich kann den Hans, den linken Stürmer, so was von nicht leiden – diesen arroganten Schnösel! Doch wenn wir Fußball spielen, wenn wir ein Team sind, dann spielen diese Animositäten keine Rolle. Dann spiele ich den Ball so oft wie möglich zu ihm vor, denn er ist ein verdammt guter Stürmer." Ein Augenblick Stille. „Warum haben meine Eltern mich nicht als ihr gemeinsames Spiel gesehen, in dem sie ein Team sein müssen, damit es mir gut geht? Ich bin doch ihr Sohn. Sie müssen sich nicht mögen, aber sie sind doch meine Eltern!" Henry schluchzte auf, als er diese Redesalve abgefeuert hatte.

Nach dieser Therapiestunde mit Henry – der nach einigen weiteren Sitzungen seine Beziehungs- und Potenzprobleme gut in den Griff bekam – begann ich mich verstärkt mit diesem Teamaspekt auseinanderzusetzen.

Geht man von den Bedürfnissen eines Kindes und eines Jugendlichen aus, bleibt den Eltern gar nichts anderes übrig, als ein Team zu bilden. Aus dem Erleben mit Vater und Mutter beginnt sich die Psyche des Kindes zu entwickeln. Dabei erlebt es im Herzen die Eltern als eine Einheit. Wendet sich der Vater gegen die Mutter oder umgekehrt, beginnt ein Krieg im Herzen des Kindes. Dieser Krieg, dieser innere Konflikt ist nur vermeidbar, wenn Mutter und Vater sich zwar trennen, aber die gemeinsame Zeit nicht entwerten und wenn beide weiterhin für ihr Kind da sind. Vater und Mutter übernehmen auch nach der Trennung ihre Rolle und wenden sich vor allem nicht gegen den anderen. Bitte orientieren Sie sich daran!

Wie funktioniert ein Eltern-Team?

Nach dieser entscheidenden Therapiestunde mit Henry habe ich mich intensiv mit Teams auseinandergesetzt. Dabei bin ich auf einen Ansatz von Katzenbach und Smith gestoßen, der mein Ausgangspunkt für die Bestimmung eines Eltern-Teams war.

Ein Eltern-Team nach einer Scheidung besteht aus:

1. Vater und Mutter als Teammitglieder,
2. deren Fähigkeiten einander ergänzen,
3. deren gemeinsames Ziel die Erziehung ihres Kindes ist,
4. die im gegenseitigen Einverständnis handeln und
5. die sich gemeinsam für ihr Kind verantwortlich fühlen.

Etwas näher ausgeführt:

1. Sie als Vater und Ihre Exfrau als Mutter als Mitglieder Ihres Eltern-Teams

Wenn Sie beide die Trennung akzeptiert und um Ihre Ehe getrauert haben, wenn Sie einander vergeben und jeweils Ihre eigenen Anteile am Scheitern der Beziehung erkannt haben und wenn Sie versöhnt auf die gemeinsame Zeit zurückblicken können, dann haben Sie und Ihre Exfrau eine neue Ebene erreicht. Auf dieser können Sie gut zwischen der beendeten Liebesbeziehung und der bestehenden Elternbeziehung unterscheiden. Das sind die Voraussetzungen, um ein Team bilden zu können. Sie als Vater und Ihre Exfrau als Mutter haben beschlossen, dass Ihr Kind an erster Stelle stehen und nicht unter der Trennung leiden soll.

So wie Konrad und seine Exfrau: „Ich habe die Viktoria nach wie vor sehr gerne. Es war sehr schwer, aus der Familie zu gehen. Am Anfang war ich schon sehr traurig, da ist es mir auch nicht gut mit den Kindern gegangen. Natürlich habe ich auch Schuld gehabt, zum Trennen gehören wie zum Streiten immer zwei. Wir haben eine sehr schöne Zeit miteinander gehabt. Aber jetzt hat jeder einen neuen Partner. Und trotzdem sind wir Eltern – gute Eltern hoffe ich." Wenn Sie und Ihre Exfrau auch so weit sind, dann hat Ihr Kind gute Karten für seine Entwicklung.

2. Ihre Fähigkeiten als Vater und die Ihrer Exfrau als Mutter ergänzen einander

Dabei geht es um Ergänzung bei Sachkenntnissen. Sie als Vater könnten zum Beispiel mehr der technische Typ sein, der die Spielsachen Ihres Kindes reparieren kann. Ihre Exfrau als Mutter könnte zum Beispiel mehr sprachlich begabt sein und Ihr Kind dabei unterstützen, lesen zu lernen. Sie als Vater haben bestimmt in einem Bereich gute Sachkenntnisse, die Sie Ihrem Kind vermitteln können – so wie Ernst: „Wenn irgendwelche Mathematikschularbeiten oder Englischschularbeiten waren, dann war ich für beide Kinder da. Oder wenn es um die Lehrstellen ging, Bewerbungen schreiben, diese Dinge habe ich mit dem Laurenz und mit der Manuela gemacht. Alles, was mit Alltag, Realität und diesen Dinge zu tun gehabt hat."

Es geht aber nicht nur um die Ergänzung im Sachbereich, sondern auch um Problemlösungen und Entscheidungen. Ein Beispiel dafür ist, wenn Sie als Vater und Ihre Exfrau als Mutter die Entscheidung über die weiterführende Schule für Ihr Kind gemeinsam treffen. Auch nach der Scheidung müssen Sie Probleme und Chancen für Ihr Kind gemeinsam richtig erkennen und sich für die richtigen nächsten Schritte entscheiden – so wie Ernst und seine Exfrau: „Als wir zu dritt – mit dem Laurenz zusammen – entschieden haben, dass eine Kellnerlehre für ihn am besten ist, das habe ich sehr kooperativ erlebt."

Damit Ihnen und Ihrer Exfrau das gelingen kann, sind auch Fähigkeiten für den Umgang miteinander wichtig. Eine gemeinsame Aufgabe, wie die, ein Kind zu erziehen, kann nicht ohne eine gute Kommunikation bewältigt werden. Dazu gehören Fertigkeiten wie Zuhören, konstruktive Kritik zu äußern, Objektivität zu wahren, im Zweifel dem anderen Recht zu geben, Unterstützung zu leisten und die Interessen und Leistungen des anderen anzuerkennen. Erst dann ist es möglich, jederzeit bei Bedarf miteinander zu kommunizieren, wie es für Sie und Ihre Exfrau einfach notwendig ist. Für Sie als Vater gilt es immer wieder auch Kompromisse zu schließen. Gerade in der Erziehung können die Sichtweisen über die Möglichkeiten Ihres Kindes sehr unterschiedlich sein. Ernst beschreibt das so: „Immer wenn etwas angestanden ist, dann haben die Lydia und ich telefoniert. Wenn es mehr war, haben wir uns auch zusammengesetzt. Der schulische Ablauf mit unseren beiden Kindern ging gut, auch wenn wir bei der Älteren nicht immer einer Meinung waren. Die Manuela hat sich etwas schwergetan beim Lernen, doch die Lydia wollte nicht, dass sie in die Sonderschule kommt.

Da haben wir lange diskutiert, Für und Wider abgewogen. Ich habe schon gemerkt, dass es bei der Lydia an den Selbstwert gehen würde, wenn ihr Kind in die Sonderschule gehen müsste. Da habe ich mich dann gefügt. Aber wir hatten ein klares Ausstiegsszenario, wenn es doch nicht klappen sollte."

Nur wenn Sie als Vater und Ihre Exfrau als Mutter wirklich miteinander kommunizieren, können Sie gemeinsam festlegen, wer am besten für welche Aufgabe geeignet ist. Damit besiegeln Sie beide einen sozialen Vertrag, bezogen auf die gemeinsame Erziehung Ihres Kindes. Dieser nicht unbedingt festgeschriebene Vertrag leitet und festigt die Zusammenarbeit zwischen Ihnen und Ihrer Exfrau als Eltern, genau wie bei Ernst und seiner Exfrau: „Jeder von uns hat so seine Sachen gehabt, da haben wir gar nicht groß darüber geredet, das war einfach klar."

3. Die Erziehung Ihres Kindes als gemeinsames Ziel für Sie und Ihre Expartnerin

Konrad erzählt: „Meiner Exfrau und mir ist das sehr wichtig, dass unsere Kinder ihren Weg gehen. Das was Ordentliches wird aus ihnen, dass sie aufrecht hinausgehen in diese Welt." Ohne ein gemeinsames großes Ziel funktionieren Teams nicht. Doch bleibt ein großes Ziel zu vage, wird es nicht in kleine Unterziele zerlegt, verirrt sich das Team. Zum Beispiel einmal angenommen, Sie hätten ein zehnjähriges Kind. Das Erziehungsziel von Ihnen und Ihrer Exfrau lautet: „Unser Kind soll einen seinen Fähigkeiten entsprechenden Beruf ergreifen können." Nun können Sie als Vater und Ihre Exfrau als Mutter Ihren Fähigkeiten entsprechend mit Ihrem Kind so lernen, dass es in der vierten Volksschulklasse gute Noten bekommt, damit es später aufs Gymnasium gehen kann. So lernen Sie zum Beispiel als Vater mit Ihrem Kind Mathematik, während seine Mutter mit ihm schreiben und lesen trainiert. Durch dieses gemeinsame Arbeiten an den konkreten Bedürfnissen Ihres Kindes bleiben Sie und Ihre Exfrau auch nach der Scheidung Eltern. Diese direkte Art, Eltern zu sein – auch nach einer Trennung –, ist für Sie als Vater ein wichtiger Baustein Ihres Lebenssinns.

Kleinere Ziele für Ihr Kind gemeinsam erreichen zu wollen erleichtert die klare Kommunikation und konstruktive Auseinandersetzung innerhalb Ihres Eltern-Teams. Dadurch können Sie auf dem Weg zum Gesamtziel – das gemeinsame Kind gut ins Leben zu führen – immer wieder kleine Siege erringen. Diese sind von unschätzbarem Wert für den Aufbau eines gemeinsamen Engagements zwischen Ihnen als Vater und Ihrer Exfrau als Mutter und für die Überwindung von Hindernissen, die sich einem Team immer wieder in den Weg stellen.

Bezogen auf das Ziel, ihrem zehnjährigen Sohn Paul – Sie kennen ihn aus dem zweiten Kapitel – zu helfen, mehr Freunde zu gewinnen, merken seine geschiedenen Eltern, wie sehr Paul sich die feindselige Kritik angeeignet hat, die Vater und Mutter sehr oft in ihren Auseinandersetzungen anbrachten und leider immer noch anbringen. Zum Beispiel „Du bist an allem schuld!" Vater und Mutter erkennen, dass Paul es auf diese Art und Weise sehr schwer hat, Freunde zu gewinnen. Beide reden mit ihm darüber, doch vor allem ändern sie ihren destruktiven Kommunikationsstil. Paul blüht richtig auf und nach einigen Anfangsschwierigkeiten wird auch er zu den Geburtstagsfeiern von seinen Klassenkameraden eingeladen.

So wie Sie und Ihre Exfrau miteinander umgehen, sind Sie ein Vorbild für Ihr Kind, das sich daran für seinen Umgang mit anderen Menschen orientiert. Gelingt es Ihnen und Ihrer Exfrau, einander höflich zu begegnen, kann Ihr Kind diese Höflichkeit in seine Kommunikation mit anderen Menschen übernehmen.

Ihr Kind lernt nicht nur daraus, wie Sie als Vater mit ihm umgehen, sondern es orientiert sich auch an Ihnen, wie Sie mit anderen Menschen – vor allem mit seiner Mutter – kommunizieren.

Diese kleinen Teilziele und Ihr großes Ziel – Ihr Kind so gut wie möglich in diese Welt zu führen – müssen Sie und Ihre Exfrau immer wieder gemeinsam aufeinander abstimmen. Die Erreichung der kleinen Ziele hilft Ihnen als Eltern-Team, den Fortschritt zu erleben, den Sie als Eltern zuwege bringen.

4. Sie als Vater und Ihre Exfrau als Mutter handeln im gegenseitigen Einverständnis

Sie müssen sich darauf einigen, wie sie zusammenarbeiten, um Ihr Kind so gut wie möglich zu erziehen. Sie müssen sich auf eine gemeinsame Arbeitsweise festlegen, weil es sonst erlebt: Vater zieht in diese Richtung, Mutter in die andere. Dabei wird Ihr Kind innerlich zerrissen.

Die gemeinsame Vorgehensweise muss klar und konkret sein: Wer macht wann was mit dem Kind? Nur so können die gesetzten Ziele erreicht werden. So wie Ernst erzählt: „Das Miteinander-Erziehen, das ist immer korrekt abgelaufen. Wenn es unklar war, dann haben wir das ausdiskutiert. Obwohl es damals noch keine gemeinsame Obsorge gab, haben wir das damals schon gelebt, weil uns beiden klar war, das ist das Beste für unsere Kinder."

Natürlich sind nach einer Scheidung für Ihr Kind die Mutterwelt und die Vaterwelt eigene Welten. Doch es gibt darüber hinaus so viele Situationen, in denen Ihr Kind Orientierung braucht. Wie soll es mit Freunden sein, sich in der Schule verhalten, seine Interessen leben – Sportarten, Hobbys, Vorlieben? In diesen Bereichen ist es für Ihr Kind wichtig, dass seine Eltern es gemeinsam begleiten, damit es langsam seine eigene Welt entwickeln kann. Sie müssen Ihr Kind gemeinsam darin unterstützen.

Dabei spielt die Kommunikation eine wichtige Rolle. Manchmal ist es für Sie als Eltern wichtig, schnell auf anstehende Probleme Ihres Kindes zu reagieren. Dazu gibt uns Konrad ein Beispiel: „Meine Exfrau und ich telefonieren fast täglich und wenn es irgendetwas gibt, was schwierig ist, dann setzen wir uns ganz schnell zusammen und reden das aus. Der Moritz, der Ältere, der hat eine Zeit lang geglaubt, er muss bei mir auf bedrückt machen, wenn er mit dem neuen Freund von der Viktoria seinen Spaß gehabt hat. Da wollte er mich schonen. Aber weil die Viktoria und ich das sofort besprochen haben, ist uns schnell eine Lösung eingefallen. Ich habe mich mit ihrem neuen Freund zusammengesetzt und wir haben geredet, von Mann zu Mann. Moritz hat das gesehen, dem sind fast die Augen herausgefallen. Ich glaube, er hat geschnallt, wenn die zwei sogar miteinander reden, dann kann ich es bei beiden gut haben. So ist es uns gelungen, den Moritz zu entlasten und das sehr schnell aus der Welt zu schaffen."

Sie sehen: Nur wenn Vater und Mutter miteinander sprechen, können Schwierigkeiten der Kinder abgefangen werden. In Konrads Beispiel konnte durch die Kommunikation der Eltern verhindert werden, dass sein Sohn – aus dem Wunsch heraus, den Vater zu schonen – sich innerlich befangen fühlte und so seine Spontaneität verlor.

Wichtig ist, dass die Diskussionen offen sind und Mutter und Vater sich daran beteiligen, so wie bei Ernst und seiner Exfrau: „Was die Kinder betrifft, haben wir immer gut und offen miteinander reden können und sind dann immer auch zu einem guten Ergebnis gekommen. Einmal habe ich etwas nachgegeben, einmal die Lydia. Aber es war nie so, dass ich etwas, was mir wirklich wichtig war, mit ihr nicht ausdiskutiert habe."

Die gemeinsame Vorgehensweise ist dann gut, wenn sie die Fähigkeiten von Mutter und Vater optimal nutzt und stärkt und sich mit den anderen Anforderungen an sie deckt – so wie bei Ernst: „In die Erziehung hat jeder seine Stärken einbringen können, die Schwächen sind dann von dem anderen gut kompensiert worden. Wenn ich heute meine Kinder anschaue, bin ich sehr zufrieden. Beide sind ihren Weg gegangen, die Manuela hat jetzt zum ersten Mal einen festen Freund, das ist sehr schön mitzuerleben."

Sie als Vater und Ihre Exfrau als Mutter müssen die Rollen und Fähigkeiten des anderen verstehen. Meist kristallisiert sich dabei, so wie bei Ernst und seiner Exfrau, eine Rollenteilung heraus: „Ja, das haben wir gut verstanden. Da haben wir uns auch sehr gut ergänzt. Ich war meistens der Lustige, der einen Spaß mit den Kindern gemacht hat. Dem Laurenz hat das immer besonders gefallen. Die Lydia war eher die Ernsthaftere. Aber wir haben beide gewusst, dass diese Arbeitsteilung für die Kinder recht gut ist."

Doch damit Sie und Ihre Exfrau als Eltern-Team wirklich gut miteinander arbeiten können, müssen Sie beide mit Ihrem Kind echte Arbeit leisten, die über das Kommentieren, Überprüfen und Entscheiden hinausgeht. Die Gefahr, dass das nicht so läuft, liegt vor allem bei den Vätern. Es liegt auf der Hand, dass wenn Sie als Vater immer nur delegieren und nicht wirklich mit Ihrem Kind Zeit verbringen, zwischen Ihnen und Ihrem Kind keine Vater-Kind-Beziehung und mit Ihrer Exfrau kein echtes Eltern-Team entstehen kann. Doch wenn Sie engagiert mit Ihrem Kind leben, besteht diese Gefahr kaum, so wie Ernst lachend erzählt: „Echte Arbeit, die haben wir beide geleistet: schlaflose Nächte, als sie klein waren, da waren wir noch verheiratet, und später, auch so manches graue Haar. Über mangelnde echte Arbeit kann ich mich wirklich nicht beklagen."

Wahrscheinlich geht es auch bei Ihrem Kind nicht nur um Vater und Mutter. Vielleicht brauchen sie als Eltern-Team Unterstützung durch Subteams, zum Beispiel durch die Großeltern. So spielten die Großeltern auch für die Kinder von Ernst eine bedeutende Rolle: „Ja, die Großeltern waren schon sehr wichtig. Die Eltern von der Lydia haben gleich im Nebenhaus gewohnt. Da hat es viel Kontakt gegeben. Die Lydia ist ja Lehrerin und da waren die Kinder immer bei den Großeltern, wenn sie später nach Hause gekommen ist."

5. Sie als Vater und Ihre Exfrau als Mutter fühlen sich gemeinsam für Ihr Kind verantwortlich

Bevor Sie und Ihre Exfrau nicht die gemeinsame Verantwortung anerkennen, werden sie kein Eltern-Team. Neben dem gemeinsamen großen Ziel – die Erziehung Ihres Kindes – und der Handlungsweise im gegenseitigen Einverständnis ist die gemeinsame Verantwortung ein weiterer Prüfstein für Ihr Eltern-Team. Denken Sie nur an den feinen Unterschied zwischen den Aussagen „Ich bin für das Kind verantwortlich, wenn es bei mir ist, du, wenn es bei dir ist" und „Wir sind als Eltern beide für das Kind verantwortlich". Der erste Fall kann zum zweiten führen, aber ohne den zweiten gibt es kein Eltern-Team. So war es auch bei Ernst und seiner Exfrau: „Das ist für mich ein ganz wichtiger Punkt: Die gemeinsame Verantwortung. Das war für uns beide nach der Scheidung ganz klar. Das kann einer alleine nicht, da sind uns beiden die Kinder zu wichtig. Obwohl die Lydia offiziell das alleinige Sorgerecht hatte – die gemeinsame Obsorge hat es noch nicht gegeben –, war immer vereinbart: Verantwortlich sind wir beide zu gleichen Teilen." Wenn ein Elternteil im Konfliktfall ohne Absprache wichtige Angelegenheiten für das Kind auf eigene Faust entscheidet, fehlt die wechselseitige Verantwortung. Nur wenn Sie und Ihre Exfrau diese wechselseitige Verantwortung akzeptieren, können Sie gemeinsam ein Eltern-Team zum Wohl Ihres Kindes bilden.

Das aufrichtige Versprechen, miteinander das gemeinsame Kind so gut wie möglich zu erziehen, unterstreichen zwei vorrangige Merkmale des Eltern-Teams: Engagement und Vertrauen. Indem Sie und Ihre Exfrau einander versprechen, für Ihr gemeinsames Kind Verantwortung zu übernehmen, gewinnen Sie beide das Recht, zu allen Aspekten der Eltern-Teamarbeit ihre eigenen Ansichten zu äußern sowie auf faire und konstruktive Auseinandersetzungen mit Ihren Standpunkten. Indem Sie und Ihre Exfrau ein solches Versprechen einhalten, bewahren und vertiefen Sie das gegenseitige Vertrauen, auf dem jedes Team aufbauen muss. Gerhard ist ein gutes Beispiel dafür: „Meiner Exfrau und mir war es immer wichtig, dass wir gemeinsam für die Kinder da sind, auch wenn wir jetzt getrennt sind. Das ist sogar so niedergeschrieben. Wir haben die gemeinsame Obsorge. Aber egal, auch wenn es nicht niedergeschrieben wäre: Es ist so. Die Kinder brauchen Vater und Mutter 50 zu 50 – einmal den mehr, einmal den anderen."

Gegenseitige Versprechen und wechselseitige Verantwortlichkeit können ebenso wenig erzwungen werden, wie es möglich ist, einander gegenseitiges Vertrauen abzunötigen. Doch wächst die gegenseitige Verantwortlichkeit auf natürliche Weise, wenn für das große gemeinsame Ziel Energie und Arbeit investiert werden. Wenn über die eingesetzten einander ergänzenden Fähigkeiten, über die zu erreichenden Teilziele, über die gemeinsame Vorgangsweise Einigung erzielt wird. Wenn Menschen auf dem Weg zu einem gemeinsamen Ziel gemeinsam echte Arbeit leisten und diese Arbeit gegenseitig auch gesehen und anerkannt wird, dann entsteht zwangsläufig eine Verantwortung für die

Erziehung des Kindes, und zwar als Einzelperson ebenso wie als Eltern-Team. Schließlich sind für das Gelingen und das Misslingen der Erziehung Ihres Kindes Sie und Ihre Exfrau als Eltern verantwortlich – so wie Ernst es zusammenfasst: „Die Lydia und ich haben immer gesagt, wenn aus unseren Kindern nichts wird, dann haben wir beide versagt, als Eltern."

Was Sie in einem Eltern-Team nicht machen sollten

Ein Eltern-Team nach der Trennung zu bilden ist die hohe Schule der Elternschaft. Die größte Gefahr ist, dass jene Formen der Kommunikation, die wahrscheinlich auch Ihre Ehe untergraben haben, das Eltern-Team verhindern. Ich beschreibe Ihnen hier, wie Sie den sechs größten kommunikativen Gefahren für ein Eltern-Team begegnen können:

1. Ein grober Auftakt des Gesprächs

Wilfried sagt zu seiner Exfrau Lena: „Wenn du dich bei Timo einfach mehr um die Schule kümmern würdest, müsste ich meine Zeit mit ihm nicht nur für Mathelernen vergeuden." Das ist ein grober Auftakt. Er ist anklagend, Schuld zuweisend und verachtend. 96 Prozent aller Gespräche, die mit einem groben Auftakt beginnen, kommen zu keiner für beide Seiten zufriedenstellenden Lösung. Wenn Sie als Vater merken, dass Sie mit Ihrer Exfrau ein Gespräch so beginnen wollen, atmen Sie tief durch, legen den Rückwärtsgang ein und beginnen noch einmal von vorn.

2. Feindselige Kritik

Nach einer Trennung, auch wenn Sie beide mit der Trennung fertig geworden sind, gibt es in der elterlichen Beziehung immer wieder berechtigte Anlässe, sich über den anderen zu beschweren. Doch zwischen einer Beschwerde und einer feindseligen Kritik besteht ein großer Unterschied. Eine Beschwerde bezieht sich auf einen bestimmten Vorfall, bei dem einer der Eltern etwas falsch gemacht hat. Ein Beispiel für eine Beschwerde: Lena sagt zu ihrem Exmann Wilfried: „Du hast dich mit Timo um eine Stunde verspätet, bitte ruf das nächste Mal an, wenn du merkst, dass du es nicht pünktlich schaffst." Diese Beschwerde ist gleichzeitig mit einer Bitte verbunden, wie der Exmann das nächste Mal in einem ähnlichen Fall vorgehen soll. Wenn Ihre Exfrau so eine Beschwerde in ruhigem Ton vorbringt, ist die Wahrscheinlichkeit groß, dass Sie ihrer Bitte entsprechen – und umgekehrt.

Eine feindselige Kritik ist viel weitreichender. Da kommen noch ein paar giftige Bemerkungen über den Charakter und die Persönlichkeit des anderen Elternteils dazu. Ein Beispiel für feindselige Kritik: Lena keifend zu Wilfried: „Nie kann ich mich auf dich verlassen! Immer denkst du nur an dich. Ich habe dir schon tausendmal gesagt, dass du pünktlich sein musst. Du wirst schon sehen, was du davon hast!" Wenn Ihre Exfrau auf diese Art und Weise mit Ihnen spricht, ist es sehr wahrscheinlich, dass daraus ein handfester Streit wird. In dieser feindseligen Kritik ist durch die Wörter „nie" und „immer" zum einen enthalten, dass der Exmann nichts richtig macht. Zum anderen ist in dem Wort „tausendmal" verpackt, dass er nicht lernfähig ist. Garniert wird diese feindselige Kritik noch durch die Drohung „Du wirst schon sehen, was du davon hast!".

Das Problem bei dieser Form der Kritik ist außerdem, dass sie dem Ausbruch der alten Ehekonflikte Tür und Tor öffnet.

Vermeiden Sie feindselige Kritik! Wenn Sie sich berechtigterweise beschweren, bleiben Sie konkret: Wer, was, wann, wie und wo? Formulieren Sie, was Sie stört, und vermitteln Sie Ihrer Exfrau, was Sie sich in Zukunft wünschen. Dann ist die Wahrscheinlichkeit sehr groß, dass sie Ihren Wünschen entspricht. Vergessen Sie dabei nicht: Der Ton macht die Musik!

3. Verachtung

Wenn Wilfried höhnisch zu Lena sagt: „Du glaubst also wirklich, wenn du mit Timo jeden Tag eine halbe Stunde Mathe lernst, dass er dann endlich besser in der Schule wird? Das soll also das Allheilmittel sein, nachdem du bisher mit ihm schulisch rein gar nichts gemacht hast!" Sarkasmus und Zynismus sind Ausdrucksformen von Verachtung, ebenso Verfluchen, Augenrollen, Verhöhnen und respektloser, abschätziger Humor. Verachtung wirkt immer vergiftend auf eine Beziehung, da sie Abneigung ausdrückt. Für Sie ist es unmöglich, mit Ihrer Exfrau ein Problem zu lösen, wenn sie das Gefühl bekommt, dass Sie sie ablehnen. Verachtung führt zwangsläufig zum Konflikt und nicht zur Lösung eines Problems. Vermeiden Sie Verachtung! Sagen Sie stattdessen in ruhigem Ton, was Sie stört.

4. Mauern und Überflutet-Werden

Wird ein Elternteil zu ausfällig, zu kritisch und zu verachtend, beginnt der andere zu mauern und sich zurückzuziehen. Gewöhnlich mauert ein Elternteil – meist sind es die Väter –, um sich gegen das Gefühl des Überflutetwerdens zu schützen. Überflutung bedeutet, dass die Negativität des anderen – sei sie nun als Kritik oder Verachtung verkleidet – so überwältigend und so plötzlich kommt, dass sie den anderen erschüttert. Dann steigt die Gefahr, dass ein Elternteil sich Gesprächen, die für die Zukunft des Kindes wichtig sind, nicht mehr stellt. Ohne Kommunikation sind gemeinsame Verantwortung und gemeinsame Vorgehensweise für Sie als Eltern nicht möglich. Es ist dann nur eine Frage der Zeit, bis sich Ihr Kind wieder zerrissen fühlt, weil es viele Botschaften hin- und hertragen muss, die es überfordern. Eventuell wird sogar der alte Streit zwischen den Eltern über das Kind ausgetragen.

Wenn Lena also zu Wilfried sagt: „Nie kann ich mich auf dich verlassen! Immer denkst du nur an dich. Ich habe dir schon tausendmal gesagt, dass du pünktlich sein musst. Du wirst schon sehen, was du davon hast!", ist die Wahrscheinlichkeit groß, dass Wilfried zu mauern beginnt und sich zurückzieht. Setzt Lena dann noch nach: „Als Vater bist du sowieso das Allerletzte. Ich muss wohl verrückt gewesen sein, als ich mich damals mit dir eingelassen habe!", ist es sehr wahrscheinlich, dass Wilfried überflutet wird. Egal wie er reagiert, ob er Kontra gibt und der Streit – bis hin zu Handgreiflichkeiten – eskaliert oder ob er einfach das Feld räumt. Für Wilfried und Lena ist es – zumindest ohne fremde Hilfe – für die nächste Zeit unmöglich, ein Eltern-Team zum Wohl ihres Kindes zu bilden.

5. Gescheiterte Rettungsversuche

Rettungsversuche sind Bemühungen, die Eltern unternehmen, um die Spannung während eines schwierigen Gesprächs zu lösen, zum Beispiel: „Lass uns eine Pause machen", „Warte bitte, ich muss mich erst beruhigen". Rettungsversuche bremsen ab und verhindern damit das Überfluten.

Ein häufiger Grund, warum Ehen geschieden werden, sind misslungene Rettungsversuche. Wenn es Ihnen und Ihrer Exfrau als Eltern gelingt, Gespräche ohne feindselige Kritik und ohne Verachtung zu führen, sind Rettungsversuche nicht notwendig. Sollten Sie oder Ihre Exfrau jedoch wieder in abwertendes Fahrwasser geraten, brauchen Sie beide einen Rettungsring, damit es nicht zur Überflutung eines Elternteils kommt und die Gespräche abgebrochen werden. Wenn Sie merken, dass Ihr Gespräch mit Ihrer Exfrau in eine Sackgasse zu geraten droht, machen Sie einen Rettungsversuch!

Rettungsversuche

- Sag das doch bitte etwas sanfter.
- Habe ich etwas falsch gemacht?
- Ich fühle mich gerade kritisiert. Kannst du das noch etwas anders ausdrücken?
- Kann ich das zurücknehmen?
- Das hier ist wichtig für mich. Bitte hör mir zu.
- Können wir eine Pause machen?
- Ich habe überreagiert. Entschuldigung.
- Lass es mich noch einmal versuchen.
- Lass uns noch einmal von vorn beginnen.
- Ich stimme mit manchem überein, was du sagst.
- Lass uns einen Kompromiss finden.
- Ich finde, deine Meinung ergibt Sinn.
- Ich möchte das Thema wechseln.
- Wir kommen vom Weg ab.

Ob und wie ein Rettungsversuch gelingen kann, hängt sehr stark von Ihrer Persönlichkeit und von der Ihrer Exfrau ab. Sollten

Sie oder Ihre Exfrau während der gemeinsamen Elterngespräche immer wieder überflutet werden, bitten Sie einen Psychotherapeuten oder einen Mediator hinzu. Er arbeitet mit Ihnen beiden verschiedene Rettungsversuche heraus, die vom anderen Elternteil akzeptiert werden können.

6. Schlechte Erinnerungen

Geraten Ehepaare in eine Krise, beginnen sie sehr häufig die gemeinsame Geschichte so umzuschreiben, dass sie diese nur noch negativ darstellen. Selbst wenn einem aus den Fotoalben des Paares Glück und Zufriedenheit entgegenlachen, wird diese schöne gemeinsame Zeit nicht mehr so gesehen. Kommt es zu einer Trennung, verstärkt sich dieser Effekt. Es liegt auf der Hand, dass aus dem Gefühl einer total gescheiterten Ehe heraus, in der alles nur negativ erlebt wurde, keine konstruktiven Elterngespräche geführt werden können. Schauen Sie mit Wärme und Versöhnung auf die gemeinsame Zeit zurück. Dann können Sie gemeinsam mit Ihrer Exfrau Ihrem Kind als Eltern-Team gerecht werden.

Ganz konkret: In fünf Schritten zum Eltern-Team

Sie wissen jetzt, wie ein Eltern-Team funktioniert und was Sie in einem Eltern-Team nicht machen sollten. Wie können sie nun ein Eltern-Team bilden? Gehen Sie mit Ihrer Exfrau die folgenden Fragen durch. Wenn es noch zu schwierig ist, ziehen Sie einen Moderator, einen Mediator oder einen Psychotherapeuten hinzu. Setzen Sie sich mit den Fragestellungen ehrlich auseinander. Erst wenn Vater und Mutter in allen fünf Bereichen aufrichtig zustimmen können, sind sie ein Eltern-Team. Pseudoeinigungen haben keinen Wert, weil sie auf längere Zeit nicht halten und die Zusammenarbeit zwischen Mutter und Vater nur irritieren. Es ist nicht notwendig, dass Sie diese Einigung mit Ihrer Exfrau beim ersten Mal erreichen. Geben Sie einander Zeit. Halten Sie am Ende jedes Gesprächs miteinander fest, in welchen Punkten Sie sich geeinigt haben und welche noch offen sind.

Es ist völlig normal, wenn Sie mit Ihrer Exfrau nach der Scheidung so wenig wie möglich zu tun haben möchten. Ein Eltern-Team zu bilden heißt auch nicht, die Liebesbeziehung wieder aufzuwärmen. Doch Sie und Ihre Exfrau haben ein Ziel: Ihr gemeinsames Kind so gut wie möglich ins Leben zu führen. Auch wenn es sehr nüchtern klingt, betrachten Sie dieses Ziel als ein Projekt, bei dem Sie mit jemandem zusammenarbeiten müssen, den Sie nicht mehr lieben und der Sie nicht mehr liebt.

Sie müssen nicht gleich nach der Trennung mit Ihrer Exfrau ein Eltern-Team bilden. Bleiben Sie aber mit Ihrem Kind auch in der Zeit in Kontakt, in der Sie und Ihre Frau noch nicht wissen, wie Sie Ihr gemeinsames Kind erziehen können und wollen. Aber je eher Sie nach der Scheidung ein Eltern-Team bilden, umso größer sind die Entwicklungschancen Ihres Kindes.

Die fünf Schritte

Stellen Sie sich ein Eltern-Team vor wie eine Hand: Erst mit ihren fünf Fingern ist sie voll funktionstüchtig. So ist es auch beim Eltern-Team. Erst wenn alle fünf Elemente vorhanden sind, funktioniert es wirklich.

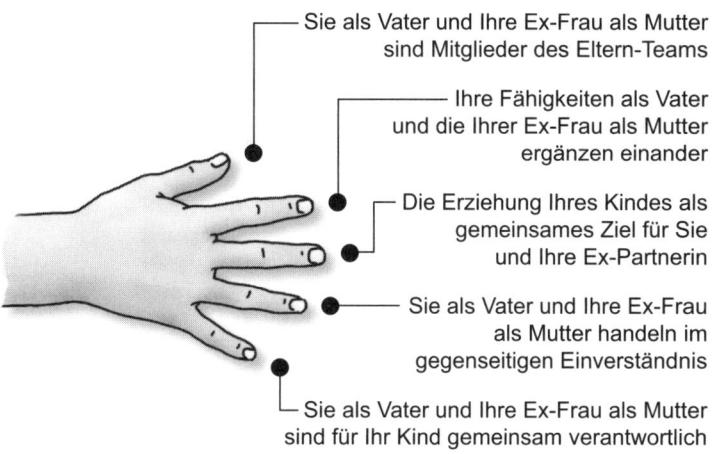

Sie als Vater und Ihre Ex-Frau als Mutter
sind Mitglieder des Eltern-Teams

Ihre Fähigkeiten als Vater
und die Ihrer Ex-Frau als Mutter
ergänzen einander

Die Erziehung Ihres Kindes als
gemeinsames Ziel für Sie
und Ihre Ex-Partnerin

Sie als Vater und Ihre Ex-Frau
als Mutter handeln im
gegenseitigen Einverständnis

Sie als Vater und Ihre Ex-Frau als Mutter
sind für Ihr Kind gemeinsam verantwortlich

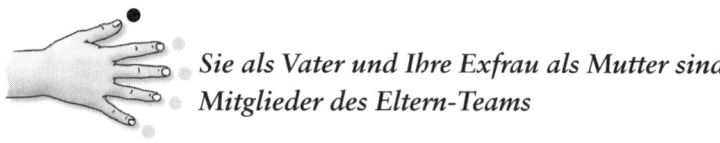

Sie als Vater und Ihre Exfrau als Mutter sind Mitglieder des Eltern-Teams

Beantworten Sie mit Ihrer Exfrau folgende Fragen:

1. Haben Sie und Ihre Exfrau beschlossen, dass Ihr Kind an erster Stelle steht?
2. Haben Sie sich darauf geeinigt, dass Ihr Kind nicht unter Ihrer Trennung leiden soll?
3. Sind Sie und Ihre Exfrau mit der Trennung fertig geworden?

Nur wenn Sie und Ihre Exfrau alle drei Fragen mit Ja beantworten können, sind Sie beide bereit, ein Eltern-Team zu bilden. Hat einer von Ihnen beiden die Trennung noch nicht akzeptiert und verarbeitet, ist es sehr schwer bis unmöglich, ein Eltern-Team zu bilden.

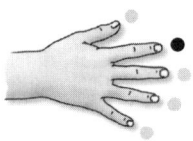 *Ihre Fähigkeiten als Vater und die Ihrer
Exfrau als Mutter ergänzen einander*

Was die einander ergänzenden Fähigkeiten von Ihnen als Vater
und Ihrer Exfrau als Mutter betrifft, gilt es zwischen Sachkenntnissen, gemeinsamen Entscheidungen und dem Umgang miteinander zu unterscheiden.

Im sachlichen Bereich beantworten Sie mit Ihrer Exfrau folgende Frage:

Wer macht was mit unserem Kind?

Hier geht es darum, dass jeder von Ihnen nach Möglichkeit
das, was er am besten kann, mit Ihrem Kind macht: Hausaufgaben, Lernen, aber auch sportliche und künstlerische Aktivitäten.
Konkretisieren Sie das nicht zu früh. Überlegen Sie gemeinsam
in Ruhe, wer was mit dem Kind am besten kann. Womöglich
sind manche Dinge schwierig zu organisieren. Doch Ihr Kind
hat das Recht, die bestmögliche elterliche Betreuung zu bekommen.

Es kann sein, dass es schwierig ist, nach der Trennung so
viel mit Ihrer Exfrau zu besprechen. Doch es geht um Ihr Kind.
Es wäre schade, wenn Ihr Kind nicht den bestmöglichen Weg
ins Leben findet, nur weil es Ihnen als Eltern nicht gelingt, diese

wichtigen Angelegenheiten ausreichend miteinander zu diskutieren und zu entscheiden. Darum ist es auch wichtig, dass Sie und Ihre Exfrau sich damit auseinandersetzen, wie Sie miteinander kommunizieren werden. Fragen Sie sich:

Wie wollen wir als Eltern-Team miteinander umgehen?

Beachten Sie dabei auch das vorangegangene Unterkapitel darüber, was Sie in einem Eltern-Team nicht machen sollten. Teilen Sie einander mit, wie Sie sich den Umgang miteinander vorstellen. Dabei ist es vorteilhaft, wenn Sie und Ihre Exfrau sich einigen, wer beginnen soll. Der andere lehnt sich dann erst einmal zurück und hört einfach nur zu. Anschließend bringt derjenige, der bisher zugehört hat, seine Wünsche vor und der andere hört zu. Versuchen Sie Ihre drei wichtigsten Grundregeln Ihrer elterlichen Kommunikation herauszuarbeiten und für verbindlich zu erklären.

Aus meiner Erfahrung kommt dem Zuhören die bedeutendste Rolle zu. Erst wenn einer fertig erzählt hat, spricht der andere. Wenn jemand noch nicht fertig ist, kann er das mitteilen: „Entschuldige, ich war noch nicht fertig." Wenn jemand unsicher ist, ob der andere fertig ist, kann er nachfragen: „Bist du fertig?"

Der zweitwichtigste Punkt sind konstruktive Vorschläge. Das heißt, beide Elternteile müssen aufhören, dem anderen – was bei geschiedenen Paaren oft reflexartig geschieht – die Schuld für alles und jedes zu geben. Ihr gemeinsames Kind so gut wie möglich ins Leben zu führen ist ein Zukunftsprojekt. Sie können nur die Gegenwart und die Zukunft Ihres Kindes gemeinsam gestalten, nicht mehr die Vergangenheit. Ein konstruktiver Vorschlag ist zum Beispiel: „Wenn ich mit Thomas am Dienstagnachmittag Mathematik lerne, kannst du mit ihm am Abend etwas Angenehmes machen, damit sich der Stoff setzen kann. Für diesen Tag hat er dann genug für die Schule gemacht." Nur wenn sich beide an Vereinbarungen halten, kann das Eltern-Team erfolgreich sein. Sonst löst es sich über kurz oder lang auf.

Drittens: Beide Elternteile müssen bei diesen Gesprächen immer wieder die Elternebene von der Paarebene trennen. Beim Zusammensein mit dem Expartner kommen diese Ebenen immer wieder durcheinander. Sie beweisen Größe, wenn es Ihnen gelingt, es anzunehmen, wenn Ihre Exfrau Ihnen mitteilt, dass es jetzt nicht um Sie als Paar, sondern um Ihre elterliche Erziehungsaufgabe geht.

> **Tipp**
>
> Stellen Sie sich ein rotes Lämpchen im Kopf vor, das immer dann aufleuchtet, wenn Sie von der Elternebene in die Paarebene ableiten – oder einen kleinen Mann im Ohr, der Ihnen das sagt.

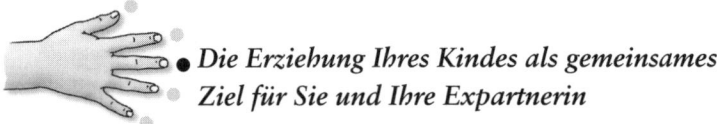 *Die Erziehung Ihres Kindes als gemeinsames Ziel für Sie und Ihre Expartnerin*

Die Liebesbeziehung mit Ihrer Exfrau ist vorbei. Die gemeinsame Aufgabe, Ihr Kind so gut wie möglich zu erziehen und ins Leben zu führen, ist geblieben. Diese wird in den wenigsten Fällen vom Vater oder von der Mutter infrage gestellt. Schwieriger wird es wahrscheinlich dann, wenn Sie und Ihre Exfrau diese große Aufgabe in kleine Unterziele zerlegen müssen. Gehen Sie als Eltern dabei folgenden Fragen nach:

- Was steht für unser Kind in der nächsten Zeit an, damit es sich bestmöglich entwickeln kann?
- Wie können wir es als Eltern-Team dabei so gut wie möglich unterstützen?

Hier geht es zum Beispiel um Landschulwochen, Skikurse, Schulwahl, Berufswahl. Erstellen Sie erst einmal eine Liste, was es in der nächsten Zeit und was es langfristig für Ihr Kind gemeinsam zu entscheiden gibt. Passen Sie auf, dass Sie und Ihre Exfrau nicht sofort zu diskutieren beginnen, sondern erst einmal nur festhalten, was es zu entscheiden und zu lösen gilt. Viele Dinge müssen Sie auch nicht sofort entscheiden. Setzen Sie sich auch mit Ihrem Kind darüber auseinander und holen Sie Informationen ein, die Sie gemeinsam mit Ihrer Exfrau durcharbeiten.

Nur wenn Sie als Eltern-Team diese Unterziele erreichen, kann die große Aufgabe gelingen. Können Sie gemeinsam eines dieser Unterziele erreichen, erleben Sie sich als Eltern-Team erfolgreich und sind motiviert, weiter miteinander zu arbeiten – so wie Ernst und seine Exfrau: „Als die Manuela, unser Sorgenkind, den Hauptschulabschluss geschafft hat, da sind meiner Exfrau und mir richtige Felsbrocken vom Herzen gefallen. Wir haben uns da – trotz Scheidung – so richtig als erfolgreiche Eltern gefühlt. Meine Exfrau hat dann zu mir gesagt: ‚Wenn wir das geschafft haben, dann kriegen wir das mit dem Beruf für die Manuela auch noch hin.‘"

Tipp

Wenn Sie sich mit Ihrer Exfrau nicht darüber einigen können, welches denn das nächste Teilziel sein könnte, schlüpfen Sie einmal beide in die Rolle Ihres Kindes. Meist wird dann schlagartig klar, was für Ihr Kind ansteht.

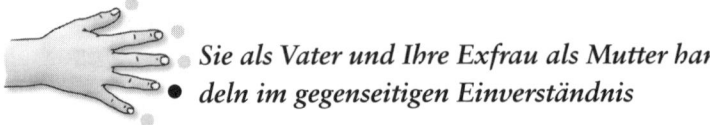

Sie als Vater und Ihre Exfrau als Mutter handeln im gegenseitigen Einverständnis

Sie haben jetzt als Eltern-Team bestimmt, wer was mit Ihrem Kind macht. Sie haben miteinander ausgehandelt, wie Sie dabei kommunizieren wollen, und Sie haben festgelegt, welche konkreten Schritte für Ihr Kind anstehen, damit es so gut wie möglich ins Leben hinausgehen kann. Jetzt geht es darum, Ihre gemeinsame Arbeitsweise zu klären. Sie und Ihre Exfrau sollten sich mit folgender Frage auseinandersetzen:

Wie arbeiten wir als Eltern-Team zusammen?

Legen Sie ganz klar fest: Wer macht was, wann mit unserem oder für unser Kind? Für jene Bereiche, für die Sie als Vater und Ihre Exfrau als Mutter gemeinsam verantwortlich sind – zum Beispiel den Schulbereich –, legen Sie ebenso genau fest, wer sich wann worum kümmert. So können Sie zum Beispiel zu Ihrer Exfrau sagen: „Am Samstag lerne ich mit Paul für die Mathematikschularbeit. Ich gehe mit ihm noch einmal die Textgleichungen durch. Zuerst lasse ich ihn ganz allein rechnen – so wie in der Schularbeit eben – und dann gehen wir den Lösungsweg gemeinsam durch. Kannst du die Bruchrechnungen mit ihm üben?"

Damit ist nicht gemeint, dass sie einander vorschreiben sollen, wie Dinge mit Ihrem Kind gemacht werden müssen. Doch es geht um gegenseitige Informationen und darum, dass zu viele unterschiedliche Vorgehensweisen – zum Beispiel beim Lernen – Ihr Kind verwirren könnten. In anderen Bereichen – zum Beispiel in der Freizeit – ist es sogar gut, wenn Ihr Kind ganz verschiedene Zugangsmöglichkeiten erlebt. So wie Lena immer schwärmt, dass es mit dem Papa beim Snowboardfahren eher abenteuerlich ist und mit der Mama beim Skilanglaufen eher gemütlich. Beides mag sie: den Nervenkitzel und die Gemütlichkeit, „bei der man mit der Mama so schön plaudern kann".

Natürlich können nicht alle Eventualitäten besprochen werden. Es empfiehlt sich für Ihr Eltern-Team zu vereinbaren, bei Unvorhergesehenem so schnell wie möglich miteinander zu telefonieren. So berichtet Gerhard: „Ich habe mit meiner Exfrau vereinbart, dass immer wenn etwas unklar ist, wir sofort miteinander telefonieren. Die meisten Schwierigkeiten haben wir bisher rechtzeitig klären können, bevor sie die Kinder belasten. Grundsätzlich haben wir gut vereinbart, wer was mit den Kindern macht. Natürlich tut sie mehr als ich, weil sie die Kinder auch viel länger hat. Aber auch bei mir gibt es für sie nicht nur Halligalli. Mit dem Maximilian gehe ich jetzt den Text für sein Theaterstück durch, mit der Lena lerne ich Physik, das hat sie dieses Jahr zum ersten Mal. Die Julia, die ist 17, mit der gehe ich manchmal shoppen, aber da geht es mehr um die gemeinsame Zeit, weil so viel Geld habe ich gar nicht."

Tipp

In Eltern-Teams bewährt es sich, wenn kurz schriftlich festgehalten wird: Wer macht wann was mit dem Kind? Was braucht er vom anderen Elternteil dazu? Legen Sie aber auch fest, wie Sie miteinander kommunizieren und zusammenarbeiten werden. Behalten Sie mit Ihrer Exfrau dabei immer folgende Frage im Auge: Ist unser Vorgehen für die Entwicklung unseres Kindes förderlich oder verstärkt es seine Zerrissenheit?

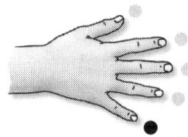 *Sie als Vater und Ihre Exfrau als Mutter sind für Ihr Kind gemeinsam verantwortlich*

Beantworten Sie mit Ihrer Exfrau gemeinsam folgende Frage:

Fühlen wir uns für unser Kind gemeinsam verantwortlich?

Eine einfache Frage, deren Bejahung große Auswirkungen hat. Wenn Sie und Ihre Exfrau Ja zu einer gemeinsamen Verantwortung sagen, dann heißt das auch, den anderen in den wichtigsten Angelegenheiten auf dem Laufenden zu halten. Es räumt Ihnen beiden das Recht ein, die eigenen Ansichten über alle Aspekte der Erziehung des Kindes einzubringen und sie fair und konstruktiv zu diskutieren. Vor allem bedeutet es, miteinander zu entscheiden. Aber nur wenn Sie beide diese Rechte haben und auch die Pflicht wahrnehmen, sich mit den Ansichten des anderen Elternteils auseinanderzusetzen, kann sich in Ihrem Eltern-Team jenes Engagement und Vertrauen entwickeln, das für Ihr Kind die bestmögliche Entwicklung gewährleistet. In meiner psychotherapeutischen Praxis höre ich leider oft: „Mitreden darf ich nicht, was soll ich mich da groß engagieren?"

Für geschiedene Eltern hat sich die gemeinsame Obsorge bewährt, weil darin die gemeinsame Verantwortung rechtlich festgeschrieben ist.

Tipp

Übernehmen Sie mit Ihrer Exfrau gemeinsam die Verantwortung für Ihr Kind. Damit gewährleisten Sie, dass Ihr Kind sich bestmöglich entwickeln kann. Betrachten Sie die Erziehung Ihres Kindes als ein Zukunftsprojekt, bei dem Sie mit jemandem zusammenarbeiten müssen, den Sie nicht mehr lieben und der Sie nicht mehr liebt.

Um die gegenseitige Liebe geht es jedoch nicht mehr, sondern um die Erziehung Ihres Kindes. Für ein Paar ist es schon schwierig genug, ein Kind gut in die Welt zu führen. Für nur einen Elternteil stellt es schlicht eine Überforderung dar. Die wechselseitige Verantwortung entlastet Sie als Vater und Ihre Exfrau als Mutter.

Wenn es Ihnen gelingt, mit Ihrer Exfrau zum Wohl Ihres Kindes ein Eltern-Team zu bilden, dann ist gewährleistet, dass Ihr Kind nach der Trennung ohne Zerrissenheit zwischen der Vaterwelt und der Mutterwelt hin- und hergehen kann. Es kann sich in beiden Welten wohlfühlen und sich trotz der Trennung seiner Eltern gut entwickeln. Diese Entwicklung können Sie in der nachfolgenden Grafik erkennen:

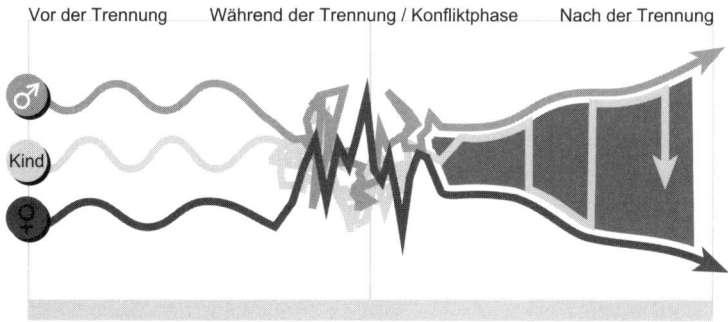

Grafik 5.4: Beziehung und Bindung des Kindes zu den Eltern

Vielleicht ist es für Sie nicht leicht, mit Ihrer Exfrau ein Eltern-Team zu bilden. Erzwingen Sie es nicht. In vielen Gesprächen mit geschiedenen Vätern und Müttern hat sich herauskristallisiert, dass es oft Jahre dauert, bis so ein Eltern-Team mit allen fünf notwendigen Bestandteilen entsteht. Erst wenn beide Eltern mit der Beendung ihrer Liebesbeziehung fertig geworden waren und wenn beide das Wohl des Kindes wieder in den Mittelpunkt stellen konnten und wollten, war es den geschiedenen Eltern möglich, wirklich ein Eltern-Team bilden. Beides braucht seine Zeit. Geben Sie nicht auf, wenn nicht alles sofort klappt!

Wenn Sie mit Ihrer Exfrau gut elterlich zusammenarbeiten oder vielleicht sogar ein Eltern-Team bilden, schaffen Sie die besten Voraussetzungen, um mit Ihrem Kind eine gute Vater-Kind-Welt zu schaffen. Doch wie soll so eine Vater-Kind-Welt aussehen, was braucht Ihr Kind von Ihnen als Vater? Das erfahren Sie im nächsten Kapitel.

6. Was Ihr Kind jetzt von Ihnen braucht: die Vaterpyramide

Bernhard, ein zwölfjähriger Junge, dessen Eltern seit eineinhalb Jahren geschieden sind, sitzt bei mir in der Praxis. Auf mich wirkt er sehr bedrückt. Sein Vater hat ihn bei mir angemeldet, weil seine Schulleistungen immer schwächer wurden und weil er seit der Scheidung nicht mehr der Alte ist. Ich bitte Bernhard, für sich selbst, für seine Mutter und für seinen Vater je ein Symbol aus Ton zu formen. Er modelliert für sich selbst einen Jungen mit ganz, ganz langen Armen. Für Mutter und Vater formt er jeweils einen Piranha. Während der Junge mit dem Ton arbeitet, wird er lebendiger, als würde eine Art Starre von ihm abfallen. Auf einem großen Blatt Papier legt er sich selbst in die Mitte. Mutter Piranha zieht an seinem linken Arm, Vater Piranha zieht an seinem rechten Arm, beide Piranhas beginnen ihn langsam aufzufressen. Während Bernhard mir das zeigt und erklärt, wirkt er traurig, aber auch gelöst, wohl weil er endlich ein Gegenüber hat, dem er seine Not aufzeigen kann, ohne auf Vater oder Mutter Rücksicht nehmen zu müssen. Eindrucksvoller kann ein Kind Zerrissenheit kaum ausdrücken.

Im Herzen des Kindes wohnen Vater und Mutter. Wenn sie sich trennen, bricht auch das Herz des Kindes entzwei. Vielleicht merken Sie es nicht, weil Sie selbst so stark im Streit mit Ihrer Partnerin gefangen sind. Häufig verhalten die Kinder sich unauffällig, wenn es den Erwachsenen nicht gut geht. Sie geben ihr Bestes und lassen sich ihren Schmerz, ihr Leid, vor allem ihre Zerrissenheit nicht anmerken. So erging es auch Bernhard. Erst nach eineinhalb Jahren setzte er Zeichen: die Schulleistungen und seine Lebendigkeit ließen nach. Und erst jetzt war es seinem Vater möglich, dies wahrzunehmen, wohl weil er selbst den schwierigsten Teil seiner Krise, die eine Scheidung meist mit sich bringt, bewältigt hatte.

Damit das Herz Ihres Kindes wieder heilen kann, braucht es die Sicherheit, dass beide Elternteile weiterhin für es da sind. Es braucht die Mutter-Kind-Welt und die Vater-Kind-Welt. Das sind die Mindestanforderungen, weil die Vater-Mutter-Kind-Welt für Ihr Kind durch die Scheidung endgültig verloren gegangen ist. Oft können Kinder ihre Gefühle erst dann wieder ausdrücken und wird erst dann ihr Schmerz erkannt, wenn sich ihr soziales Netz – Vater, Mutter, Großeltern, Verwandte und Freunde – wieder beruhigt hat.

Die von mir entwickelte Vaterpyramide stellt die Merkmale, die einen guten Vater ausmachen, systematisch dar und beschreibt sie. Mithilfe dieser Merkmale erfahren Sie in diesem Kapitel, was ein Kind von seinem Vater für eine gute Entwicklung braucht. In der Scheidungs- und Nachscheidungszeit benötigt Ihr Kind von Ihnen das Gleiche wie jedes andere Kind in bestimmten Entwicklungsphasen. Nur ist es in der Scheidungssituation und nach der Scheidung für Väter manchmal schwieriger, ihm das zu geben. Die Fragen nach jedem Abschnitt sollen Ihnen helfen, die Grundfaktoren einer guten Väterlichkeit auch im Falle einer Scheidung nicht aus den Augen zu verlieren.

Damit Ihr Kind sich entwickeln kann: Zuneigung

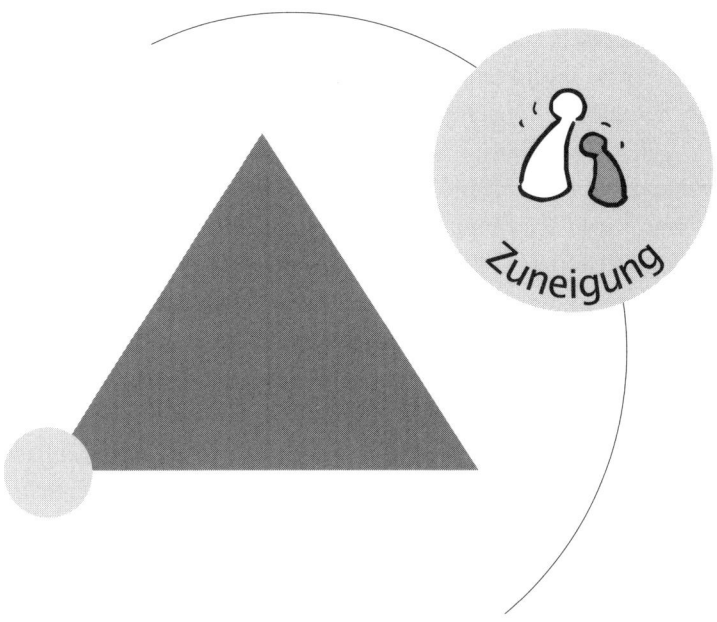

Grafik 6.1

Der 42-jährige Johann bringt seinen 3-jährigen Sohn Michael jeden Abend zu Bett. Dem geht jeweils ein Ritual von gegenseitigem Umarmen – „große Bärenumarmung" – Nasereiben und Kuscheln voraus. Sie sehen an diesem Beispiel, wie Vater und Sohn einander Ihre Zuneigung ausdrücken können.

Jedes Kind braucht die Zuneigung seines Vaters. Es muss erleben, wie er sich ihm zuwendet, wie er es hält, liebkost, zärtlich zu ihm ist, wie er sich freut, wie er innerlich jubiliert, weil es sein Kind gibt. Das Kind braucht auch das Gefühl, dass der Vater es als eigenständigen Menschen, als Persönlichkeit anerkennt. Babys, Kinder und auch Jugendliche wecken in ihren Vätern oft sofort das Gefühl der Zuneigung. Zeigen Sie Ihrem Kind Ihre Zuneigung! Dazu gehören liebevolle Blicke, Körperkontakt, einander anzulächeln, miteinander zu lachen, einfach liebevolles Miteinandersein. Gibt es zwischen Ihnen und Ihrem Kind Rituale wie zwischen Johann und Michael? Wenn nicht, ist es nie zu spät, miteinander welche zu erfinden.

In der Scheidungsphase, in der die Auseinandersetzung mit der Expartnerin meist am härtesten geführt wird, sind Väter sehr oft innerlich so absorbiert, so wütend auf die Expartnerin, dass sie ihr Herz verhärten und dann Ihren Kindern nicht die Zuneigung geben können, die diese brauchen. Damit Sie Ihrem Kind auch in der Scheidungsphase genügend Zuneigung entgegenbringen können, ist es für Sie wichtig, zwischen dem Konflikt mit Ihrer Expartnerin und der Beziehung zu Ihrem Kind zu unterscheiden. Das ist nicht immer leicht. Oft sind Männer in der Scheidungsphase innerlich so verletzt, dass ihnen diese Unterscheidung nicht mehr gelingt. Ihr Kind hat auch in dieser schwierigen Zeit das Recht, von Ihnen wahrgenommen zu werden. Ein Vater muss einsehen, dass sein Kind mit den Streitigkeiten zwischen seinen Eltern nichts zu tun hat, weil es daran auch nicht schuld sein kann. Was immer Ihre Frau Ihnen auch angetan hat, Ihr Kind ist daran schuldlos, es ist allenfalls ein Spielball Ihres Scheidungskonfliktes.

Wenn Sie Ihr Kind mit Ihren väterlichen Augen betrachten, werden Sie auch zu Ihrer Liebe und Zuneigung zurückfinden. Das ist für Ihr Kind und auch für Sie als Vater wichtig. Manchmal ist es schwierig, diese Zuneigung für sein Kind zuzulassen, weil Hass und Liebe nicht gleichzeitig im Herzen wohnen können. Vielleicht gelingt es Ihnen, den Hass auf Ihre Partnerin ein Stück weit zur Seite zu schieben, damit die Zuneigung für Ihr Kind wieder Platz bekommt.

Schlecht für Sie als Vater und für Ihr Kind sind Äußerungen und Gedanken wie: „Wenn meine Frau mich nicht mehr will, dann will ich auch mit den Kindern nichts mehr zu tun haben." Das ist verständlich, aber auf Dauer schaden Sie damit nicht nur Ihrem Kind, sondern auch sich selbst, weil Sie dem Kind seinen Vater vorenthalten und sich selbst einer der wichtigsten männlichen Entwicklungsmöglichkeiten berauben, nämlich der, Vater zu sein. Auch Reaktionen wie „Mir ist sowieso alles egal", also sich innerlich hart zu machen, können ein Schutz sein, um den Schmerz nicht zu spüren. Das ist auch legitim, nur verhindert diese Haltung ebenfalls, dass Sie Ihrem Kind gegenüber Zuneigung zeigen.

Wenn Sie die folgenden Fragen einmal in Ruhe für sich beantworten, können Sie erkennen, inwieweit Sie Ihrem Kind die notwendige Zuneigung geben. Gelingt Ihnen das zurzeit nicht so gut, richten Sie bitte Ihre Aufmerksamkeit vor allem darauf. Es gibt keine fertigen, für alle gültigen Lösungen. Die von mir entwickelten Fragen sollen Ihnen helfen, Ihre Situation zu überdenken und selbstständig Lösungen zu entwickeln.

Fragen an Sie zum Thema Zuneigung

- Gelingt es Ihnen, an Ihr Kind zu denken, ohne gleich den Streit mit Ihrer Expartnerin im Kopf zu haben?
- Können Sie Ihr Kind einfach wahrnehmen? Hat es sich in der letzten Zeit verändert? Was mögen Sie an Ihrem Kind, womit haben Sie Schwierigkeiten? Können Sie Ihre Zuneigung zu Ihrem Kind spüren?
- Wie drücken Sie Ihre Zuneigung Ihrem Kind gegenüber aus?

Damit Ihr Kind nicht ins Leere fällt: Vertrauen

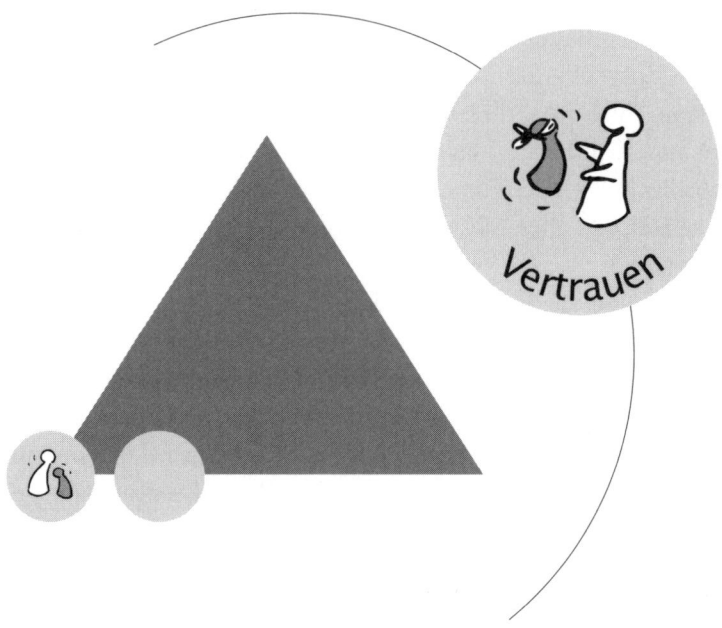

Grafik 6.2

Ludmilla, ein dreijähriges Mädchen, liebt es, oben vom Stockbett mit einem lauten Freudenschrei in die Arme ihres Vaters zu springen. Von Geburt an hält der Vater das Baby hoch. Es spürt den Halt und fühlt sich gleichzeitig frei. Das Kind kann dies ohne Angst genießen, denn es weiß, dass sein Vater es halten wird. Dabei lernt es ihm zu vertrauen. Wenn es ihm vertraut, kann es blind in seine Arme fallen, springen oder stürzen. Das Kind muss darauf vertrauen können, dass sein Vater da ist, wenn es ihn braucht. Indem Sie dafür sorgen, dass Ihr Kind Ihnen vertrauen kann, legen Sie die Basis für das Vertrauen Ihres Kindes in sich selbst und in die Welt, auch später als Erwachsener.

Achten Sie in der Scheidungsphase besonders darauf, dass große Auseinandersetzungen zwischen Ihnen als Paar oder gar Tätlichkeiten nicht vor Ihrem Kind stattfinden. Es besteht sonst die Gefahr, dass es das Vertrauen zu Ihnen beiden verliert. Für das Kind kann das Vertrauen zu den Eltern sehr zu Schaden kommen, wenn es miterleben muss, wie die liebsten Menschen, die es kennt, sich gegenseitig „zerstören". Außerdem belasten Streit und Konflikte zwischen den Eltern die Kinder sehr, auch wenn sie sich das vielleicht nicht anmerken lassen. Der 13-jährige Martin erzählt zum Beispiel: „Also, es ist da schon öfter zu Auseinandersetzungen gekommen. Ich kann mich noch erinnern, wie ich unter dem Tisch gesessen bin, weil ich so Angst gehabt habe. Ich habe mir die Ohren zugehalten und habe mir gedacht, wann hören die endlich auf zu streiten."

Damit das Vertrauen, das Ihr Kind zu Ihnen aufgebaut hat, auch in der schwierigen Scheidungsphase erhalten bleibt, ist es für Ihr Kind notwendig, Sie als Vater jederzeit erreichen zu können. Geben Sie ihm auf jeden Fall Ihre Handynummer. Darüber hinaus ist es vor allem für kleinere Kinder hilfreich, vom Vater einen Gegenstand – zum Beispiel ein Kuscheltier, einen Schlüsselanhänger usw. – zu haben, der für sie den Vater und damit auch das Vertrauen in ihn symbolisiert. Die dreijährige Bettina hat zum Beispiel den kleinen braunen Stoffbären mit den großen blauen Augen, den ihr Vater ihr zum Geburtstag geschenkt hat, zum Lieblingskuscheltier auserkoren. Bettina nennt ihn liebevoll Nana. Bettina und Nana sind unzertrennlich. Ist Nana für eine Weile nicht auffindbar, gerät Bettina beinahe in Panik. Sie führt richtige Gespräche mit Nana und baut Nana auch in ihr Spiel mit Puppen und anderen Spielsachen ein. Nana hilft Bettina die kurzfristige Abwesenheit ihrer Eltern zu ertragen, weil

Nana diese auch für sie verkörpert. Diese Lieblingskuscheltiere und Lieblingsspielsachen stellen für die Kinder Übergangsobjekte dar, die es ihnen ermöglichen, sich langsam von den Bezugspersonen loszulösen. Sie können dem Kind zwar von Erwachsenen – meist von den Eltern – geschenkt, also angeboten werden, auserwählen muss sie aber das Kind.

Haben Sie Ihre Scheidung überstanden, sollten Sie überlegen, wie Sie das Vertrauen Ihres Kindes weiter auszubauen beziehungsweise das verloren gegangene Vertrauen wieder zurückgewinnen können. Meist gibt es veränderte Örtlichkeiten, vielleicht haben Sie auch eine neue Wohnung. Diese gilt es mit Ihrem Kind zu erkunden und ihm dort – auch wenn es oft räumlich beengter ist als das gewohnte Zuhause – einen Platz einzuräumen, an dem es auch einen Teil seines Spielzeugs unterbringen kann, einen Teil seiner Kleidung, seine eigene Zahnbürste. So wartet schon immer etwas auf Ihr Kind und es bildet sich auch bei Ihnen eine Heimat für es.

Wahrscheinlich werden Sie und Ihr Kind vieles neu definieren müssen. Es werden sich neue Gewohnheiten herausschälen, wie zum Beispiel das Umbauen der Couch, damit Ihr Kind gut schlafen kann. Greifen Sie aber auch auf Altes, Bewährtes zurück, auf gemeinsame Spiele, Rituale, Geschichten und Aktivitäten. Bauen Sie mit Ihrem Kind die Vater-Kind-Welt neu auf, damit Sie beide gut miteinander leben und Spaß haben können. Es gilt zusammen zu lachen, aber auch zu weinen. So schaffen Sie eine neue Basis des Vertrauens, die sich aber nur dann entwickeln kann, wenn es in der Vater-Kind-Beziehung eine bestimmte Konstanz und Regelmäßigkeit gibt.

Damit die Beziehung zu Ihrem Kind nicht versandet: gemeinsame Zeit

Grafik 6.3

Die fünfjährige Karoline und ihr Vater haben fixe Spielzeiten. Karoline freut sich immer auf diese gemeinsame Zeit und sie bereitet schon sehr früh vor, was sie mit ihm spielen will. Sie nimmt diese Zeit selbstverständlich in Anspruch und rechnet mit ihr.

Ihr Kind braucht gemeinsame Zeit mit Ihnen. Natürlich bestimmt die Qualität der gemeinsamen Zeit die Beziehung zu Ihrem Kind, aber ohne ein Mindestmaß an Zeit kann sich diese Qualität und damit auch die Beziehung zu Ihrem Kind nicht entwickeln. Es ist nicht wichtig, wie Sie die Zeit gemeinsam verbringen; es gilt Spaß zu haben, sich miteinander zu freuen, aneinander zu erfreuen. Es gilt aber auch mit Ihrem Kind einen väterlichen Alltag zu leben. Grundsätzlich sollte ein Vater seinem Kind eine Stunde am Tag widmen, das kann sich bei Jugendlichen auf eine halbe Stunde am Tag reduzieren. Am Wochenende braucht das Kind mehr Zeit mit seinem Vater, zwei bis drei Stunden pro Tag würden ihm guttun.

Während der Scheidungsphase ist es wichtig, dass es trotz der Schwierigkeiten der Eltern noch gemeinsame Zeit zwischen Vater und Kind gibt. Wenn es irgendwie möglich ist, sollte der Vater zumindest am Wochenende zwei, drei Stunden mit seinem Kind verbringen. Oft empfiehlt es sich, diese Stunden außerhalb des Zuhauses zu verbringen, um der konfliktreichen Atmosphäre dort zu entgehen. Oder die Expartnerin hält sich zu dieser Zeit außerhalb des Hauses auf. Sonst besteht die Gefahr, dass der Konflikt zwischen den Eltern sofort wieder aufbricht und die Zeit nicht mit und für das Kind genutzt werden kann. Manchmal wird versucht, während der Scheidungsphase den Vater „wegzusperren", damit das Kind „zur Ruhe kommen kann".

Michi zieht sich zurück

Der 36-jährige Franz ist gerade dabei, sich von seiner Frau Hannelore zu trennen. In dieser Phase hat sein fünfjähriger Sohn Michi
seinen Vater seit sechs Wochen nicht mehr gesehen. Der Vater hätte
gerne, dass Michi auch bei ihm übernachten darf. Die Mutter
verweigert dies, weil sie meint, dass Michi erst einmal zur Ruhe
kommen soll, und Übernachten beim Vater erst ab dem Schulalter
sinnvoll sei. Michi wird im Kindergarten immer stiller und zieht sich
immer mehr zurück. Erst als Michis Kindergärtnerin seine Mutter
auf seine Verhaltensänderung anspricht, wird der Mutter klar, dass
Michi seinen Vater sehr stark vermisst. In einem Elterngespräch
bei mir in der Praxis klären Franz und Hannelore, wie Besuchskontakte des Vaters mit Michi gehandhabt werden können – auch
mit Übernachten. Nach einigem Hin und Her, die beiden stecken
mitten im Scheidungskampf, einigen sie sich zum Wohl von Michi
darauf, dass der Vater ihn alle 14 Tage Michi zu sich holen kann,
inklusive Übernachten. In der Woche, in der Michi nicht bei Franz
übernachtet, holt er ihn freitags vom Kindergarten ab und bringt
ihn gegen 16 Uhr wieder zur Mutter. Michi ist zwar traurig darüber,
dass die Eltern sich scheiden lassen, er hat aber jetzt die Sicherheit,
dass sowohl seine Mutter als auch sein Vater sich um ihn kümmern.
So kann er sich insgesamt entspannen und muss sich nicht mehr so
stark zurückziehen. Im Kindergarten ist er fast wieder so aufgeweckt
wie früher.

Achten Sie darauf, dass Ihr Kind genau weiß, wann es bei Ihnen und wann es bei der Mutter ist. Nur so kann es sich auf
die neue Situation nach der Scheidung einstellen. Ein Kleinkind
muss wissen, dass es nach „noch zweimal Schlafen" wieder
zum Vater gehen darf, ein Kind muss wissen, dass es nächsten
Mittwochnachmittag wieder beim Vater ist. Nichts ist für ein
Kind schlimmer als das Angebot „Du kannst kommen, wann
du willst" und zwar deswegen, weil das Kind entscheiden muss,
wen es gerade lieber hat. Das ist der Nährboden, auf dem seine
innere Zerrissenheit gedeiht und der dazu beiträgt, dass es zwischen den Eltern – damit leider meist auch sonst im Leben – die
Orientierung verliert.

Am besten hat sich ein immer gleich bleibender Rhythmus bewährt, zum Beispiel alle 14 Tage: Freitag, 15:00 Uhr, bis Sonntag, 16:00 Uhr. Es gilt aber zu bedenken, dass Kinder einen anderen Zeitbegriff als Erwachsene haben. Vor allem für Kinder unter zwölf Jahren ist es wichtig, zwischen diesen 14 Tagen einen zusätzlichen Tag oder zumindest Nachmittag mit dem Vater zu verbringen. Je klarer die Vereinbarung ist, umso weniger muss Ihr Kind sich damit auseinandersetzen, wann es bei wem sein will, wen es gerade mehr lieb hat. So verringert sich seine innere Zerrissenheit und es kann wieder ganz ins Hier und Jetzt finden. So verschwinden meist auch die Konzentrationsprobleme in der Schule.

Damit Ihr Kind weiß, wann es bei wem ist, kann ein „Papakalender" gute Dienste leisten. Er sollte im Kinderzimmer und bei der Mutter gut sichtbar aufgehängt sein und die Tage, an denen Ihr Kind bei Ihnen ist, sollten – eventuell mit einer eigenen Farbe – speziell als „Papatage" markiert sein.

Regeln Sie mit Ihrer Expartnerin auch die Feiertage und die Ferien des Kindes so, dass währenddessen ausreichend gemeinsame Zeit für Vater und Kind zur Verfügung steht. Gut ist es, dies früh genug mit Ihrer Expartnerin zu planen, damit Ihr Kind und auch Sie sich gut auf diese Zeit einstellen und darauf vorbereiten können. Vorfreude tut sowohl Ihnen als Vater als auch Ihrem Kind gut. Durch klare, kindgerechte Besuchszeiten können sich wieder Kontinuität, Stabilität und Sicherheit zwischen Ihnen und Ihrem Kind entwickeln.

Damit Ihr Kind sich sicher fühlen kann: verlässliche Grenzen

Grafik 6.4

Für Ihr Kind verkörpern Sie Sicherheit. Sie sind das Seil für Ihr Kind, mit dem es den Berg „Leben" erkunden kann. Es gilt männliche Abenteuer mit Ihrem Kind zu leben, aber immer mit einem Sicherheitsseil. Sie sind der Bergführer, der Seilführer, der voranklettert. Sie treiben den Sicherheitshaken in die Felswand. So lernt ihr Kind klettern. Wenn es abstürzt, hängt es an Ihrem Seil. So erlernt es unbeschadet die Kunst des Kletterns, zuerst in einem Klettergarten, dann an den wirklichen Felswänden des Lebens. Sie tragen eine Verantwortung Ihrem Kind gegenüber, eine männliche, väterliche Verantwortung. Zu dieser Verantwortung und Verlässlichkeit gehören auch eine gewisse Regelmäßigkeit und Kontinuität in der Vater-Kind-Beziehung. Das umfasst Abmachungen und Regeln einzuführen und diese einzuhalten.

Damit Sie dieser Verantwortung gerecht werden, ist es notwendig, Grenzen zu setzen. Einerseits zum Schutz des Kindes – beispielsweise lassen Sie sicher nicht ein Kleinkind einfach über die Straße laufen –, andererseits, damit es Gut von Böse unterscheiden lernt, damit es lernt, was in dieser Welt möglich ist und was nicht. Das ist Ihre väterliche Verantwortung, eine Aufgabe des Abenteuers „Vatersein".

Patricks Fahrradprüfung

Patrick – zehn Jahre alt – bereitet sich gerade auf den Fahrradführerschein vor. Sein Vater Peter hilft ihm dabei. Patrick ist gar nicht begeistert, weil er am liebsten so fahren möchte, wie er will. Geduldig erklärt sein Vater ihm, warum zum Beispiel die Vorfahrtregeln wichtig sind. Da fällt Patrick ein, dass vor wenigen Wochen ein Junge aus seiner Klasse beim Fahrradfahren von einem Moped angefahren wurde. Sie stellen die Szene nach und finden heraus, dass der Junge die Vorfahrt des Mopeds nicht beachtet hat. Patrick versteht nun, warum diese Regeln wichtig sind, und beachtet sie ab diesem Zeitpunkt. Er besteht die Fahrradprüfung und seine Familie feiert mit ihm. Jetzt, wo Patricks Vater sich im Straßenverkehr auf ihn verlassen kann, beschließen die beiden, im Sommer eine einwöchige Fahrradtour – nur Vater und Sohn – zu unternehmen, mit Zelten und allem drum und dran natürlich. „Abenteuer pur", sagt Patrick.

Auch während und nach der Scheidung ist es notwendig, dem Kind Grenzen zu setzen. Natürlich besteht meist der Wunsch des Vaters, wenn er jetzt schon weniger Zeit mit dem Kind verbringen kann, diese vor allem schön zu gestalten, Konflikte zu vermeiden und nachgiebig zu sein. Doch das ist kontraproduktiv, für eine gute Entwicklung des Kindes ist auch eine gewisse väterlich Strenge notwendig. Oft gehen die Kinder so weit, bis sie eine Grenze erfahren, denn Grenzen geben Sicherheit.

Fragen an Sie zum Thema „verlässliche Grenzen"

- Wie sicher fühlt Ihr Kind sich bei Ihnen?
- Wie gehen Sie mit Ihren Versprechungen Ihrem Kind gegenüber um?
- Wie setzen Sie Ihrem Kind altersgerechte Grenzen?

Damit Ihr Kind aufrecht durchs Leben gehen kann: Stolz

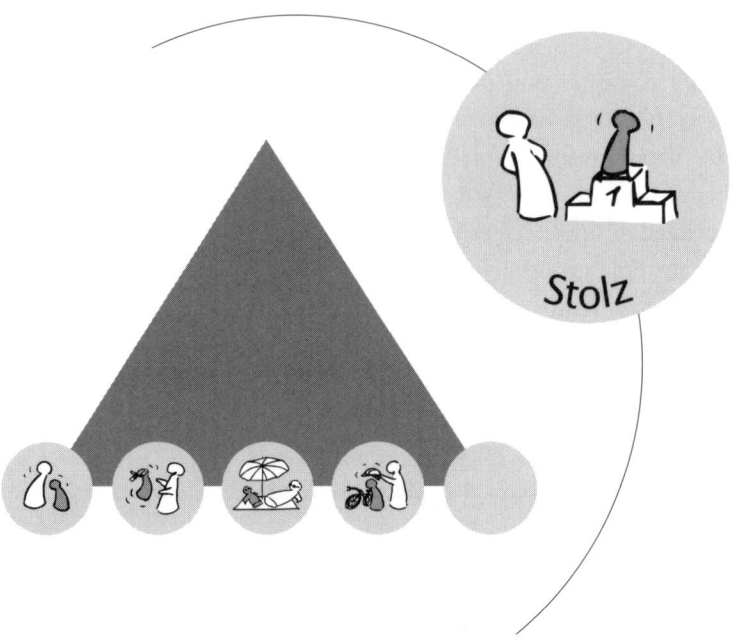

Grafik 6.5

Wie sehr Kinder den Stolz Ihrer Väter vermissen, wird mir immer dann klar, wenn ich mit einem Kind therapeutisch arbeite und es mir erzählt, dass sein Vater wieder nicht gekommen ist – nicht zu seiner Theateraufführung, nicht zu seinem Musikkonzert, nicht zu seinem Fußballspiel. Diese Stunden sind für das Kind immer sehr traurig. Es sehnt sich danach, von seinem Vater wahrgenommen und gelobt zu werden.

Ihr Kind muss Ihren Stolz spüren, nicht nur wenn es auf die Welt kommt, wenn Sie es hochhalten, um es der ganzen Welt zu zeigen. Dieses Hochhalten des Babys ist eine archetypische

Geste, die in allen Kulturen und Religionen zu finden ist. „Seht her, das ist mein Kind! Es ist das beste, schönste, tollste Kind der Welt, weil es mein Kind ist!" Ihr Kind braucht Ihre bewundernden Blicke, wenn es die ersten Schritte tut, wenn es die ersten Worte spricht, wenn es zum ersten Mal auf den Topf geht. Es braucht Ihre Bewunderung, damit es seinen eigenen Wert, seinen Selbstwert entwickeln kann. Diesem Bedürfnis nach dem Stolz des Vaters wird von den Vätern oft zu wenig Bedeutung beigemessen. Achten Sie einmal darauf, wie Ihr Kind sich aufrichtet, wie sich in ihm ein selbstbewusstes Strahlen ausbreitet, wenn Sie ihm einen Blick zuwerfen oder etwas sagen, das Ihren Stolz auf Ihr Kind ausdrückt.

Nina hat Erfolg

Die 15 Monate alte Nina liebt es, mit ihrem Vater Tom zu spielen. In der letzten Zeit experimentieren die beiden mit einem großen gelben Plastikwürfel, der auf jeder Würfelfläche vier Öffnungen hat, in die Gegenstände wie zum Beispiel ein Dreieck, eine Kugel, ein Männchen usw. genau hineinpassen. Nur wenn dieser Gegenstand genau in die Öffnung gelegt wird, fällt er in den Plastikwürfel hinein. Tom ist natürlich gespannt, ob es seiner Nina schon gelingt, den richtigen Gegenstand in die dafür vorgesehene Öffnung zu stecken. Nina geht voller Begeisterung an diese Aufgabe heran. Sie probiert und probiert. Immer wieder blickt sie zu Tom, genießt seine Aufmerksamkeit, die sie anspornt, die für sie schwierige Aufgabe immer wieder auszuprobieren. Schließlich gelingt es ihr und das Männchen fällt durch die vorgesehene Öffnung. Sie stößt aufgeregt laute Freudenschreie aus und blickt ihren Vater erwartungsvoll an. Tom ist sichtlich gerührt und erwidert voller Stolz den Blick und auch die Freudenschreie. Triumphierend wiederholt Nina diese Laute noch einmal und schon versucht sie es voller Eifer mit dem nächsten Gegenstand.

Die Bewunderung, der Stolz des Vaters sind deshalb so wichtig, weil sie meist differenzierter sind als bei der Mutter. Mütter loben fast alle Aktivitäten ihres Kindes, Väter achten auch darauf, ob das Ergebnis „richtig" ist. Das Lob des Vaters muss das Kind sich verdienen. So liefert es ihm meist eine gute Orientierung.

Während der Scheidung, in der Väter so viele andere Dinge im Kopf und im Herzen haben, ist es für sie oft schwer, ihren Kindern das notwendige Maß an Bewunderung, Stolz und Unterstützung zukommen zu lassen. Doch Ihr Kind braucht das in Zeiten, in denen es selbst verwirrt und verunsichert ist, umso stärker. Oft reicht ein Blick, ein nettes aufmunterndes Wort, damit es sich innerlich und äußerlich auf seinem Weg ins Leben aufrichten kann.

Nach der Scheidung gilt es für Sie als Vater besonders, Ihren Kindern gegenüber Wertschätzung auszudrücken, indem Sie an ihren öffentlichen Auftritten teilnehmen und diese auch loben. Bitte vergessen Sie keinen Theaterabend, an dem Ihr Kind eine Rolle spielt, keinen Musikabend, bei dem Ihr Kind auftritt, und besuchen Sie möglichst viele Fußball-, Handball- oder Tennisspiele Ihres Kindes. Ich habe nur zu oft erlebt, wie ein kleiner Fußballspieler seine Leistung um 100 Prozent steigerte, weil sein Vater plötzlich am Spielfeld auftauchte.

Auf meine Frage, ob ihr Vater denn stolz auf sie sei, antwortete zum Beispiel Anna, 18 Jahre alt, sie glaube schon. Ich fragte weiter, wie er ihr das zeige, und sie sagte: „Letzte Woche, bei der Feier zum bestandenen Abitur, da kommt er her, umarmt mich, küsst mich und sagt, dass ich gut bin." Während sie erzählt, breitet sich ein glückliches Strahlen in ihrem Gesicht aus.

Fragen an Sie zum Thema Stolz

- Wie loben Sie Ihr Kind?
- Wie viel wissen Sie über die schulischen Fähigkeiten Ihres Kindes? Wo liegen seine Stärken, seine Schwächen? Welche Fächer mag Ihr Kind, welche nicht? Wie steht es zu seinen Lehrerinnen und Lehrern?

- Kennen Sie die außerschulischen Hobbys und Aktivitäten Ihres Kindes?

- Wie drücken Sie Ihren Stolz auf Ihr Kind aus, wenn andere Menschen anwesend sind?

- Wann ist das nächste öffentliche „Event" Ihres Kindes?

Die Vaterpyramide – das Fundament

Diese fünf Faktoren – Zuneigung, Vertrauen, gemeinsame Zeit, verlässliche Grenzen und Stolz – bilden das Fundament einer guten Väterlichkeit. Daraus entwickelt sich die Vater-Kind-Bindung.

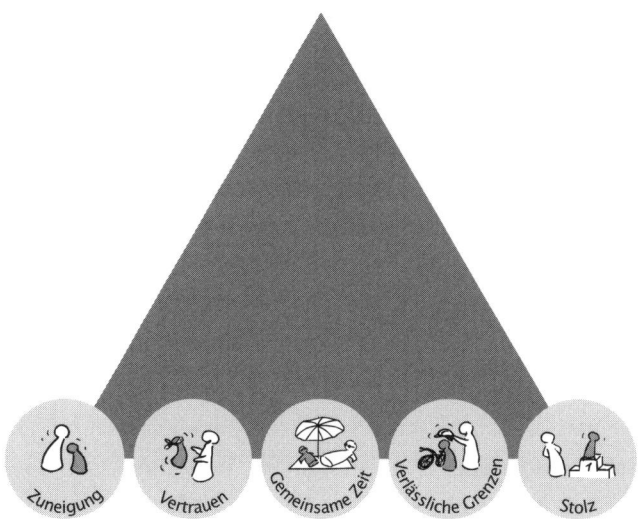

Grafik 6.6

Auf diesem Fundament bauen die weiteren Faktoren auf, die eine gute Vater-Kind-Beziehung ausmachen. Sie sind vom Alter des Kindes abhängig. Stellen Sie sich diese aufbauenden Faktoren in einer Pyramide vor. Je weiter Sie nach oben in der Pyramide kommen, desto älter muss das Kind sein, damit es mithilfe des Vaters diese Entwicklungsschritte machen kann.

Damit Ihr Kind seinen Weg im Leben findet: gemeinsame Unternehmungen

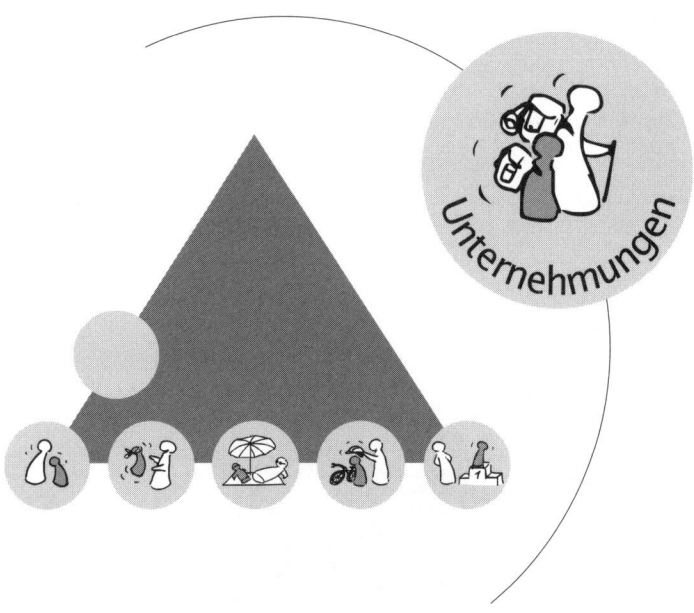

Grafik 6.7

Bauen Sie mit Ihrem Kind Sandburgen, Staudämme, überqueren Sie mit ihm auf selbst gebauten Flößen Bäche und Seen, zelten Sie mit ihm. Entdecken Sie mit dem Fahrrad gemeinsam die Welt, spielen Sie Fußball mit- und gegeneinander, erzählen Sie einander Geschichten. Das braucht Ihr Kind von Ihnen. Aber leben Sie auch gemeinsam den ganz normalen Alltag, helfen Sie ihm bei den Hausaufgaben, kochen Sie miteinander, reparieren Sie gemeinsam das Fahrrad usw. Wenn Sie etwas mit Ihrem Kind unternehmen, dann wählen Sie etwas, das Ihnen beiden Spaß macht. Es ist nicht wichtig, was Sie tun. Im Zusammensein mit Ihnen lernt Ihr Kind die Welt zu entdecken. Sie – und das ist eine Ihrer Aufgaben als Vater – führen es in die Welt. Sie sind das Tor zur Welt für Ihr Kind. So erzählte mir der elfjährige Florian zum Beispiel ganz begeistert von seinen Ferien: „Ja, da haben mein Vater und ich getrampt, nur mit dem Rucksack, in Korsika. Die ersten zwei Wochen waren wir allein dort und die dritte Woche ist dann meine Mutter nachgekommen, mit dem Auto." Kinder lieben das Abenteuer, und wer könnte sie besser in diese Bereiche des Lebens einführen als ihr Vater? Scheuen Sie sich nicht, Ihr Kind an Ihren Interessen teilhaben zu lassen. Es wird sich eine Zeit lang auch dafür interessieren. Sie sind meist Ausgangspunkt für Neues.

Gemeinsame Aktivitäten können während der Scheidung sowohl für Sie als auch für Ihr Kind dazu beitragen, dass Sie trotz der schwierigen Situation zwischen Ihnen und Ihrer Exfrau mit dem Kind eine gesunde Normalität leben können. Vielleicht ist es zwischen Ihnen und Ihrem Kind nicht ganz so lustig, nicht ganz so lebendig wie sonst, aber Sie sind miteinander und bleiben auch in diesen schwierigen Zeiten zusammen.

So erzählte Gerhard – Sie kennen Ihn bereits aus mehreren Kapiteln –, dass er während der Scheidung psychotherapeutische Hilfe in Anspruch nehmen musste. Sobald es ihm wieder möglich war, nahm er mit seinen vier Kindern Kontakt auf. Diese gemeinsame Zeit war für die Entwicklung der Beziehung zwischen ihm und seinen Kindern sehr wichtig. Gemeinsam auch schwierige Zeiten überstanden und gelebt zu haben schafft ein sehr starkes Band zwischen Vater und Kindern.

Jetzt sind die Unternehmungen von Gerhard und seinen vier Kindern – im Alter von 8 bis 17 Jahren – wieder sehr lustvoll, und wenn man sie im Schwimmbad trifft, ist zu spüren, wie sehr sie einander lieben. Wenn man ihnen begegnet, glaubt man nicht, dass diese Kinder die Scheidung ihrer Eltern bewältigen mussten. Sie wirken so, als kämen sie aus einer intakten Familie.

Damit Ihr Kind zwischen Gut und Böse unterscheiden lernt: Vorbild

Grafik 6.8

Auf meine Frage „Warum bist du denn so stolz auf deinen Vater?" antwortet der 13-jährige Martin: „Weil er immer den Überblick hat. Immer, er weiß alles, er ist einfach ein weiser Vater." Er lacht. „Also, er kann mir immer helfen. Wenn ich Probleme habe, dann gehe ich zu ihm."

Egal was Sie tun, Sie sind das männliche Vorbild für Ihr Kind. Wenn Sie sich bücken, um Abfälle einzusammeln, dann wird sich auch Ihr Kind bücken, um Abfälle einzusammeln. So wie Sie mit Ihren Freunden, Nachbarn, Feinden umgehen, so wird es auch Ihr Kind tun. Wenn Sie sich viel bewegen, wird auch Ihr Kind sich viel bewegen, wenn Sie einen Helm beim Fahrradfahren aufsetzen, wird auch Ihr Kind nichts gegen einen Helm beim Radfahren einwenden. Ihr Kind orientiert sich viel mehr an Ihrem Tun als an Ihrem Reden.

Während der Scheidung ist es möglich, dass Ihr Kind Sie als Vorbild infrage stellt, Sie austestet, indem es Sie vielleicht sogar lächerlich macht. So erzählte zum Beispiel der 39-jährige Josef, dass sein zehnjähriger Sohn Albert in den letzten Monaten, wenn er alle zwei Wochen bei ihm das Wochenende verbringt, an allem, was Josef macht, herummäkelt. Er kann ihm einfach nichts rechtmachen. Vor allem am Essen, das der Vater kocht, lässt Albert kein gutes Haar. „Die Mama kocht viel besser als du!", schimpft er dann, obwohl ihm, solange seine Eltern noch zusammenlebten, die vom Vater zubereiteten Speisen recht gut schmeckten. Am Sonntagabend, kurz bevor Josef Albert zur Mutter zurückbringt, weint dieser immer herzergreifend, entschuldigt sich beim Vater, sagt, dass es ihm doch gut bei ihm gefalle. Zwei Wochen später beginnt das Spiel von vorn. Das ist eine Form, wie Kinder ihre Zerrissenheit ausdrücken.

Bleiben Sie sich selbst treu. Werden Sie nicht zum Hampelmann Ihres Kindes. Wenn Ihr Kind merkt, dass Sie stark bleiben, dann gelingt es ihm auch – nach einer gewissen Zeit –, von seinen Provokationen wieder Abstand zu nehmen. Josef erzählte mir ein halbes Jahr später, dass Albert aufgehört hatte, ihn zu kritisieren – kurz nachdem er erlebt hatte, wie sein Vater und seine Mutter über seine Schulwahl sehr sachlich diskutiert hatten und sich gemeinsam für die Sporthauptschule entschieden hatten. Albert hatte erlebt, wie Vater und Mutter zu seinem Wohl an einem Strang zogen, und mit dieser Sicherheit im Rücken konnte er aufhören, seine Eltern innerlich gegeneinander auszuspielen. Mit Ihrer Stärke helfen Sie Ihrem Kind auch aus seiner Zerrissenheitsfalle herauszukommen. Zeigen Sie ihm, dass es sich nicht für einen von beiden Elternteilen entscheiden muss, sondern dass es sowohl Mutter als auch Vater lieben darf.

Nach der Scheidung, wenn der Paarkonflikt zwischen Vater und Mutter so weit gelöst ist, dass beide Elternteile wieder gut auf das Kind und seine Bedürfnisse achten können, ist die Vorbildfunktion des Vaters wieder eine sehr starke. Bei manchen Jungen kann das so weit gehen, dass sie Gesten, Sprechweisen und sogar Körperhaltungen von ihrem Vater übernehmen.

Fragen an Sie zum Thema Vorbild

- Woran erkennen Sie, dass Sie als Vater für Ihr Kind ein Vorbild sind?
- Wie beziehen Sie Ihr Kind mit ein, wenn Sie Probleme lösen (zum Beispiel Fahrrad reparieren)?
- Woran erkennen Sie, dass Reden und Handeln mit und vor Ihrem Kind in Einklang stehen?

Damit ihr Kind sich angenommen fühlt: Zuhören

Grafik 6.9

Auf die Frage, was ihr denn an ihrem Vater so gut gefallen habe, antwortet Anna – 18 Jahre –, „dass er mir immer zugehört hat, meine Probleme ernst genommen hat, meine Probleme nicht nichtig gemacht hat wie manche Väter von Freundinnen."

Ihr Kind braucht von Ihnen, dass Sie ihm mit jeder Faser Ihres Körpers zuhören. Wenn Sie es verstehen, kann es sich später einmal auch selbst verstehen. Kommunizieren Sie altersgemäß und immer wieder auf Augenhöhe mit ihm. Wenn Sie das Gefühl haben, Ihr Kind versucht Ihnen etwas Wichtiges mitzuteilen, beugen Sie sich zu ihm hinunter oder gehen Sie ruhig auch einmal in die Hocke, damit es Ihr Gesicht vor sich hat, wenn es erzählt. So entwickelt sich zwischen Ihnen und Ihrem Kind eine eigene Art und Weise der Kommunikation. Sie ist einzigartig und trägt es auch dann, wenn Sie nicht mit ihm sind.

In der Scheidungsphase kann es sein, dass der eigene Schmerz, die eigene Wut, der eigene Hass es dem Vater erschweren, seinem Kind die notwendige Aufmerksamkeit zu schenken. Es besteht die Gefahr, dass Expartnerin und Kind in einen Topf geworfen werden und das Kind für etwas die Rechnung bezahlt, wofür es nicht verantwortlich ist.

Hansis Trauer

In der therapeutischen Kindergruppe, die meine Frau und ich leiten, sind sechs scheidungsbetroffene Kinder im Alter von 12 und 13 Jahren, drei Buben und drei Mädchen. Die Kinder sind gerade mit dem Basteln von Symbolen fertig geworden, die sie ihren Vätern schenken wollen. Alfred und Lukas – beide 12 Jahre alt – erzählen aufgeregt, bei welcher Gelegenheit sie ihren Vätern ihre gebastelten Geschenke überreichen wollen, wie sie ihre Väter damit überraschen werden und wie sie sich darauf freuen, wenn ihre Väter die Geschenke loben werden. Hansi, 13 Jahre alt, ist bei dieser Gelegenheit wieder einmal besonders still. Das ist er immer dann, wenn es in der Kindergruppe um den Kontakt zum Vater geht. Hansi hat seinen Vater schon drei Jahre nicht mehr gesehen. Seine Sehnsucht und Traurigkeit sind deutlich spürbar. Hansi wirkt steif, blass, als sei er nicht richtig anwesend, ein Kloß scheint ihm im Hals zu stecken, man merkt kaum, dass er atmet. Er ist einfach traurig. Der blaue Fisch, den er für seinen Vater gebastelt hat, wartet bis heute darauf, den Weg zu Hansis Vater zu finden; genau wie Hansi darauf wartet, im Herzen seines Vaters wieder einen festen Platz zu bekommen.

In meiner therapeutischen Arbeit erlebe ich bei scheidungsbetroffenen Kindern immer dann eine große Traurigkeit, wenn der Vater sich auch vom Kind zurückzieht, weil er mit der Mutter nicht mehr klarkommt. Es kann passieren, dass ein Vater sich im Zuge der Scheidung kurzfristig von seinen Kindern zurückzieht.

Das ist nicht so schlimm, wenn diese Phase nicht zu lange dauert und es dem Vater immer wieder einmal gelingt, seine eigenen Mauern zu durchbrechen und in einen guten Kontakt zu seinem Kind zu treten. Um zuhören zu können, muss der Vater auch sich selbst zuhören können. Manchmal ist dazu therapeutische Hilfe notwendig.

So erzählt zum Beispiel Josef, Vater von drei Kindern zwischen 10 und 14 Jahren, wie sehr ihm die Trennung von seiner Frau und seinen Kindern zugesetzt hat. Nur mit größter Anstrengung und Überwindung ist es ihm gelungen, einen, wie er sagt, Minimalkontakt – einen Nachmittag in der Woche – zu seinen Kindern aufrechtzuerhalten. Nach diesen Kontakten ging es ihm oft sehr schlecht, weil ihm bewusst wurde, was er durch die Scheidung verloren hat. Diese Erlebnisse waren für Josef ausschlaggebend, mich als Psychotherapeuten zu konsultieren.

In der Therapie mit Vätern, die sich gerade in der Scheidungsphase befinden, ist es für mich wichtig, mit ihnen daran zu arbeiten, dass sie trotz der Auseinandersetzungen mit ihrer Expartnerin und der damit verbundenen möglichen psychischen Beeinträchtigungen zumindest einen Minimalkontakt zu ihrem Kind haben. Nur so entsteht kein Bruch in der Beziehung des Vaters zu seinem Kind, der später manchmal schwierig wieder zu kitten ist.

Fragen an Sie zum Thema Zuhören

- Wie stellen Sie Ihre eigenen Anliegen, Sorgen und Emotionen so weit zurück, dass Sie Ihrem Kind zuhören können?
- Wie kommunizieren Sie mit Ihrem Kind? Wie würden Sie diese spezielle Art und Weise der Kommunikation beschreiben?
- Wie lösen Sie den Konflikt, einerseits Ihrem Kind einfühlsam zuzuhören und ihm andererseits altersgemäße Grenzen zu setzen?

Damit Ihr Kind seine Freiheit findet: Nähe und Distanz

Grafik 6.10

Wenn Sie gemeinsam mit Ihrem vier- bis fünfjährigen Kind malen, kann es schon vorkommen, dass es Ihnen den Stift aus der Hand nimmt und selbst malt oder sagt: „Lass mich machen" oder „Nein, ich". Dann ist es wichtig, dies auch zuzulassen und das Kind einfach weiter zu begleiten.

Damit Ihr Kind ein selbstständiger Erwachsener werden kann, muss es dies in kleinen Schritten lernen. Einerseits müssen Sie ihm genug Nähe geben, damit es sich sicher fühlt. Andererseits braucht es Bestätigung, dass es gewisse Sachen schon allein schafft. Es ist wichtig, das Kind zu führen, aber ihm gleichzeitig genügend Spielraum für Eigeninitiative zu überlassen. Diese Eigeninitiative wird mit dem Alter des Kindes immer größer. Zu viel Nähe erstickt das Kind, zu viel Distanz stürzt es in den Abgrund der Verlorenheit. Eine gute Balance zwischen Nähe und Distanz führt Ihr Kind in die innere Freiheit.

In der Scheidungsphase kommt es oft zu einer großen Distanz zwischen Vater und Kind. Die gewohnte Nähe des Vaters zum Kind fällt oft abrupt dem Streit zwischen Vater und Mutter zum Opfer. Der siebenjährige Otto zum Beispiel liebt es, mit seinem Vater die Baustellen zu besuchen, die sein Vater leitet. Zum Teil bauen sie gemeinsam diese Baustellen mit Legosteinen nach oder entwerfen gemeinsam neue, ganz ausgefallene Bauwerke. Auf diese Art und Weise lebt Ottos Vater seine Nähe zu seinem Sohn. In der Scheidungsphase stellte er diese Aktivitäten leider ein und zurück blieb ein ratloser, einsamer Otto. In der Folge kam es bei Otto zu eitrigem Ekzemen am ganzen Körper, die schlagartig verschwanden, als der Vater diese Nähe – nicht in dem Ausmaß wie früher, aber doch – wiederherstellte. In diesem Fall drückte der Körper des Kindes aus, was der Psyche fehlte.

Manchmal passiert es in der Scheidungsphase auch, dass das Kind mit Nähe überschüttet wird. Weil die Exfrau als Gesprächspartnerin wegfällt, hält sich der Vater an das Kind. Schädlich für das Kind ist in dieser Phase nicht so sehr das Übermaß an Nähe, sondern die damit verbundene Art und Weise, das Kind als Erwachsenen zu behandeln.

Alexandra ist es zu viel

Alexandra wirkt für ihre zwölf Jahre sehr reif und erwachsen. Sie ist auffällig still und orientiert sich vor allem an den Menschen in ihrer Umgebung. Eigene Bedürfnisse sind bei ihr nicht zu erkennen. In einer Spieltherapie wird sehr schnell klar, dass sie ständig als Gesprächspartnerin für ihren Vater zur Verfügung stehen muss, der ihr immer wieder erzählt, wie schrecklich ihre Mutter ist. Alexandra wird noch stiller und in sich gekehrter, ihre Schulleistungen lassen stark nach. Im ersten Schritt gelingt es ihrem Vater einzusehen, dass sein Verhalten Alexandra überfordert, weil er sie zu stark als Erwachsene behandelt und sein Schimpfen auf die Mutter den inneren Konflikt von Alexandra verstärkt, die ja Vater und Mutter liebt. Als es dem Vater im zweiten Schritt auch noch gelingt, dieses Verhalten zu ändern, und er mit Alexandra so kommuniziert, wie es einer Zwölfjährigen entspricht, beginnen Alexandras Augen wieder zu leuchten. Sie wird aufgeweckter, geht mehr aus sich heraus und kann wieder lachen. Auch mit den Leistungen in der Schule geht es bergauf. Alexandra kann jetzt altersgemäße Entwicklungsschritte machen und die Gefahr einer psychischen Störung, die ein zu frühes Erwachsen-sein-Müssen mit sich bringen kann, wurde gebannt.

Fragen an Sie zum Thema „Balance und Nähe"

- Wie halten Sie Ihrem Kind gegenüber die notwendige Balance zwischen Nähe und Distanz?
- Wie hat die Scheidung diese Balance verändert?
- Wie war es Ihnen möglich, nach der Scheidung die richtige Balance zwischen Nähe und Distanz zu Ihrem Kind wiederherzustellen beziehungsweise was fehlt Ihnen noch dazu?

Damit Ihr Kind die richtigen Entscheidungen trifft: Gewissen

Grafik 6.11

Warum können manche Jugendliche den Verlockungen zum Diebstahl widerstehen, auch wenn sie durch gleichaltrige Mitschüler angestachelt werden? Weil sie ein innerliches Wertegerüst, ein Gewissen besitzen. Der Vater trägt zum Aufbau dieses Gewissens in einem hohen Maß bei.

Kinder sind Künstler der Imitation und irgendwann wird ihnen das Imitieren zur eigenen Natur. Hier spielen Sie als Vater eine wichtige Rolle. Wenn Sie mit Ihrem Kind Zeit verbringen, sind Sie sein Vorbild. Mit der Zeit übernimmt es Ihre Werte –

zumindest einen großen Teil davon –, sein Gewissen verfestigt sich. Das geschieht, ob Sie wollen oder nicht. Wenn Ihr Kind nicht genug von Ihnen übernehmen kann, weil Sie nicht genug für es da sind, dann ist dort, wo der Platz des Vaters in seinem Herzen ist, nur Leere. Ihm fehlen diese väterlichen, männlichen Werte und Leitsätze. Und dann fällt es Ihrem Kind schwer, die Werte zu entwickeln, die es braucht, um in die Welt hinauszugehen und dort die richtigen Entscheidungen für sein Leben zu treffen.

Der Vater ist für die Kinder verstärkt der Vertreter der Außenwelt – auch in Zeiten der Emanzipation. Fehlt der Vater, gelingt es den Kindern nicht in ausreichendem Maß, die für das Leben mit anderen und für die Gesellschaft wichtigen Werte zu entwickeln. Im Gefängnis sind Menschen, die vaterlos aufwuchsen, übermäßig vertreten.

Auf die Frage, ob sein Vater stolz auf ihn sei, antwortet der 14-jährige Stefan: „Ja, stolz auf jeden Fall, in bestimmten Hinsichten auch nicht, wenn ich irgendetwas angestellt habe oder so. Da ist er sicher nicht stolz, aber ich denke schon, dass er sonst stolz auf mich ist." Dieser Prozess der Gewissensbildung, den Stefan hier auf den Punkt bringt, ist langwierig und kann kurzfristig nicht mehr wirklich beeinflusst werden. In dieser Verinnerlichung von Werten spiegelt sich die Entwicklung des Kindes mit dem Vater wider.

Wie Sie sich während der Scheidung gegenüber Ihrer Expartnerin verhalten, hat einen Einfluss darauf, welches innere Bild Ihr Kind von Ihnen in sich trägt und welche Werte seine Entscheidungen im Leben begründen werden. Gelingt es Ihnen, im Scheidungskampf eine gewisse Fairness zu bewahren, so wird Ihr Kind diese Fairness in sein Wertegerüst integrieren. Während der Scheidung stellt es sein inneres Vaterbild auf die Probe. Bestehen Sie diese Probe nicht, weil Ihr jetziges Verhalten nicht mit dem übereinstimmt, was Ihr Kind bisher von Ihnen gelernt hat, kann es sein, dass es sich total gegen Sie wendet. Nur so kann es diesen Konflikt aushalten. Ein Kind, auch ein Jugendlicher, schafft es noch nicht, den Vater sowohl als „gut" als auch als „schlecht" wahrzunehmen. Es gibt nur ein Entweder-oder. Entweder liebt Ihr Kind Sie oder es hasst Sie. Ein Mittelding gibt es nicht. Erst im Erwachsenenalter besitzen wir die Fähigkeit, unsere Eltern zu relativieren, sie nicht nur auf ein Podest zu stellen oder sie nicht nur zu verteufeln, sondern sie auch differenzierter zu sehen.

Alex, ein 17-jähriger Junge, sagt zum Beispiel: „Ich will von meinem Vater nichts mehr wissen, der interessiert mich nicht." Obwohl sein Vater – dies wurde auch von der Mutter bestätigt – sehr viel mit dem Jungen unternommen hat. Vor allem als der Junge klein war, kümmerte sich der Vater aufopfernd um ihn. Auch nach der Scheidung – vor vier Jahren – versuchte der Vater weiter im Kontakt mit dem Jungen zu bleiben. Der Scheidungskampf war allerdings so heftig (und ist immer noch nicht beendet), dass beide Elternteile sich nicht begegnen können, ohne in alte Hasstiraden zu verfallen. Ich denke, gerade hier hätte der Junge erwartet, dass sein Vater über eine gewisse Souveränität und Stärke verfügt. So kann er den Konflikt nur abwehren, indem er sich vom Vater abwendet. Und trotzdem wird spürbar, wie sehr er ihn vermisst, wenn er sagt: „Mein Vater interessiert mich nicht."

Fragen an Sie zum Thema Gewissen

- Wie würden Sie das innere Bild beschreiben, das Ihr Kind von Ihnen verinnerlicht hat?
- Welche Werte, welche Orientierungen treten dabei am stärksten hervor?
- Welche Werte möchten Sie Ihrem Kind mitgeben?
- In welchen Bereichen erkennen Sie sich in Ihrem Kind wieder?

Damit Ihr Kind später sein Glück in der Liebe findet: innere Beziehungsbilder

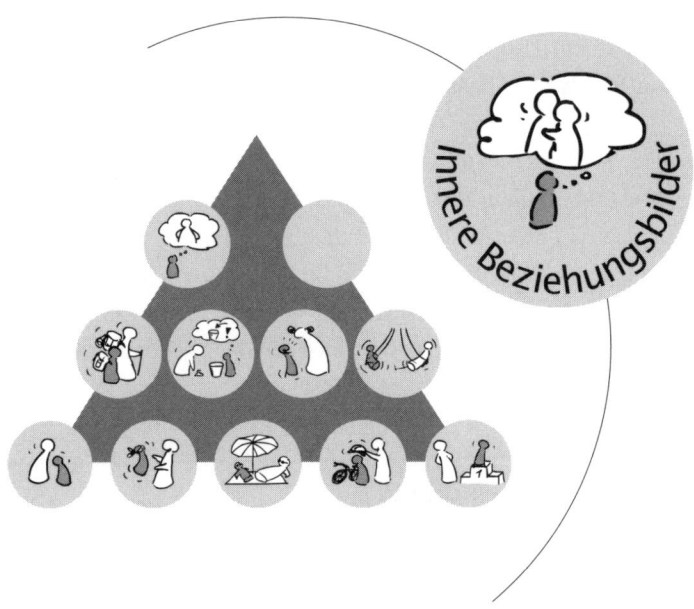

Grafik 6.12

Diese Verinnerlichung ist ein unbewusster Vorgang, über den Kinder und Jugendliche nicht ausdrücklich sprechen können. So stellt zum Beispiel Martina – zwölf Jahre – mit verschiedenen Symbolen dar, wie sie die Vater-Mutter-Kind-Welt erlebt. Aus der Stellung der Symbole geht hervor, dass sie das Elternpaar ganz klar im Blick hat. Darauf angesprochen, was sie denn da beobachtet, kichert sie und erzählt, dass ihre Eltern oft „Händchen halten" und sich auch küssen.

Ihr Kind nimmt wahr, wie Sie mit Ihrer Partnerin leben, wie Sie mit der Frau Ihres Herzens sprechen, wie Sie sie küssen, ansehen, ihr im Leben zur Seite stehen. Daraus entwickelt Ihr Kind innere Bilder. An diesen orientiert es sich, wenn es beginnt, zum anderen Geschlecht Beziehungen einzugehen, um irgendwann einen Partner fürs Leben zu finden.

Die Gefahr bei einer Scheidung liegt für Ihr Kind auch darin, dass seine verinnerlichten Beziehungsbilder so stark zu Schaden kommen, dass es ihm als Erwachsener sehr schwerfällt, gute, dauerhafte Liebesbeziehungen einzugehen. Denn vor allem in Liebesbeziehungen sind die Eltern das Vorbild. So können Mädchen zu Männerhasserinnen werden, Jungen können beginnen Frauen abzuwerten. Der fünfjährige Christian verwendet zum Beispiel die gleichen Schimpfwörter gegen seine Mutter wie sein Vater.

Wie können Sie als Vater trotz der Scheidung dafür sorgen, dass Ihr Kind tragfähige innere Beziehungsbilder entwickelt? Achten Sie darauf, dass der Scheidungskonflikt – vor allem vor Ihrem Kind – nicht so eskaliert, dass die bereits vorhandenen inneren Beziehungsbilder nachträglich beeinträchtigt werden. Trotz allen Streits, trotz allen Leids ist es für Ihr Kind wichtig zu spüren und zu erfahren, dass Sie und Ihre Expartnerin sich doch einmal geliebt haben und dass, egal was auch passiert, diese gemeinsame gute Zeit auch von Ihnen als Vater so gesehen wird. Nur so ist es Ihrem Kind möglich, diese Phasen in Ihrer Beziehung zu Ihrer Partnerin so zu differenzieren, dass gute und tragfähige innere Beziehungsbilder überleben können.

So erzählte Sandra, dass sie zum 16. Geburtstag von ihrem Vater groß zum Essen eingeladen wurde. Dabei traute sie sich endlich, ihn nach der früheren Beziehung zu ihrer Mutter zu fragen. Sie saugte es förmlich auf, wie ihr Vater erzählte, wie sehr sie einander einmal geliebt hatten. Sandra berichtete in der Therapiestunde glücklich von diesem schönen Abend.

In den therapeutischen Gruppen für scheidungsbetroffene Kinder rührt es mich immer, wie sehr die Kinder um die Liebesbeziehung ihrer Eltern trauern – oft auch viele Jahre nach der Scheidung. Sie sitzen dann zum Beispiel mit zwei Seehündchen, die einander liebkosen, in der Kinderrunde und wünschen sich nichts sehnlicher, als dass ihre Eltern wieder ein Paar werden. Dieser Wunsch nach einer erlebbaren Liebesbeziehung der Eltern überrascht mich immer wieder aufs Neue, weil er auch dann vorhanden ist, wenn es aus „objektiven" Gründen besser für das Elternpaar war, sich zu trennen.

Wenn schon kein freundschaftlicher Umgang mit Ihrer Expartnerin mehr möglich ist, so sollte die Begegnung, das Gespräch mit ihr – vor allem vor den Kindern – doch in einer höflichen Form geführt werden. Nur so können die inneren Beziehungsbilder der Kinder intakt bleiben.

Fragen an Sie zum Thema „innere Beziehungsbilder"

- In welcher Form hat Ihr Kind Sie mit Ihrer Expartnerin als Liebespaar erlebt?
- Wie haben Sie während der Scheidung mit Ihrer Expartnerin kommuniziert? Sind dabei die inneren Beziehungsbilder Ihres Kindes intakt geblieben?
- Wie gelingt es Ihnen, mit Ihrer Expartnerin vor Ihrem Kind höflich zu sein?

Damit Ihr Kind wirklich unabhängig werden kann: väterlicher Segen

Grafik 6.13

Irgendwann ist die Kinderzeit, die Zeit des Jugendlichen zu Ende. Dann heißt es sich miteinander von dieser gemeinsamen Zeit zu verabschieden. Es gilt Ihr Kind ins Leben zu entlassen, damit es selbst seinen Weg findet. Sie werden immer sein Vater bleiben, aber es wird anders sein. Sie bestimmen seine Wege dann nicht mehr. Vielleicht wird Ihr Sohn, Ihre Tochter Sie hin und wieder um Rat fragen. Wenn sich die Beziehung Vater-Kind gut entwickeln konnte, wird sie weiterbestehen, wenn Ihr Kind auf eigenen Füßen steht. Aber als Erwachsener ist Ihr Kind für sich selbst verantwortlich. Er trägt das Bild seines Vaters immer im Herzen, in seinem Körper, er ist mit Ihnen verbunden, sein Leben lang.

Diese Übergänge werden in unserer heutigen Gesellschaft kaum mehr rituell begangen. Dadurch können sich sowohl Vater als auch Kind nicht aus ihren Rollen lösen und kommen nicht zu der freundschaftlichen und gleichberechtigten Beziehung, die sie für den Rest des Lebens genießen könnten. Durch dieses Ewig-Kind-sein-Müssen vermeiden junge Erwachsene den Kontakt zu ihrem Vater oder brechen ihn ganz ab.

Auf die Frage, ob er denn so einen Übergang mit seinen Kindern gefeiert habe, erzählt Ernst – er ist in diesem Buch schon öfter zu Wort gekommen: „Ich habe ihnen gesagt, wenn ihr dann 18 seid, dann entscheidet ihr selbst. Ich habe mit meinen Kindern zum Beispiel ausgemacht, ich wollte, dass sie nicht rauchen, dann kriegen sie 200 Euro. Vor vier Jahren habe ich mit meinem Sohn den 18-jährigen Geburtstag gefeiert und ihm auch dieses Geld für das Nichtrauchen gegeben. Jetzt ist er 22 und wir sehen uns immer noch recht häufig."

Die Vaterpyramide

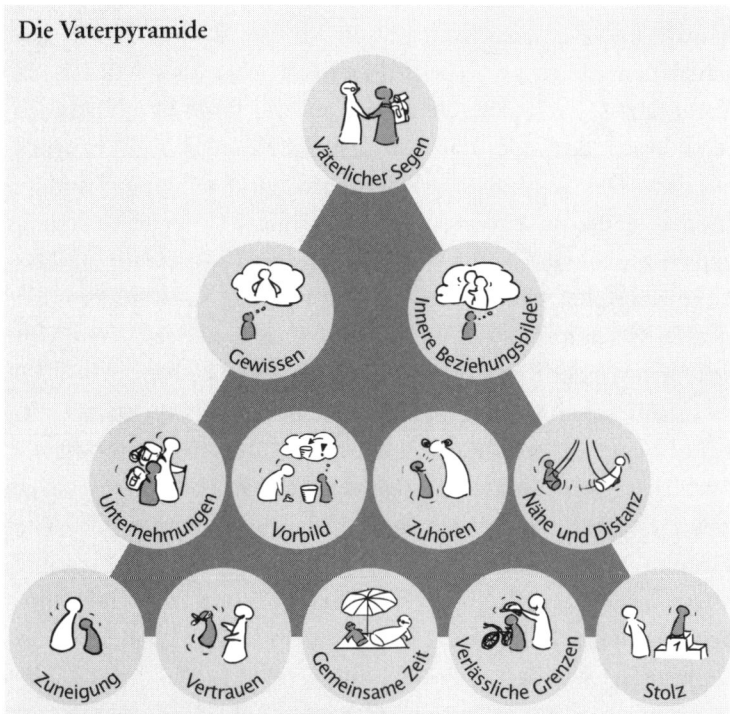

Grafik 6.14: die Vaterpyramide

Auf dem Fundament (Zuneigung, Vertrauen, gemeinsame Zeit, verlässliche Grenzen, Stolz) bauen die übrigen Faktoren auf. Ganz oben an der Spitze der Vaterpyramide steht der Segen des Vaters beim Aufbruch des nun erwachsenen Kindes in die Welt. So entwickelt es sich aus der Abhängigkeit eines Kindes in die Unabhängigkeit eines Erwachsenen. Dafür bedarf es grundsätzlich einer guten Teamarbeit zwischen Vater und Mutter.

Am Anfang des Kapitels habe ich von Bernhard geschrieben, einem zwölfjährigen Jungen, der sich zwischen seinen geschiedenen Eltern als sehr zerrissen erlebte. Ein halbes Jahr später sieht die Sache schon anders aus. Beim Abschlussgespräch – Vater,

Mutter und Bernhard sind anwesend – wird klar, dass es zwischen den Eltern zwar noch Konflikte gibt, aber Mutter und Vater jetzt so weit sind, dass beide auf das Wohl Bernhards achten können, ohne gleich in den alten Scheidungskonflikt zurückzufallen. Das Schöne dabei: Bernhard wirkt entspannt und zufrieden, er kann seinem Vater und seiner Mutter nahe sein, er geht ruhig und gelassen zwischen Vater und Mutter hin und her, kann dabei bei sich bleiben und ist frei von Loyalitätskonflikten. Die Piranhas gibt es nicht mehr, auch seine seelischen Arme scheinen wieder ihre normale Länge erreicht zu haben.

Dazwischen liegt ein halbes Jahr harter therapeutischer Arbeit. In einem Elterngespräch wurden Mutter und Vater die von Bernhard geformten und angeordneten Symbole aus Ton gezeigt: jenes Bild, in dem ein Junge an beiden Armen von je einem Piranha in die Länge gezogen und langsam aufgefressen wird. Dieses „Bild" aus Ton bewirkte bei den Eltern einen heilsamen Schock. In der Folge setzte bei ihnen ein totales Umdenken ein, sie lernten zwischen ihrem Konflikt und dem Wohl des Kindes zu unterscheiden und miteinander zum Wohl des Kindes zu verhandeln und zu handeln. So wurde es für Bernhard möglich, konfliktfrei zwischen den Eltern hin- und herzuwechseln. Neben einer Kindertherapie und den Elterngesprächen war auch eine intensive therapeutische Arbeit mit Bernhards Vater notwendig, der sich seiner väterlichen Verantwortung stellte und dabei selbst zunehmend zufriedener wurde.

7. Ein neuer Partner kommt dazu: Worauf Sie bei Ihrem Kind achten müssen

Sie sind jetzt schon einen weiten Weg mit mir gegangen. Sie kennen Ihre Bedeutung als Vater. Sie wissen, welche Reaktionen (Wut, Klammern, psychosomatische Beschwerden) Ihr Kind während und nach Ihrer Trennung zeigen kann und wie Sie als Vater damit umgehen. Sie haben sich damit auseinandergesetzt, wie Sie selbst mit Ihrer Scheidung fertig werden, und Sie wissen jetzt, warum Sie für Ihr Kind auch nach der Trennung als Vater wichtig sind. Sie kennen den großen Wert der elterlichen Teamarbeit und verstehen, wie ein Eltern-Team nach einer Scheidung funktioniert. Sie haben sich ebenfalls damit auseinandergesetzt, was Ihr Kind jetzt von Ihnen braucht (Vaterpyramide).

Was Ihnen jetzt noch fehlt, ist das Wissen, wie Sie eine neue Partnerin bei Ihrem Kind einführen können, ohne dass Ihr Kind darunter leiden muss. Wenn Sie diesen Punkt noch berücksichtigen, dann haben Sie Ihr Bestmögliches für Ihr Kind getan.

Grundsätzlich ist es für Sie als Vater nach einer Trennung wichtig, dass Sie Ihr Kind nicht überfordern.

Für Kinder und Jugendliche gibt es während und nach einer Trennung der Eltern vier Zeitpunkte, zu denen sie in eine Krise fallen können:

- Der Konflikt der Eltern spitzt sich zu und ein Elternteil zieht aus.
- Die Scheidung wird amtlich oder die Trennung endgültig vollzogen.
- Bei einem Elternteil oder bei beiden kommt ein neuer Partner dazu.
- Ein Elternteil bekommt mit dem neuen Partner ein Kind.

Alle vier Ereignisse sind deshalb so kritisch, weil sie den Kindern und Jugendlichen signalisieren, dass ihr Wunsch, dass die leiblichen Eltern wieder zusammenkommen, nicht in Erfüllung gehen wird. Jeder der vier Schritte desillusioniert die Kinder und Jugendlichen.

Sie sehen: Sie überfordern Ihr Kind dann, wenn zwei oder sogar drei dieser Krisenpunkte gleichzeitig geschehen, ohne dass Ihr Kind die Möglichkeit hatte, sich von einem zu erholen oder ihn zu verarbeiten. So ist es im nächsten Beispiel passiert:

Der 39-jährige Werner hat vor zwei Wochen seine Familie verlassen. Nach jahrelangen Streitereien mit seiner Noch-Frau hat er eine Affäre mit einer anderen Frau begonnen. Heute Vormittag holt er nach der Trennung zum ersten Mal seinen Sohn, den achtjährigen Christoph, und seine Tochter, die fünfjährige Sabine, zu einem gemeinsamen Ausflug ab. Die Kinder sind etwas befangen. Die Streitereien der Eltern, die vor dem Auszug des Vaters ihren Höhepunkt erreichten, stecken ihnen noch in den Knochen.

Christoph und Sabine sind aufgeregt, sie lieben ihren Papa heiß und innig. Er hat ihnen während dieser zwei Wochen sehr gefehlt. Christoph vermisst das gemeinsame Autospielen. Er spielt sehr gerne gemeinsam mit seinem Vater mit den Matchboxautos. Besonders liebt er es aber, wenn der Papa das Auto spielt und er mit ihm auf dem Rücken durch das ganze Haus tollt. „Papa ist das einzige Auto, das über Stiegen fahren kann", sagt Christoph immer.

Sabine fehlt das gemeinsame Geschichtenerfinden mit dem Papa. Und jetzt hat sie schon acht Zeichnungen angefertigt, die sie ihm noch nicht zeigen konnte. „Papa hat meine Zeichnungen doch immer so gemocht", sagt Sabine. Auch das neue Lied mit der Laterne, das sie im Kindergarten gelernt hat, konnte sie ihm noch nicht vorsingen.

So stehen die beiden Kinder erwartungsvoll zum vereinbarten Zeitpunkt vor dem Haus. Sabine hat all ihre Zeichnungen mitgenommen. Ihre Mutter wollte eigentlich, dass sie drinnen warten, aber das haben die zwei nicht ausgehalten.

Papas Auto kommt, Christoph und Sabine hüpfen vor Aufregung. „Da ist ja noch jemand im Auto", bemerkt Christoph als Erster. „Das ist ja eine Frau!", sagt Sabine. Irmgard, die Mutter der beiden, die gerade aus dem Haus getreten ist, spürt einen Stich. Der Wagen bleibt vor dem Haus stehen. Der Vater steigt aus, Christoph und Sabine gehen etwas irritiert auf ihn zu. Beide suchen sein Gesicht und seine Augen, laufen auf ihn zu und springen in seine Arme. Werner drückt die beiden an sich und setzt sie etwas befangen wieder ab. Ein frostiger Händedruck zwischen Werner und Irmgard, die innerlich vor Wut kocht, sich auf die Zunge beißt und immer nur denkt: „Nicht vor den Kindern! Nicht vor den Kindern!"

Christoph und Sabine schnappen ihre Rucksäcke und folgen ihrem Vater zum Auto. Sie schauen zwischen Vater und Mutter hin und her. Vor allem fragen sie sich, wer die Frau im Auto ist.

Der Vater verstaut die Rucksäcke im Kofferraum und lässt Christoph und Sabine im Fond einsteigen. „Was riecht hier so komisch?", denkt sich Sabine, traut sich aber nicht, etwas zu sagen. Christoph erinnert sich an die Zeit, in der sie immer als ganze Familie mit dem Auto weggefahren sind, dabei schießen ihm Tränen in die Augen. „Jetzt nicht weinen", denkt er, „sonst mag mich der Papa vielleicht nicht mehr!"

Beim Wegfahren winken die beiden Kinder ihrer Mutter. Nach einer schweigsamen Ewigkeit – in Wirklichkeit sind nur ein paar Minuten vergangen – sagt Werner zu den Kindern: „Das ist Lena, meine neue Freundin." Lena wendet sich um, versucht den beiden die Hand zu geben. Doch im vorderen Autositz kann sie sich nicht so weit umdrehen, dass das gelingt. Christoph und Sabine sind beide froh, dass es nicht klappt, so müssen sie dieser Frau nicht die Hand geben. „Die mag ich nicht", denkt Christoph. „Die riecht so komisch", denkt Sabine. Aber beide sagen nichts. Irgendwie hatten sie sich das Wiedersehen mit Papa anders vorgestellt.

Werner zeigt hier, wie Sie es nicht machen sollen. Dass er auch den Scheidungskonflikt anheizt, kommt für seine Kinder zusätzlich belastend dazu.

Wenn Sie sich von Ihrer Exfrau getrennt haben und wenn Sie dabei, kurz vorher oder nachher eine neue Liebesbeziehung eingegangen sind, dann müssen Sie diese Schritte für Ihr Kind so aufdröseln, dass Sie es nicht überfordern. Nach Ihrer Trennung von Ihrer Frau hat Ihr Kind genug damit zu tun, dieses Ereignis zu verarbeiten und sich neu zu orientieren. In dieser Situation ist eine Konfrontation mit Ihrer neuen Partnerin einfach zu viel. Natürlich können und sollen Sie auf Dauer Ihre neue Partnerin vor Ihrem Kind nicht verheimlichen. Sehr wahrscheinlich hat es eine so feine Wahrnehmung, dass es dies sowieso merken würde, auch wenn Sie es versuchen würden. Vermutlich würde es Ihre neue Partnerin auf verschiedenen Wegen bemerken. Es würde sie vielleicht am Parfümduft bemerken, der in der Luft liegt, auch wenn sie nicht da ist. Es könnte Gegenstände sehen, die Ihre neue Partnerin zurückgelassen hat. Oder es würde aus dem Zustand der Wohnung schließen, dass hier eine neue Frau im Spiel ist. Vor allem aber würde Ihr Kind an Ihrem Verhalten bemerken, dass Sie eine neue Liebesbeziehung eingegangen sind.

Wenn Sie eine neue Partnerin haben, braucht Ihr Kind die Orientierung, dass es diese Partnerin gibt. Teilen Sie es ihm mit! Sagen Sie ihm zum Beispiel: „Weißt du, ich habe jetzt eine neue Freundin." Das Erste, was Ihr Kind jetzt wahrscheinlich befürchtet, ist, dass es seinen Platz in Ihrem Herzen an die neue Freundin verliert. Deshalb rate ich Ihnen, dem vorzugreifen, indem Sie ihm weiter sagen: „Aber für dich ändert das überhaupt nichts. Dich liebe ich genauso viel wie vorher. Du wirst für mich immer an erster Stelle stehen." Die nächsten Befürchtungen Ihres Kindes sind sehr wahrscheinlich, dass Sie jetzt weniger Zeit für es haben und dass es diese wenige Zeit auch noch mit Ihnen und der neuen Frau verbringen muss – bevor es dazu bereit ist. Darum ist es wichtig, Ihr Kind auch in diesen Punkten zu entlasten. Sagen Sie ihm: „Ich werde für dich immer Zeit haben, an unseren gemeinsamen Zeiten ändert sich nichts. In den nächsten vier Monaten musst du meine neue Freundin auch noch nicht sehen. Danach reden wir weiter."

Fragen Sie Ihr Kind nicht, ob es Ihre neue Freundin sehen will. Überlassen Sie ihm diese Entscheidung nicht. Es wäre überfordert. Einerseits will Ihr Kind es Ihnen rechtmachen. Auf der anderen Seite trauert es noch um die zerbrochene Beziehung seiner Eltern. Es könnte passieren, dass es sagt, es würde gerne Ihre neue Freundin sehen, nur um Sie nicht zu enttäuschen. Vermeiden Sie in der ersten Zeit, dass Sie es direkt mit Ihrer neuen Partnerin konfrontieren.

Selbst wenn Werner aus dem Beispiel von oben viele Fehler gemacht hat, so beging er den schwersten Fehler nicht: Er sagte nicht zu den Kindern: „Wenn ihr hier bei mir seid, dann sagt ‚Mama' zu Lena." Auch für Ihr Kind ist es sehr wichtig, dass es zu Ihrer neuen Partnerin nicht „Mutter" und zum neuen Partner Ihrer Exfrau nicht „Vater" sagen muss. Es muss nach der Trennung immer zwischen seinen leiblichen Eltern und den neuen Partnern von Vater und Mutter unterscheiden können. Achten Sie auf diesen Unterschied, ansonsten verwirren Sie Ihr Kind. Nur wenn Sie als Vater nicht darauf bestehen, dass Ihr Kind zu Ihrer neuen Partnerin „Mutter" sagt, ist es ihm möglich, zu gegebener Zeit auf Ihre neue Partnerin zuzugehen.

Bei einer Scheidung ist das Ziel, die Beziehung Ihres Kindes zu seinen leiblichen Eltern zu erhalten. Wenn Sie ihm genügend Zeit geben, die Trennung seiner Eltern zu verarbeiten, bevor es sich auf Ihre neue Partnerin einlassen muss, und wenn die Chemie zwischen Ihrer neuen Partnerin und Ihrem Kind stimmt, kann sich zwischen den beiden eine freundschaftliche Beziehung entwickeln, von der Ihr Kind profitieren kann. So besteht die Chance, dass seine soziale Welt größer und reicher wird. Forcieren Sie die Beziehung Ihres Kindes zu Ihrer neuen Partnerin zu stark, besteht die Gefahr, dass es sich von Ihnen zurückzieht.

Werner aus dem Beispiel machte sozusagen drei Schritte auf einmal: Er zog erstens aus dem gemeinsamen Haus aus. Er suchte sich zweitens eine neue Partnerin und vollzog damit drittens die Trennung wirklich. Das überforderte seine Kinder bei Weitem. Er unterließ es auch, die Kinder darauf vorzubereiten, um zu erkunden, ob Christoph und Sabine für die Konfrontation mit seiner neuen Partnerin schon bereit waren. Seine Kinder hatten keine Zeit, erst einmal mit der Trennung ihrer Eltern fertig zu werden. Außerdem versäumte Werner es, die Wünsche

seiner Kinder zu erkunden, geschweige denn, diese in seine Vorgehensweise einzubeziehen.

So wie Werner vorgegangen ist, wird seine Noch-Frau Irmgard sich entwertet fühlen und es wird ihr sehr schwerfallen,
die Unabhängigkeit seiner Vaterwelt anzuerkennen. Sie wird
sich höchstwahrscheinlich einmischen, wenn die Kinder bei ihm
sind. Durch Werners vorschnelles Handeln – beim ersten Treffen mit den Kindern nach der Trennung gleich die neue Freundin mitzubringen – wurde der Beziehungskonflikt zwischen
ihm und seiner Noch-Frau angeheizt. Auf dieser Basis wird es
schwierig werden, dass Werner und Irmgard ein gutes Eltern-
Team bilden.

Da meist die Männer den Ausstieg aus einer Beziehung durch
eine neue Beziehung einleiten, kommen sie auch am schnellsten
in die Lage, die neue Partnerin mit ihrem Kind zusammenbrin-
gen zu müssen. Viele Männer spüren den Impuls, die neue Partnerin so schnell wie möglich der ganzen Welt zu präsentieren.
Sie übersehen dabei manchmal die Verarbeitungsmöglichkei-
ten ihres Kindes. Damit Ihnen das nicht passiert, gehen Sie bitte
langsam dabei vor. Die nächsten Kapitel geben Ihnen dafür eine
Orientierung.

Geben Sie Ihrem Kind genügend Zeit

Wie schwierig es auch für fast erwachsene Kinder sein kann,
die neue Partnerin ihres Vaters zu akzeptieren, zeigt Martin im
nächsten Beispiel:

Martin ist knapp 18 Jahre alt, seinen Bruder Fabian und seinen Vater Hans kennen Sie ja bereits aus dem zweiten und vierten Kapitel. Er soll in vier Monaten sein Abitur machen. Vor einem Jahr verließ sein Vater die Familie, um sich selbst zu finden, um sich in Ruhe neu zu orientieren und dann zu seiner Familie zurückzukehren. „Gefunden hat er eine neue Freundin, zuerst eine, dann die nächste und jetzt ist es die dritte. Jedes Mal war es die Richtige", sagt Martin. Martin kämpft grundsätzlich mit der Trennung seiner Eltern. Die Scheidung ist eingereicht und soll in Kürze vollzogen werden. Er erzählt, dass seine Eltern früher sehr liebevoll miteinander und auch mit ihnen, den Kindern, umgegangen seien, dass der Vater viel Zeit mit ihnen verbracht habe, dass sie sehr viel unternommen hätten und wie schön sie es immer miteinander hatten. Er kann wirklich nicht verstehen, was mit seinem Vater los ist.

Seit sein Vater wieder „auf der Pirsch ist", wie Martin es ausdrückt, hat er so gar keine Zeit für ihn und für seine Geschwister Franziska und Fabian. Das schmerzt Martin, und wenn er erzählt, kämpft er mit den Tränen. Bei all dem Mist soll er auch noch Zeit zum Lernen finden und für vieles mehr. Schließlich muss er heuer auch noch das Abitur machen. „Was belastet dich denn am meisten?", frage ich ihn. Martin sagt: „Am meisten belastet mich die Vorstellung, ich gehe auf der Straße und plötzlich kommt mir mein Vater mit seiner neuen Freundin entgegen. Ich habe diese Frau noch nicht gesehen, aber dieser Gedanke belastet mich wirklich. Ich weiß nicht, was ich dann tun soll." Davonzulaufen würde er als Verrat am Vater ansehen, zu bleiben würde ihn mit einer Situation konfrontieren, für die er einfach noch nicht bereit ist. Martin steckt in einem Dilemma, das ihm ein leises Schluchzen entlockt.

Obwohl Martin schon knapp 18 Jahre alt ist, zeigt Ihnen dieses Beispiel recht gut, wie Trennung und neue Partnerschaften Kinder und Jugendliche überfordern können. Martin hatte noch nicht die Möglichkeit, die Trennung seiner Eltern zu betrauern, sie zu verarbeiten und sich neu zu orientieren. Schon wird er mit der neuen Partnerin des Vaters konfrontiert. Ihm fehlt eindeutig die Zeit und der innere Raum für die Auseinandersetzung damit.

In der nächsten Therapiestunde ist Martin noch aufgeregter. Sein Vater ist Leiter einer Schauspielschule, an der auch Martin Unterricht nimmt und zurzeit an einem Samuel-Beckett-Stück probt. Bei der Zehnjahresfeier der Schauspielschule will Martin mit seiner Theatergruppe das Stück „Warten auf Godot" aufführen. Martins Vater informierte ihn, dass er zu dieser Feier – schließlich ist er der Direktor dieser Schule – auch seine neue Freundin mitbringen will. Martins Dilemma – er ist gläubiger Katholik und hat für sich ein entsprechendes Wertegerüst aufgestellt – hat sich noch weiter verschärft. Wenn es zu dieser Begegnung kommt, wird er sich selbst untreu. Wenn er nicht spielt, lässt er seine Theatergruppe im Stich. Beides will er nicht.

Eine Woche später kommt Martins Vater zu mir. Ich erkläre ihm, wo Martin steht, dass es für ihn noch zu früh ist, um mit der neuen Freundin seines Vaters konfrontiert zu werden. Martin hat damit gerechnet, dass sein Vater wieder zurückkommt, und merkt erst jetzt, dass dies nicht geschehen wird. Er steht innerlich in seinem Verarbeitungsprozess ganz woanders als sein Vater: Martin ist erst dabei, die Trennung seiner Eltern zu realisieren. Dafür braucht er Zeit und Auseinandersetzung. Alles andere kommt später. Hans, Martins Vater, kann sich eingestehen, dass er seine Familie unter Vorspiegelung falscher Tatsachen verließ. Es ging ihm nicht darum, sich selbst zu finden. Hans wollte eine für ihn erfüllendere Beziehung leben, auch sexuell. Er sieht das Dilemma von Martin ein. Er wird die Angelegenheit mit seiner neuen Freundin besprechen und sie nicht zur Zehnjahresfeier mitnehmen. Martin reagiert bei der nächsten Therapiestunde sehr erleichtert.

Sie sehen: Es ist schwer vorauszusagen, wie viel Zeit Ihr Kind brauchen wird, bis es in der Lage ist, mit Ihrer neuen Freundin in Kontakt zu treten. Es muss vorher die Trennung seiner Eltern so weit verarbeiten, dass es innerlich akzeptieren kann, dass Sie eine neue Partnerin haben. Bitte unterstellen Sie Ihrem Kind keine böse Absicht, wenn es dazu etwas länger braucht. Eine gute Faustregel ist, dass es etwa ein halbes Jahr, nachdem ihm die Trennung wirklich klar war, möglich ist, kurz zu Ihrer neuen Freundin Hallo zu sagen. Für Sie als Vater ist wichtig, sich in Ihr Kind hineinzuversetzen und zu spüren, ob es für so einen

Kontakt bereit ist. Wenn Sie Zweifel haben, lassen Sie sich von einem Psychotherapeuten für Kinder und Jugendliche beraten. Damit gehen Sie sicher, dass Ihre Beziehung zu Ihrem Kind nicht durch eine zu frühe Konfrontation mit Ihrer neuen Partnerin belastet wird.

Wie eine neue Partnerin gut eingeführt werden kann, zeigt Alexander im nächsten Beispiel.

Auch bei dem 37-jährigen Alexander war es so, dass seine Ehe nicht mehr so war, wie er es sich wünschte. Seine Frau Sylvia und er stritten immer öfter. Eines Tages verliebte Alexander sich neu und trennte sich von seiner Frau. Die damals achtjährige Laura – Sie kennen sie bereits aus dem zweiten und vierten Kapitel – hing sehr an ihrem Vater. Sowohl Sylvia als auch Alexander war bewusst, dass beide Elternteile für Laura wichtig sind. Sie vereinbarten, dass Laura jeden Dienstagnachmittag und jedes zweite Wochenende beim Vater sein soll. Diese Regelung bewährt sich recht gut und obwohl Laura traurig ist, dass ihr heiß geliebter Vater nicht mehr bei ihnen im Haus wohnt, freut sie sich auf die Zeit mit ihm und ist auch gerne bei ihrer Mutter.

Alexander ist sehr vorsichtig, was Laura und seine neue Freundin betrifft. Das erste halbe Jahr nach der Trennung verbringt er die Zeit nur mit Laura. Erst als Laura intensiv nachzufragen beginnt, wer denn die Frau sei, mit der er jetzt lebe, und dabei auch den Wunsch äußert, sie einmal kennen zu lernen, arrangiert Alexander ein Abendessen mit Laura und seiner neuen Freundin. Er hat Lauras Wunsch auch mit ihrer Mutter abgeklärt. Diese sieht ein, dass Laura die neue Freundin kennen lernen will. Obwohl sie selbst noch nicht mit der Trennung fertig geworden ist und noch Mühe hat mit der neuen Partnerin ihres Exmanns, stimmt sie dem Treffen zu. Sie weiß, dass Laura grundsätzlich ihre Bedürfnisse gut artikulieren kann. Alexander hat mit Lisa – so heißt seine neue Freundin – vereinbart, dass sich Lisa zurückzieht, wenn die Situation für Laura zu belastend wird. So verbringen Laura, Alexander und Lisa einen gemütlichen Abend zusammen. Laura gefällt die neue Freundin von Alexander, vor allem, dass sie sich so schön schminken kann – besser als die Mama, aber das würde sie ihr natürlich nie sagen. Lisa muss Laura versprechen, dass sie ihr einmal zeigt, wie das mit dem Schminken geht. Obwohl dieser erste Kontakt gut verlaufen ist, will

Alexander die gemeinsame Zeit hauptsächlich mit Laura allein verbringen. Sie haben ja so wenig davon.

Wenn Sie auch nach der Trennung eine gute Beziehung zu Ihrem Kind haben, dann sendet es Ihnen klare Signale, wann es so weit ist, dass Sie das erste Treffen zwischen Ihrem Kind und Ihrer neuen Partnerin arrangieren können. Beobachten Sie dabei einfach, wie es den beiden miteinander geht. Weil Sie Ihr Kind gut kennen, spüren Sie, ob ihm dieser Kontakt zusagt oder ob es Ihre neue Partnerin eher ablehnt. Nehmen Sie es nicht persönlich, wenn Ihr Kind ablehnend reagiert. Achten Sie dabei mehr darauf, wie sich Ihr Kind verhält, als auf das, was es sagt. Grundsätzlich wollen Kinder ihren Vätern gefallen und nehmen manche Dinge einfach in Kauf, weil sie ihn nicht enttäuschen wollen. Wenn Sie merken, dass Ihr Kind sich von Ihrer neuen Partnerin etwas holen kann – so wie Laura die Schminktipps –, dann ist es auf einem guten Weg, Ihre neue Partnerin zu akzeptieren. Auch wenn dieses erste Treffen gut geht, verbringen Sie nach Möglichkeit die meiste Zeit allein mit Ihrem Kind, denn diese ist – höchstwahrscheinlich wie bei den meisten Vätern – eingeschränkt.

Tipp

Geben Sie Ihrem Kind Zeit. Konfrontieren Sie es nicht zu früh mit Ihrer neuen Partnerin. Nur dann kann sich eine gute Beziehung zwischen den beiden entwickeln. Achten Sie darauf, ob Ihr Kind dafür bereit ist. Auch wenn es sich Ihrer neuen Partnerin langsam und in seinem Tempo annähert, müssen Sie damit rechnen, dass die Beziehung zwischen den beiden sich nicht ohne Unstimmigkeiten entwickelt. Zwei einander fremde Menschen brauchen einfach Zeit, um einander zu entdecken, um sich aneinander zu gewöhnen und um – vielleicht – einmal Freundschaft zu schließen. Erzwingen Sie dies nicht!

Beachten Sie das Alter und die Wünsche Ihres Kindes

Ob Ihr Kind Ihre neue Partnerin akzeptieren kann, hängt meist auch von seinem Alter ab. Ist es jünger als 10 oder älter als 15 Jahre, gelingen Beziehungen zwischen Ihrem Kind und Ihrer neuen Partnerin wahrscheinlicher und lösen weniger Widerstand aus. Wenn Ihr Kind unter 10 Jahre alt ist, findet es wahrscheinlich emotional leichter zu Ihrer neuen Partnerin und auch zum neuen Partner Ihrer Exfrau. Ist Ihr Kind älter als 15 Jahre, besteht die Möglichkeit, dass es sich entlastet fühlt, weil es dabei ist, die Eltern zu verlassen, um zu studieren oder einen Beruf zu ergreifen. So kann es die empfundene Verantwortung für einen Elternteil an dessen neuen Partner abgeben.

Ist Ihr Kind zwischen 11 und 15 Jahre alt, beginnt es gerade selbstständiger zu werden und verstärkt eine eigene Identität zu entwickeln. Dann kann es sein, dass es seine sich gerade entwickelnde Unabhängigkeit gefährdet fühlt und einen meist beträchtlichen Widerstand entwickelt. Ich weiß, dass Sie das Alter Ihres Kindes nicht beeinflussen können. Aber es ist gut für Sie, diese Hintergründe zu kennen. Vielleicht fällt es Ihnen dann leichter zu akzeptieren, wenn Ihr Kind partout keinen Kontakt zu Ihrer neuen Partnerin haben will.

Wie schwierig es ist, wenn das jüngere Kind gerne Kontakt mit der neuen Partnerin hätte und das ältere diesen Kontakt ablehnt, zeigt Ihnen das nächste Beispiel.

Eva ist 6 und Elfriede 13 Jahre alt. Beide lieben ihren Vater abgöttisch, selbst nachdem Stefan – so heißt ihr 39-jähriger Vater – nach einer längeren Krisenzeit in der Ehe seine Frau verlassen hat, um mit seiner neuen Freundin eine Beziehung zu leben. Die Trennung und die darauffolgende Scheidung verlaufen dramatisch. Die Ehefrau von Stefan – Karin – kann die Trennung nicht verwinden und legt der Scheidung immer wieder massive Stolpersteine in den Weg. Stefan verzichtet auf viele materielle Ansprüche, nur um so schnell wie möglich aus dieser belastenden Situation herauszukommen. Zum Teil wird dieser Streit auch über die Kinder ausgetragen. Eva litt in dieser Zeit unter massiven Schlafstörungen und Elfriede begann mit anderen Jugendlichen verstärkt Alkohol zu konsumieren. Karin meldete beide Kinder zur Psychotherapie bei mir an. Nach einer differenzierten Diagnose gelang es mir in mehreren Einzelgesprächen mit den getrennten Elternteilen, die Kinder aus der Schusslinie des Streites zu bringen. Karin schaffte es aber nie wirklich, mit der Trennung von Stefan fertig zu werden.

Während Eva, die jüngere Tochter, sehr locker auf Stefans neue Freundin zugeht und auch zu deren etwa gleichaltriger Tochter ein gutes Verhältnis aufbaut – das dürfte auch ihrem Naturell entsprechen –, gelingt dies Elfriede nicht. Für sie ist und bleibt die neue Freundin ihres Vaters das Feindbild und die Frau, die ihn überhaupt erst dazu brachte, seine Familie zu verlassen. „Das kann ich ihr nie verzeihen!", betont sie immer wieder, obwohl Stefan ihr schon oft erklärte, dass die neue Freundin nicht der Grund für die Trennung war, sondern dass er und ihre Mutter sich schon lange nicht mehr liebten. Doch Elfriede bleibt auf ihrem Standpunkt und Stefan akzeptierte ihn schließlich. Er beginnt die Zeit allein mit den Kindern zu verbringen und kommt dabei in das Dilemma, dass Eva sehr gerne mit seiner neuen Freundin und vor allem mit deren Tochter etwas unternehmen würde, Elfriede dies aber strikt ablehnt. Stefan löst das Problem, indem er mit Eva – ohne Elfriede – hin und wieder mit seiner neuen Partnerin und deren Tochter gemeinsam etwas unternimmt. Zum Ausgleich geht er von Zeit zu Zeit mit Elfriede allein in ein Café. „Vater-Tochter-Gespräche" nennen sie das.

Grundsätzlich können Sie nicht erzwingen, dass Ihr Kind Ihre neue Partnerin mag. Sie als Vater sind dann gefordert, Lösungen zu finden, ohne dass Sie selbst zwischen Ihrer neuen Partnerin und Ihrem Kind zerrissen werden. Vielleicht hilft es Ihnen, die Beziehung zwischen Ihnen und Ihrer neuen Partnerin und die Beziehung zwischen Ihnen und Ihrem Kind als verschiedene Welten zu sehen, zwischen denen Sie hin- und hergehen. Dann wird es zwar eine Frage der zeitlichen Organisation, aber es belastet Sie psychisch nicht mehr so stark.

Noch wichtiger, als das Alter des Kindes zu beachten, ist es, auf seine Wünsche zu hören. Der elfjährige Severin kann die neue Freundin seines Vaters einfach nicht ausstehen. Immer wenn er den Vater besucht, schleicht sie um die beiden herum. Selbst auf Bitten von Severin, die Zeit allein mit seinem Vater verbringen zu dürfen, geht der Vater „nur zum Schein ein", so erzählt Severin. Sie verbringen gemeinsame Zeit und schon läutet das Handy. Die Freundin will wissen, wo die beiden sind, der Vater erzählt es ihr und es dauert nicht lange, da stößt sie mir nichts dir nichts dazu. Severin ist beim Erzählen sichtlich erregt und ballt seine Fäuste. „Kann er sich denn da nicht durchsetzen, bin ich ihm denn gar nichts mehr wert?", fragt er, mit den Tränen kämpfend.

Gleich nach der Trennung seiner Eltern wurde Severin mit der neuen Partnerin seines Vaters konfrontiert. Seine Mutter heizte den Konflikt noch weiter an, indem sie ihm erzählte, dass die Freundin des Vaters – was viele Kinder ohnehin vermuten – der Grund dafür sei, warum er sie und ihn verlassen habe. Severin hat das Problem zurzeit so gelöst, dass er sich auf die Seite seiner Mutter geschlagen hat und von seinem Vater nichts wissen will. Der Vater setzt sich auch nicht wirklich dafür ein, mit Severin ein klärendes Gespräch zu führen. So vergeht die Zeit – wertvolle Zeit –, ohne dass die beiden miteinander Kontakt haben.

So wie für Severin ist es für scheidungsbetroffene Kinder schwierig, wenn der Vater voll in seiner Liebe zu seiner neuen Freundin entflammt ist und sein Kind mehr und mehr aus den Augen verliert.

Was Ihre neue Partnerin beitragen kann

Wie sich die Beziehung zwischen Ihrem Kind und Ihrer neuen Partnerin entwickelt, hängt natürlich auch sehr stark davon ab, wie sie sich Ihrem Kind gegenüber verhält.

Grundsätzlich muss Ihre neue Partnerin akzeptieren, dass wenn Sie Zeit mit Ihrem Kind verbringen, sie die zweite Geige spielt. Sie muss ebenfalls akzeptieren, dass Ihr Kind zumindest in der ersten Zeit nach der Scheidung keinen Kontakt zu ihr haben will. Sie muss es ertragen, dass sie in der Zeit, in der Sie mit Ihrem Kind sind, nicht mit Ihnen sein kann. Selbst wenn sich ein Kontakt, vielleicht sogar eine Beziehung zwischen Ihrem Kind und Ihrer neuer Partnerin entwickelt, braucht sie ein gutes Gespür dafür, wann das Band „Vater-Kind" im Vordergrund steht. Sie muss sich dann zurückziehen können und wollen.

Es gibt – neben dem möglichen Problem der Konkurrenz zwischen Ihrem Kind und Ihrer neuen Partnerin – unter Umständen noch die Schwierigkeit, dass Ihre neue Partnerin glaubt, eine zweite Mutter sein zu müssen. Achten Sie darauf, dass sie keine erzieherischen Funktionen übernimmt! Zeichen dafür sind, wenn sie Ihr Kind zurechtzuweisen beginnt, wie es sich kleidet, wie es isst, was es isst, was es zu tun hat, was es zu lassen hat, wie es sich verhalten soll. Das sind Phänomene dafür, dass Ihre neue Partnerin eine mütterliche Rolle einnimmt. Ihr

Kind hat schon eine Mutter. Auch wenn die Dinge, die Ihre neue Partnerin vorschlägt, sachlich gut wären, muss Ihr Kind sich dagegen wehren, weil es sonst das Gefühl hätte, seine Mutter zu verraten. Selbst wenn Ihre Partnerin Ihr Kind mag, fehlt ihm die Basis, ihre Erziehung akzeptieren zu können: diese Basis ist die Liebe Ihres Kindes. Sprechen Sie sich mit Ihrer neuen Partnerin so ab, dass nur Sie als Vater erzieherisch tätig sind.

An Ihnen liegt es, die notwendigen Grenzen zu setzen („Wenn du etwas in der Küche fallen lässt, dann hebst du es auch auf"), für eine zeitliche Ordnung zu sorgen („Gut, du gehst jetzt zu deinem Freund hinüber, aber denk bitte daran, dass wir um 17:00 Uhr gemeinsam zu Abend essen"). Sollte Ihre neue Freundin in die Erziehung eingreifen, ist der Widerstand Ihres Kindes programmiert („Du hast mir gar nichts zu sagen, du bist nicht meine Mutter!"). Wenn es Ihrer neuen Partnerin gelingt, Ihrem Kind ein freundschaftliches Verhältnis anzubieten, ist die Möglichkeit am größten, dass sich zwischen den beiden eine gute Beziehung entwickelt. Wenn Ihr Kind auch noch von gewissen Fähigkeiten oder Kenntnissen Ihrer Partnerin profitieren kann – so wie Laura die Schminkkunst der neuen Freundin des Vaters bewundert –, können sich freundschaftliche Wege zwischen den beiden eröffnen. Wenn dies gelingt, ist für Sie und Ihr Kind schon sehr viel erreicht.

Als Vater sind Sie gut beraten, wenn Sie sich mehr auf Ihre Beobachtungen verlassen als auf die direkten Aussagen Ihres Kindes. In der Scheidungsforschung wurde aufgezeigt, dass Kinder sich bei ihren Vätern oft extrem anpassen. Über das, was sie stört, reden sie bei ihm oft nicht, vielleicht erwähnen sie es erst bei der Mutter. Sie haben große Angst, dass ihr Vater den Kontakt zu ihnen abbricht, wenn sie sich nicht so verhalten, wie sie glauben, dass er es wünscht. Rechnen Sie also nicht damit, dass Ihr Kind Ihnen sagt, was es bei Ihnen stört!

Mein Appell an Sie: Räumen Sie Ihrem Kind erste Priorität ein. Die Zeit, die Sie aktiv gemeinsam mit Ihrem Kind gestalten können, ist sehr begrenzt. Ab 10 Jahren werden die Freunde wichtig, ab 16 Jahren kommen sie kaum mehr bei gemeinsamen Urlauben mit. Nutzen Sie die gemeinsame Zeit, solange es möglich ist! Dazu kommt, dass der Zeithorizont von Kindern anders ist als der von Erwachsenen. Die Zeit erscheint ihnen viel länger. Wenn Sie selbst einmal daran denken, wie lange es als Kind von den Sommerferien bis Weihnachten dauerte und wie schnell für Sie jetzt ein Jahr vergeht: kein Vergleich! Die Zeit, in der Sie Ihr Kind wegen einer neuen Liebesbeziehung zurückstellen, erscheint ihm viel, viel länger. Es wäre schade, wenn wegen Ihrer neuen Partnerin Ihre Vater-Kind-Beziehung zerbrechen würde.

Tipp

Wenn Sie darauf geachtet haben, dass zwischen den Krisenpunkten Ihres Kind – Beginn der ehelichen Krise und Auszug eines Elternteils, die Scheidung wird amtlich oder die Trennung wirklich vollzogen, ein Elternteil oder beide finden einen neuen Partner, ein Elternteil bekommt mit einem neuen Partner ein Kind – genügend Zeit für die Verarbeitung bleibt, und wenn Sie sich mit den Wünschen und Anforderungen Ihres Kindes ausreichend auseinandergesetzt haben, kommt auch für Ihr Kind einmal die Zeit, in der es Ihre neue Liebesbeziehung akzeptieren muss. Es braucht Ihre neue Partnerin nicht zu lieben und es darf sich auch wünschen, dass Sie die gemeinsame Zeit mit ihm allein verbringen. Aber bestimmte Begegnungen mit Ihrer neuen Partnerin werden Ihrem Kind nicht erspart bleiben. Sie als Vater haben ein Recht darauf, dass Ihr Kind Ihrer neuen Partnerin zumindest höflich gegenübertritt.
Es geht auch um Sie. Die neuesten Scheidungsforschungen haben festgestellt: Eine neue Liebesbeziehung hat nach einer Scheidung den größten Heilungseffekt.

Wie Sie den möglichen Reaktionen Ihrer Exfrau begegnen können

Wenn Sie eine neue Partnerin finden, löst das auch Reaktionen bei Ihrer Exfrau aus, die wiederum Auswirkungen auf Ihr Kind haben können – so wie Robert das im folgenden Beispiel beschreibt.

Robert, ein 44-jähriger Postbeamter, ist Vater von drei Kindern und seit zwei Jahren geschieden. Seine Exfrau Daniela hatte damals die Scheidung eingereicht. Für Robert kam das eher überraschend. Eine Zeit lang versuchte er sich zu wehren und sich wieder mit Daniela zu versöhnen. Nach einem halben Jahr sah er schließlich ein, dass er damit keine Chance hatte, und stimmte der Scheidung zu. Die materiellen Güter waren schnell verteilt und auch die Besuchszeiten der Kinder beim Vater einvernehmlich festgelegt. Robert ging es in diesen zwei Jahren nicht gut, doch er schaffte es, seinen väterlichen Pflichten nachzukommen, und mit der Zeit fand er am Vatersein auch wieder Freude.

Robert musste einiges dazulernen, nicht nur im Haushalt. Er war es auch nicht gewohnt, mit seinen drei Kindern zusammen zu sein, ohne jederzeit auf die Hilfe seiner Exfrau Daniela zurückgreifen zu können. Seine drei Kinder – der 8-jährige Sebastian, der 10-jährige Georg und die 13-jährige Susanne – waren gerne bei ihm.

Robert hatte sich in seinem Singleleben gut eingelebt, da traf ihn wieder Amors Pfeil. Die 35-jährige Krankenschwester Franziska schneite in sein Leben und Robert blühte richtig auf. Darüber vernachlässigte er seine Kinder nicht, er „beichtete", so erzählte er es mir, seinen Kinder, dass er eine neue Freundin habe, dass er aber erst einmal die gemeinsame Zeit mit ihnen weiter ohne Franziska verbringen werde. Die Kinder zeigten keine erkennbaren Reaktionen und äußerten sich auch nicht. Lediglich sein jüngster Sohn Sebastian meinte: „Dann bist du nicht mehr so allein, Papa."

Bei den nächsten Treffen – die alle ohne Franziska abliefen – veränderten die Kinder sich. Sie wurden bockiger, gingen nicht mehr so unbefangen auf ihn zu und nörgelten mehr. Robert konnte es ihnen einfach nicht rechtmachen. Er kannte sich nicht aus, er war sich einfach keiner Schuld bewusst, und am zweiten gemeinsamen Wochenende – seine Kinder zeigten die gleichen Verhaltensweisen –

versammelte er sie um sich und fragte: „Was ist los mit euch? Was habe ich getan, dass ihr jetzt schon zwei Wochenenden lang hauptsächlich herummeckert und euch nichts passt?" Stille. Robert biss sich auf die Zunge und wartete. Schließlich begann Susanne, die Älteste, stockend zu reden: „Die Mama hat gesagt, dass dir die neue Freundin viel wichtiger ist als wir und dass es gar nicht mehr lange dauern wird, bis du gar keine Zeit mehr für uns hast." Robert wurde zuerst wütend auf seine Exfrau. Er wollte schon lospoltern, da bemerkte er gerade noch rechtzeitig, dass seine Kinder wohl nicht die richtigen Ansprechpartner dafür wären. Er atmete tief durch, beruhigte sich und sagte: „Ihr drei seid mir am wichtigsten, ihr drei seid die wichtigsten Menschen für mich auf der ganzen Welt. Mit euch kann es keine neue Freundin auf der ganzen Welt aufnehmen. Ihr steht bei mir an erster Stelle." Es herrschte Stille, bevor Robert nachsetzte: „Ich hoffe, ihr glaubt mir das, und ihr seht doch auch, dass ich, seit ich die Freundin habe, mit euch genauso viel Zeit verbringe und genauso für euch da bin wie vorher. Oder gibt es für euch einen Unterschied?" Sebastian meinte nur: „Außer dass du jetzt besser aufgelegt bist." Alle vier lachten.

Robert führte – von mir moderiert – auch noch ein klärendes Gespräch mit seiner Exfrau Daniela. Sie hatte die Größe zuzugeben, dass sie plötzlich „riesig eifersüchtig" war, aber auch, dass ihr nicht bewusst war, dass sie ihre Eifersucht über die Kinder transportierte. In den zwei Jahren nach der Scheidung waren ihr auch die guten Zeiten bewusst geworden, die sie mit Robert verbracht hatte. So konnte Daniela – das hat sie mir später erzählt – auch noch ein Stück weit die Trennung von Robert betrauern und sich mit der gemeinsamen Zeit versöhnen. Sie erkannte aber auch, dass die Trennung gut für ihre Entwicklung war. Nachdem Robert und Daniela das geklärt hatten, konnten die beiden ein gutes Eltern-Team sein.

Findet ein geschiedener Elternteil einen neuer Partner, ist es möglich, dass der Ehestreit neu ausbricht – selbst wenn – wie bei Robert – die Frau die Scheidung eingereicht und auf der Trennung bestanden hatte. Auch Männer, die bereits wieder in einer neuen Partnerschaft leben und deren geschiedene Ehefrauen einen neuen Partner finden, reagieren oft eifersüchtig.

Beide Elternteile müssen sich an der eigenen Nase packen und anerkennen, dass der Expartner einen Anspruch auf eine neue Partnerschaft hat. Beide haben kein Recht, sich in die Liebesbeziehungen des anderen einzumischen – vor allem nicht über die Kinder.

Der Wunsch Ihres Kindes ist höchstwahrscheinlich – wie der Wunsch der meisten scheidungsbetroffenen Kinder und Jugendlichen –, dass Sie und Ihre Exfrau wieder ein Liebespaar werden und es in seiner intakten Ursprungsfamilie leben kann. Aus diesem Grund versucht es vielleicht, wenn Sie eine neue Beziehung eingehen, diese Chance zu nützen, indem es die Eifersucht seiner Mutter anstachelt. Ihr Kind wünscht sich, dass Ihre Exfrau wieder um Sie zu werben beginnt. So glaubt es der Wiedervereinigung seiner leiblichen Eltern näher zu kommen.

> **Tipp**
>
> Reden Sie offen mit Ihrem Kind, wenn Sie eine neue Liebesbeziehung eingegangen sind. Konfrontieren Sie es aber erst dann mit Ihrer neuen Freundin, wenn es dazu bereit ist. Verbringen Sie genauso viel Zeit allein mit Ihrem Kind und genauso konzentriert wie vorher. Sollte das Verhalten Ihres Kindes sich längerfristig negativ verändern, reden Sie nicht nur mit ihm darüber, sondern besprechen Sie diese Veränderungen vor allem mit Ihrer Exfrau!

Wenn Ihre Exfrau einen neuen Partner hat

Der achtjährige Ludwig und der zehnjährige Moritz sind ganz geknickt. Konrad, ihr Vater – Sie kennen die drei bereits aus anderen Beispielen in diesem Buch –, versteht nicht recht, warum. „Die Mama hat jetzt einen Freund", rückt Ludwig endlich kleinlaut heraus. „Das weiß ich doch", sagt Konrad. „Und deswegen schaut ihr so geknickt aus der Wäsche?", fragt er. „Ja", meint Moritz. „Und du bist auch nicht böse?", fragt Ludwig. „Nein, und selbst wenn, was hat das denn mit euch zu tun?", meint Konrad. „Genau", sagt Moritz und schaut zu Ludwig, „ich hab dir doch gleich gesagt, dass der Papa nicht böse ist." Nach einem kleinen Zank zwischen Ludwig und Moritz, wer jetzt was ohnehin schon gewusst hat, verbessert sich die Stimmung schlagartig und die drei widmen sich wieder ihrer Lieblingsnachspeise: Spaghettieis.

Wie in diesem Beispiel glaubt vielleicht auch Ihr Kind, es müsse Sie als Vater schonen, wenn Ihre Exfrau eine neue Liebesbeziehung eingegangen ist. Sollte dies der Fall sein, dann ist es wichtig – wie in diesem Beispiel gezeigt wird –, dass Sie als Vater auf Ihr Kind eingehen und ihm klare Zeichen geben, dass es Sie nicht schonen muss. Sagen Sie ihm zum Beispiel: „Ich weiß, dass die Mama jetzt einen neuen Freund hat. Es kann sein, dass das schwierig für dich ist. Aber für mich ist es in Ordnung, wenn die Mama einen neuen Freund hat. Ich wünsche mir, dass du es so gut wie möglich mit ihm hast. Vielleicht gibt es sogar Sachen, die er mit dir machen kann, die ich nicht kann. Dann hättest du sogar etwas davon. Aus meiner Sicht ist es völlig in Ordnung, wenn du den neuen Freund leiden kannst und wenn es dir mit ihm gut geht." So zeigen Sie Ihrem Kind, dass es sie nicht zu schonen braucht.

Ein anderes Problem ist, dass Ihr Kind vielleicht versucht, den neuen Freund Ihrer Exfrau hinauszuekeln, damit der Platz für Sie als Vater frei bleibt. Es wünscht sich vermutlich, dass Sie irgendwann wieder zu Ihrer Exfrau zurückkommen. Diese Hoffnung müssen Sie als Vater ganz eindeutig enttäuschen. „Weißt du, ich finde es nicht in Ordnung, wenn du zum neuen Freund deiner Mutter so ekelhaft bist. Du musst ihn nicht lieben und er ist auch nicht dein Vater. Aber du musst höflich zu ihm sein. Weißt du, ich vermute ja, du machst das nur, damit der Platz für mich frei bleibt. Aber ich muss dir leider sagen, dass ich auch dann nicht zurückkomme, wenn du es schaffen solltest, den neuen Freund deiner Mutter hinauszuekeln. Arrangiere dich lieber mit ihm, ich glaube nämlich, der ist ganz okay." So oder so ähnlich, dann kann Ihr Kind den neuen Freund der Mutter langsam akzeptieren und vielleicht sogar eine freundschaftliche Beziehung zu ihm aufbauen. Wenn Ihr Kind es schafft, mit Ihnen eine väterliche und mit dem neuen Freund der Mutter eine freundschaftliche Beziehung zu leben, gewinnt es dabei.

Sie brauchen als Vater keine Angst zu haben, dass der neue Freund Ihrer Exfrau Sie als Vater verdrängen wird. Das kann er nicht. Sie und Ihr Kind haben eine lange gemeinsame Geschichte, Ihre Herzen sind so ineinander verwoben, dass jeder, der versucht, dieses Band auch nur zu schmälern, sich den Zorn Ihres Kindes zuziehen würde.

Wenn Ihre Exfrau die Trennung nicht wirklich verwunden und verarbeitet hat – siehe Kapitel 3 –, kann es vorkommen, dass sie versucht, den neuen Partner als Vater einzuführen und Sie, den leiblichen Vater, auszugrenzen. Dieses Vorhaben ist ebenso zum Scheitern verurteilt, weil Sie und Ihr Kind wahrscheinlich auf eine lange gemeinsame Geschichte zurückschauen können, die nichts und niemand ausradieren kann. Menschen, die man liebt, sind nicht austauschbar. Sonst gäbe es keinen Liebeskummer und auch keine Eifersucht. Wenn Ihre Exfrau versuchen würde, den neuen Mann in ihrem Leben als Vater bei Ihrem Kind einzuführen, würde Ihr Kind sich wehren und – wenn nötig – Symptome entwickeln, bis auch Ihre Exfrau erkennen würde, dass sie zwar Sie – den Exmann – aus ihrem Leben verbannen kann, aber dass sie ihrem Kind den Vater nicht nehmen kann.

Schwierig für Ihr Kind kann es werden, wenn der neue Partner Ihrer Exfrau glaubt, den Vater ersetzen zu müssen, indem er sich wie ein Vater verhält, Leistungen fordert, Grenzen setzt und erzieht. Doch diesen Anforderungen fehlt die Basis: die Liebe zwischen Vater und Kind. Der neue Freund muss sich diese Basis erst einmal verdienen, genauso wie Ihre neue Partnerin. Er ist gut beraten, sich auf eine freundschaftliche Beziehung mit Ihrem Kind einzustellen. Er hat aber das Recht, seine Person und seinen gemeinsamen Raum mit Ihrer Exfrau vor Ihrem Kind zu verteidigen. Daran wird es sich gewöhnen müssen.

Die meisten Probleme haben Kinder damit, ihrem Vater einzugestehen, dass sie den neuen Freund der Mutter im Grunde ganz nett finden. Oft glauben sie, den Vater zu verraten, wenn sie vielleicht sogar Spaß mit dem neuen Partner der Mutter haben.

So ähnlich erging es dem zehnjährigen Moritz, den Sie bereits aus dem fünften und auch aus diesem Kapitel kennen. Der neue Partner der Mutter – Andreas – ist eine Sportskanone, genau wie Moritz. Andreas ist passionierter Kletterer und schon lange wollte Moritz in die Kunst des Kletterns eingeführt werden. Konrad, der Vater von Moritz, ist eher der gemütliche Typ, und wenn er etwas so gar nicht leiden kann, dann ist es Klettern. Moritz hat sich bisher so manche Abfuhr bei Konrad wegen des Kletterns geholt. Konrad sieht zwar ein, dass Klettern ungefährlich ist, wenn die Sicherheitsvorschriften eingehalten werden, „aber mir wird schon schlecht, wenn ich nur da raufschaue, geschweige denn runter", sagt er immer. Moritz ist also im Zwiespalt: Soll er dem inneren Ruf, dem Wunsch nach Klettern folgen oder sich mit seinem Vater Konrad solidarisieren? Eines Tages gewinnt der innere Ruf die Oberhand und Moritz bittet Andreas, ihn in die Kletterhalle mitzunehmen. Dort verbringen die beiden einen aufregenden gemeinsamen Nachmittag.

Beim nächsten Treffen mit seinem Vater ist Moritz sehr geknickt. Es war, erzählte Konrad, „als dürfte Moritz es nicht mit Andreas und auch mit mir schön haben. Als ob sich das ausschließen würde. Vor allem durfte ich nicht erfahren, dass er es mit Andreas schön hatte". Konrad überlegte lange, was er jetzt machen sollte. Er besprach die Angelegenheit auch mit seiner Exfrau. Schließlich trafen Konrad und Andreas sich im Beisein von Moritz, sie besprachen – unter Männern –, was Andreas mit Moritz und was Konrad mit Moritz so macht und dass es beiden erwachsenen Männern wichtig ist, dass es Moritz mit beiden gut geht. Moritz konnte gar nicht recht glauben, was er da sah. Aber wenn die beiden das so sagen, dann ist es wohl in Ordnung. Seither hat Moritz keine Probleme mehr damit, er klettert mit Andreas und philosophiert mit Konrad. „Eigentlich ist es so ideal für mich, aber lieber wäre es mir trotzdem, wenn der Papa wieder daheim wäre", erzählt er mir ein paar Wochen später.

Wenn Ihr Kind über den neuen Freund seiner Mutter schimpft, stimmen sie nicht in diesen Chor ein. Seien sie mit dem neuen Freund – so gut es geht – auf Männerebene solidarisch. Gehen Sie davon aus, dass wenn Ihre Exfrau sich diesen Mann ausgesucht hat, er mehr mit Ihnen gemein hat, als Sie vielleicht glauben. Ihre Kinder brauchen Sie auch, um sich bei Ihnen zu beschweren. Das ist in Ordnung so. Doch meistens hat der neue Freund der Mutter Recht, wenn er möchte, dass im Wohnzimmer nicht die alten Socken Ihres Sohnes herumliegen oder dass Ihre Tochter ihre Strümpfe nicht im Waschbecken einweichen soll, wenn er sich gerade waschen will. Ein Stiefvater hat es schwer genug, da muss ihm nicht auch noch der leibliche Vater in den Rücken fallen. Hier gilt der Grundsatz: Vaters Haus ist Vaters Haus und Mutters Haus ist Mutters Haus. Diese Häuser sind autonom. Einzige Ausnahme: Wenn es konkrete Hinweise gibt, dass der neue Freund Ihrer Exfrau Ihrem Kind etwas zu Leide tut, dann müssen Sie eingreifen. Die Sicherheit des Kindes hat immer Vorrang!

Sie haben jetzt also gesehen, dass es nicht so einfach ist, Ihr Kind mit Ihrer neuen Partnerin bekanntzumachen. Gehen Sie davon aus, dass es in der ersten Zeit – mindestens vier Monate – nach der Trennung Ihrer neuen Partnerin nicht begegnen will. Sie kennen Ihr Kind am besten. Wenn Sie seine Reaktionen gut beobachten, wissen Sie, wann es bereit ist, Ihre neue Partnerin zu treffen. Doch bedenken Sie: Ihr Kind muss erst die Trennung seiner Eltern verarbeiten und sich neu orientieren, bis es halbwegs unbefangen auf Ihre neue Partnerin zugehen kann. Geben Sie Ihrem Kind die Zeit, die es braucht! Dann wird Ihre Vater-Kind-Beziehung nicht durch Ihre neue Beziehung belastet.

8. Welcher Vatertyp sind Sie? Welches sind Ihre Stärken?

Ich gratuliere Ihnen. Sie haben Ihr Ziel erreicht! Wenn Sie bis hierher gekommen sind, dann haben Sie die wichtigsten Bereiche bearbeitet, mit denen Sie sich als Vater nach einer Trennung auseinandersetzen müssen. Wenn Sie die bisherigen Kapiteln konsequent durchgearbeitet haben und vor allem wenn Sie mit Ihrem Kind und Ihrer Expartnerin die wichtigsten offenen Punkte besprochen und geklärt haben, dann haben Sie alle Chancen dieser Welt, mit Ihrem Kind eine gute Vater-Kind-Beziehung zu leben – auch nach der Trennung.

Vater sein ist ein laufender Prozess. Es ist sehr wahrscheinlich, dass Sie sich immer wieder einmal mit einem der in diesem Buch beschriebenen Themenbereiche beschäftigen müssen. Dann empfiehlt es sich, in dem entsprechenden Kapitel nachzulesen.

Was jetzt noch kommt, ist sozusagen eine Zugabe. Sie haben hier die einzigartige Möglichkeit, Ihre väterlichen Stärken zu entdecken. Es kann sein, dass Sie von verschiedenen Seiten Hinweise bekommen, was Sie als Vater nach der Trennung alles falsch machen. Diese „Tipps" können Sie in Ihrem Vatersein verunsichern. Vielleicht fragen Sie sich auch, was eigentlich einen guten Vater ausmacht. Bei meiner Forschungstätigkeit fand ich heraus, dass es den guten Vater nicht gibt. Jeder Vater kann für sich seinen Weg finden, ein guter Vater zu sein oder zu werden, selbstverständlich auch Sie!

In Kapitel 6 – „Was Ihr Kind jetzt von Ihnen braucht: die Vaterpyramide" – habe ich systematisch die Grundfaktoren beschrieben, die einen guten Vater ausmachen. Diese Faktoren stellen sozusagen das Was (Inhalt) eines guten Vaters dar. Sie erinnern sich: Die Basis besteht aus Zuneigung, Vertrauen, gemeinsamer Zeit, verlässlichen Grenzen, dem Stolz auf Ihr Kind. Auf dieser Grundlage bauen die weiteren Faktoren auf, die Sie mit Ihrem Kind – wenn es dann langsam älter wird – leben müssen. Das Wichtige dabei ist, dass es viele Möglichkeiten gibt, wie (Prozess) Sie als Vater diese Faktoren mit Ihrem Kind leben können. Gute Väterlichkeit hat viele Gesichter! Welche, das beschreibe ich in meiner Vatertypologie.

Damit Sie Ihre ganz persönliche Form finden, wie Sie ein guter Vater sein können, ist es für Sie wichtig, sich von den gängigen Klischees, was denn ein guter Vater sei, frei zu machen. Das gelingt Ihnen, wenn Sie Ihre eigenen väterlichen Stärken erkennen. Wenn Sie sich mit meiner Vatertypologie auseinandersetzen, erarbeiten Sie, welcher Typ Vater Sie sind und welche Stärken Sie besitzen. Dann sehen Sie auch, was für ein toller Vater Sie bereits sind. Ich bin davon überzeugt, dass Sie sich in einem dieser Vatertypen wiedererkennen und Ihre Stärken herausfinden werden. So können Sie locker jenen Stimmen Paroli bieten, die immer wieder versuchen, an Ihrem Vatersein herumzumäkeln. Es kann auch sein, dass Sie Anteile von zwei der hier beschriebenen Vatertypen in sich vereinen, dass Sie also ein Mischtyp sind.

Sehr wahrscheinlich entdecken sie mit diesem Vatertypen-Test Ihr Vatersein neu. Jeder der vier Vatertypen hat seine besonderen Stärken, ebenso wie er bestimmte Gefahren birgt. Auch diese stelle ich hier für Sie dar.

Stimmen Sie den folgenden Statements mit Ja zu oder verneinen Sie sie und werten Sie dann den Vatertypen-Test wie beschrieben aus. Vielleicht haben Sie den Impuls, einfach alles mit Ja anzukreuzen. Seien Sie ehrlich zu sich selbst! Je differenzierter Sie vorgehen, umso aussagekräftiger ist das Ergebnis für Sie.

Sie können spontaner an die Statements herangehen, wenn Sie nicht zuerst die Beschreibungen der Vatertypen lesen. Doch es steht Ihnen natürlich frei, wie Sie die Sache angehen. Die eigenen Stärken zu kennen macht stark. Viel Spaß bei den Fragen und bei den Lösungen!

Der Vatertypen-Test

Statements	Ja	Nein	Kategorie
Meine Art, Vater zu sein, begeistert mein Kind.		X	A
Ich verstehe mein Kind sehr gut.		X	B
Mir ist wichtig, dass mein Kind und ich mit beiden Beinen auf dem Boden stehen.	X		C
Am liebsten entwickle ich mit meinem Kind neue Ideen.		X	D
Was ich mir vorgenommen habe, das mache ich auch mit meinem Kind.	X		A
Erst wenn ich mein Kind wirklich verstehe, mache ich Vorschläge.	X		B
Wenn ich meinem Kind Anweisungen gebe, achte ich darauf, dass sie eindeutig und klar sind.	X		C
Mein Kind kann gar nicht früh genug lernen, dass die Dinge sich im Leben ständig verändern.	X		D
Was ich mit meinem Kind mache, das ist lebendig.			A
Mir ist sehr wichtig, dass mein Kind seinen Weg selbst findet.		X	B
Wenn ich mit meinem Kind rede, steht die Sache im Vordergrund.		X	C
Mir ist wichtig, dass mein Kind sich vielseitig entwickelt.	X		D
Selbst Alltäglichkeiten wie spazieren gehen werden für mich und mein Kind zum Abenteuer.		X	A
Wann immer es möglich ist, verhandle ich mit meinem Kind.	X		B

A = 1 B = 2 C = 2 D = 2

Aussage			
Egal was passiert, meist bin ich die Ruhe in Person.		X	C
Mein Kind und ich sind im Grunde wahnsinnig neugierig.		X	D
Mein Kind lässt sich gerne auf meine Vorschläge ein.	X		A
Fast alles, was ich mache, ist auf mein Kind ausgerichtet.		X	B
Was mein Kind und ich tun, hat Bestand.		X	C
Wenn etwas nicht so funktioniert, wie ich es will, dann gehe ich es einfach von der anderen Seite an.		X	D
Ich liebe es, wenn mein Kind vor Begeisterung glüht.	X		A
Ich achte sehr stark auf die Bedürfnisse meines Kindes.		X	B
Mir ist wichtig, dass mein Kind nicht die Realität aus den Augen verliert.	X		C
Wenn ich mit meinem Kind ein Buch lese, entwickeln wir fast immer auch unsere eigene Geschichte.		X	D
Ich rede nicht lange mit meinem Kind, ich unternehme lieber etwas mit ihm.		X	A
Mein Kind liebt es, mir selbst von Kleinigkeiten lange und ausführlich zu erzählen.	X	X	B
Was mein Kind von sich gibt, muss klar und verständlich sein.	X		C
Mir ist ganz wichtig, dass mein Kind auf die Anforderungen des Lebens flexibel reagieren kann.	X		D
Mit meinem Kind kann es mir gar nicht laut und lebendig genug sein.		X	A
Mit meinem Kind kann ich stundenlang philosophieren.		X	B
Für mich gilt der Grundsatz: zuerst die Sache, dann die Gefühle.	X		C
Meinem Kind und mir geht nichts so sehr auf die Nerven wie immer nur der gleiche Trott.		X	D
Ein bisschen Nervenkitzel, ein bisschen Abenteuer, das ist das, was mein Kind braucht.		X	A

A = 2   B = 0   C = 3   D = 1

Aussage			
Erst wenn mein Kind und ich das Gefühl haben, dass etwas für beide fair ist, treffen wir eine gemeinsame Entscheidung.		X	B
Mit Ruhe und Geduld kann ich die meisten Probleme lösen.	X		C
Mein Kind und ich können an keinem Mauseloch vorbeigehen, ohne hineinzusehen.		X	D
Mit meiner Begeisterung stecke ich mein Kind fast immer an.		X	A
Meinem Kind kann ich stundenlang zuhören und zusehen.		X	B
Wenn ich mit meinem Kind bin, möchte ich etwas mit ihm machen, das für uns beide von Dauer ist.		X	C
Manchmal muss man um das Problem herumgehen, um das Ziel zu erreichen.	X		D
Mein Kind und ich machen alles mit Leidenschaft.		X	A
Meinem Kind bringe ich bei, sich in Menschen und Tiere einzufühlen.	X		B
Lieber etwas tun, statt nur zu träumen.	X		C
Wenn mein Kind mit einer neuen Idee kommt, bin ich immer ganz begeistert.	X		D
Mein Motto lautet: handeln statt reden.	X		A
Ich muss dem Herzen meines Kindes auf den Grund gehen, damit ich es verstehen kann.	X		B
Klarheit steht für mich im Vordergrund.	X		C
Das Leben ist eine große Anpassungsleistung.	X		D
Wenn ich mit meinem Kind bin, dann muss sich einfach etwas bewegen.		X	A
Wann immer es möglich ist, folge ich dem Weg, den mein Kind vorgibt.		X	B
Was, wer, wie, wo und wann – das sind die Fragen, die wirklich zählen.	X		C
Man kann mit seinem Kind gar nicht genug Verschiedenes machen.		X	D
Gemeinsam Abenteuer bestehen ist unser Leben.		X	A

A = 1   B = 2   C = 4   D = 3

A = 4   B = 6   C = 10   D = 7

Die meisten Probleme mit meinem Kind kann ich mit einem Kompromiss lösen.	X		B
Immer erst einmal durchatmen und überlegen.		X	C
Mit meinem Kind spiele ich wahnsinnig gerne Detektiv.		X	D
Wenn ich meinem Kind etwas vorschlage, macht es fast immer mit.		X	A
Für mein Kind da zu sein ist meine Lebensaufgabe.	X		B
Nur die Dinge, die bestehen bleiben, haben wirklich Wert.	X		C
Nicht immer führt der gerade Weg zum Ziel.	X		D
Mein Vatersein verbinde ich am ehesten mit dem Element Feuer.			A
Mein Vatersein verbinde ich am ehesten mit dem Element Wasser.			B
Mein Vatersein verbinde ich am ehesten mit dem Element Erde.			C
Mein Vatersein verbinde ich am ehesten mit dem Element Wind.			D

A = 0 B = 2 C = 1 D = 1

Wenn Sie die Fragen beantwortet haben und sie nach der hier beschriebenen Methode auswerten, können Sie bestimmen, welcher Vatertyp Sie sind. Ihre Stärken zu kennen verleiht Ihnen noch mehr Sicherheit in Ihrem Vatersein.

Auflösung des Vatertypen-Tests

Zählen Sie bitte Ihre Ja-Antworten pro Kategorie (A, B, C oder D) zusammen. Wenn in einer Kategorie Ihre Ja-Antworten (maximal 16) mit großem Abstand vor den anderen Kategorien liegen, dann sind Sie eindeutig diesem Vatertyp zuzuordnen. Wenn bei Ihnen zwei oder vielleicht sogar drei Kategorien ungefähr gleich viele Ja-Antworten ergeben, dann sind Sie ein Mischtyp von zwei, vielleicht sogar drei Vatertypen.

Kategorie A = der begeisternde Vater
Kategorie B = der einfühlsame Vater
Kategorie C = der bodenständige Vater
Kategorie D = der kreative Vater

Die Stärken Ihres Vatertyps können Sie in den folgenden Beschreibungen nachlesen.

Der begeisternde Vater

Wenn Sie zu diesem Vatertyp gehören, dann ist Ihre Stärke Ihre Begeisterung. Für Sie gibt es nichts Schöneres, als mit Ihrem Kind die Welt zu erfahren und zu erleben. Oft geschieht dies in Form von Abenteuern und extremen Sportarten wie beispielsweise Klettern. Aber auch ganz alltägliche Gemeinsamkeiten machen Sie mit Ihrem Kind zu einem Abenteuer, zum Beispiel ein gemeinsamer Hallenbadbesuch, gemeinsames Kochen und vieles mehr. Als begeisternder Vater ist Ihre Tatkraft eine weitere Stärke, denn Sie wollen mit Ihrem Kind etwas erleben, das braucht Ihr Kind. Es gelingt Ihnen hervorragend, Ihr Kind zu Aktivitäten zu motivieren. Begeisternde Väter erzählen, dass von Ihren Kindern oft Aussagen kommen wie: „Papa, du musst mitkommen, sonst ist es langweilig."

Schauen Sie sich doch Ihre Stärken einmal etwas ausführlicher an:

Begeisterung

Wenn Sie ein begeisternder Vater sind, dann lodert ein Feuer in Ihnen. Es gibt Aktivitäten, die Sie unbedingt mit Ihrem Kind unternehmen und teilen wollen.

Vielleicht geht es Ihnen so wie Hannes, der seine Begeisterung bereits mit seinem Baby teilt. Der 38-Jährige erzählt: „Also, das erste Mal habe ich Karli zum Klettern mitgenommen, da war er vier Wochen alt. Da hat seine Mutter, die Claudia, Milch abgepumpt." An dieser Stelle muss Hannes herzhaft lachen. „Dann habe ich ihm diese Jause mitgenommen und bin mit ihm in so eine Kletterhalle gegangen. Ja, der Karli war wirklich von Anfang an dabei. Aufpassen muss man da natürlich schon. Als er ganz klein war, war es umso praktischer, weil er da natürlich da liegen geblieben ist, wo man ihn hingelegt hat. Da war er." Hannes schüttelt sich wieder vor Lachen.

Scheuen Sie sich nicht, Ihr Kind in Ihre Domänen mitzunehmen und einzuführen. Höchstwahrscheinlich liebt es Ihre Begeisterung. Es lässt sich gerne mitziehen, solange Sie für seine Sicherheit sorgen. Es kann sein, dass aus Karli kein Kletterer wird, aber er hat diese Begeisterung erlebt und kann sie dann auf seine eigenen Aktivitäten übertragen. Zeigen Sie Ihrem Kind Ihre Begeisterung und erwecken Sie auch sein Feuer in ihm!

Tatkraft

Wenn Sie ein begeisternder Vater sind, dann lieben Sie es, mit Ihrem Kind etwas zu unternehmen, so wie Gerhard: „Du musst deine Kinder schon führen, aber ab und zu mit ihnen blödeln, den Kindern zu zeigen, was interessant ist. Das liebe ich. Wenn ich nur das Freibad hernehme, die Rutsche. Ich mache mit. Ja, ich gehe mit ihnen rutschen und blödeln. Das ist etwas, was ich irrsinnig gerne tue." Für Sie und Ihr Kind steht die gemeinsame Tat, die gemeinsame Aktivität im Vordergrund. Ihre „Action" liebt auch Ihr Kind!

Lebendigkeit

Als begeisternder Vater gelingt es Ihnen, sehr lebendig mit Ihrem Kind zu sein – sogar im Alltag und fast in jeder Lebenslage – so wie Elisabeth, Gerhards Exfrau, es beschreibt: „Was er gemacht hat, war einfach immer spektakulär. Der ganze Badestrand war involviert, wenn sie ins Wasser gehüpft sind. Er ist einfach so ein toller Papa." Ihr Kind genießt die Aura von Lebendigkeit, die Sie umgibt. So fühlt es sich selbst sehr lebendig und Sie als Vater sind auch darin sein großes Vorbild.

Abenteuer

Egal was Sie mit Ihrem Kind unternehmen: Als begeisternder Vater machen Sie aus fast allem ein Abenteuer – aus jedem Spaziergang, aus jedem Herumtollen und sogar aus jedem Spielplatzbesuch. Das schätzt wahrscheinlich auch Ihre Exfrau an Ihnen – so wie die 41-jährige Sylvia, Exfrau von Hannes, erzählt: „Ich bin recht froh, dass Karli so viel Zeit mit seinem Vater verbringen kann. Ich bin nicht so die Mutter, die wahnsinnig gerne auf Spielplätze geht. Aber der Hannes und der Karli sind gemeinsam sehr gerne auf Spielplätzen." Karli ist jetzt fünf Jahre alt. „Mit dem Hannes kann sich Karli viel besser auf Spielplätzen oder im Freien entfalten, weil er sich da nicht ständig anhören muss: ‚Pass auf!' oder dass er ständig ermahnt wird.

Mit dem Hannes lernt Karli so viele Sachen, zum Beispiel sich fallen zu lassen, mit Gefahren umzugehen. Für mich ist gut, dass ich das nicht anschauen muss. Ich würde das nicht aushalten."

Als begeisternder Vater haben Sie keine Angst davor, manchmal an die Grenzen Ihres Kindes zu gehen. Solange Sie dabei auf seine Sicherheit achten, lernt es dabei viel für sein Leben. So erzählt Gerhard: „Ja, ich mache die wilderen Sachen mit den Kindern." Dabei lacht er herzlich. „Ja wirklich, so auf die Art. Hin und wieder taste ich mich mit meinen Kindern schon an die Grenzen heran. Dabei besteht die Gefahr, dass sich irgendwann ein Kind auch einmal ein bisschen wehtut. Aber du musst mit den Kindern ein wenig an ihre Grenzen gehen, natürlich nicht über ihre Grenzen. Das macht nicht nur Spaß, sondern die Kinder lernen auch, sich zu überwinden. Das brauchen Sie, wenn sie im Leben bestehen wollen." Dabei lächelt Gerhard voller Überzeugung.

Motivation

Als begeisternder Vater verstehen Sie es exzellent, Ihr Kind zu motivieren. Das zeigt sich bei vielen Vätern dieses Typs so, dass sie Ihr Kind fast überallhin mitnehmen – so wie Hannes erzählt: „Also, ich nehme ihn überallhin mit. Mir ist es am liebsten, wenn er dabei ist, der Kleine. Das ist natürlich schön so."

Wahrscheinlich ist Ihnen als begeisternder Vater dabei die Energie des Lachens sehr wichtig, genauso wie für Gerhard: „Eine der wichtigsten Sachen für mich als Vater ist es, meine Kinder so richtig lachen zu hören. Das ist für mich das Schönste, was es gibt. Und wenn das in meinem Beisein auch noch geschieht, dann weiß ich, das passt für meine Kinder. Da brauche ich keine Worte, weil wenn die wirklich herzhaft blödeln und lachen können, dann nerven sie mich nicht wirklich, weil wenn sie blödeln, geht es ihnen gut."

Es kann sein, dass Sie als begeisternder Vater manchmal eine Gegenkraft brauchen. Gut ist, wenn die Mutter des Kindes diesen Gegenpol bildet und Sie als Vater das auch positiv sehen können. Gerhard berichtet zum Beispiel: „Meine Ex, die ist da die Bodenständigere von uns beiden. Die kann mich schon auch einmal runterholen, wenn ich wieder einmal zu sehr mit den Kindern abhebe. Das kann ich dann auch gut von ihr annehmen." Sie sehen: Auch nach einer Scheidung können Vater und Mutter einander gut ergänzen.

Gefahren beim Typ „begeisternder Vater"

Sind Sie ein begeisternder Vater, dann bestehen für Sie auch gewisse Gefahren. Sie müssen darauf achten, dass Sie den wachsenden eigenen Willen Ihres Kindes ausreichend akzeptieren und ihn nicht durch Ihre eigene Begeisterung aus den Augen verlieren, so wie es Lorenz passiert ist: „Mein Sohn, der jetzt zwölf ist, hat sich für Züge interessiert, seit er ganz klein ist. Er hat das Geräusch nachgemacht, ist lieber mit der Bahn als mit dem Auto gefahren. Ich glaube, ‚Sug' – erst später wurde ‚Zug' daraus – war sein drittes oder viertes Wort, das er gesprochen hat. Was lag näher, als ihm – als er dann drei war – die erste Modelleisenbahn zu schenken? Die erste war aus Holz und wir zwei haben stundenlang gemeinsam damit gespielt. Mit fünf hat er dann seine erste richtige Modelleisenbahn gekriegt, eine Märklin. Am Anfang waren wir gemeinsam Feuer und Flamme dafür. Alle paar Monate kam ein Stück dazu und schließlich hatten wir im Keller eine tolle Anlage, mit Stellwerk und allem Pipapo. Ich habe mich da immer mehr hineingesteigert, bin auf Messen gegangen, habe Prospekte bestellt, im Internet geschaut. Ich glaube, ich habe länger als ein Jahr gebraucht, bis ich bemerkt habe, dass mein Sohn sich gar nicht mehr wirklich für die Modelleisenbahn interessiert, das er nur noch mitmachte, um mit mir zusammen zu sein und um mich nicht zu enttäuschen. Aus dem gemeinsamen Hobby ist nur noch mein eigenes geworden. Mein Sohn langweilte sich bereits. Das war ein richtiger Schlag für mich. Es ist mir nicht leichtgefallen, ihm seinen Willen zu lassen." Hier macht Lorenz eine längere Pause. „Doch was mich fasziniert, ist, wie begeistert mein Junge ans Snowboarden herangegangen ist. Ich bin sein größter Fan geworden und bei fast jedem Rennen stehe ich an der Strecke und feuere ihn an."

Für Sie als begeisternden Vater kann der Augenblick kommen, in dem Sie bemerken, dass Ihr Kind Ihre Begeisterung für bestimmte Aktivitäten nicht mehr teilt. Lassen Sie dies zu, auch wenn es Ihnen schwerfällt. Wenn es Ihnen irgendwie möglich ist, begleiten Sie Ihr Kind bei den Aktivitäten, für die es sich begeistern kann.

Sie müssen auch darauf achten, dass Sie nicht rücksichtslos werden. Auch wenn Sie zum Beispiel ein begeisterter Sportler sind, müssen Sie die Möglichkeiten und Fähigkeiten Ihres Kindes ständig im Auge haben. Fordern Sie Ihr Kind, aber überfordern Sie es nicht. Wenn zum Beispiel ein Vater beim Skifahren seine vierjährige Tochter alle schwarzen Pisten (größter Schwierigkeitsgrad) hinunterjagt und das Mädchen einen Weinkrampf bekommt, dann hat seine Begeisterung für den Sport ihn aus dem Kontakt mit dem Kind gebracht und er letztlich seine Verantwortung für die Sicherheit des Kindes nicht mehr wahrgenommen. Tun Sie das nicht!

Wenn Sie Ihr Kind nicht überfordern, besteht die Möglichkeit, dass Sie vielleicht bis ins hohe Alter miteinander die gleiche Sportart teilen. So erzählt Gerhard, dass er zwei-, dreimal im Jahr mit seinem knapp 70-jährigen Vater wandern geht. Aus den früheren wilden Touren sind gemütliche Almwanderungen geworden. Doch beide schätzen das gemeinsame Unterwegssein. Von den Höhepunkten solcher Wanderungen erzählen sie einander immer wieder. Neulich sagte Gerhards Vater zu ihm: „Jetzt passt du langsam auf mich auf so wie ich auf dich, als du noch ein kleiner Junge warst." Beide waren in diesem Augenblick ziemlich gerührt, wanderten dann schweigend weiter, mit Tränen in den Augen.

Eine Gefahr für Sie als begeisternder Vater kann auch sein, dass Ihre Begeisterung in Unbeständigkeit, Hektik oder Chaos umschlägt. Elisabeth, die geschiedene Frau von Gerhard, beschreibt das so: „Das war bei uns immer irgendwie so aufgeteilt: Der Gerhard ist eben für den Spaßfaktor zuständig und ich bin immer eher die, die die Ordnung wiederherstellt, weil sie dann manchmal ins Chaos abgeglitten sind. Der Gerhard ist ein absolut liebevoller Vater, aber hin und wieder fast ein bisschen zu wenig verantwortungsbewusst. Oder vielleicht setze ich meine Latte einfach zu hoch an, weil ich von mir ausgehe." Hier erkennen Sie ansatzweise die gelungene Teamarbeit dieses geschiedenen Elternpaars.

Für Sie als begeisternder Vater kann es auch zu einer Gefahr werden, wenn Ihre Abenteuerlust mit dem Sicherheitsbedürfnis Ihrer Exfrau in Konflikt gerät und Sie beide das nicht mehr konstruktiv lösen können. So hatte Gerhard eine Zeit lang Probleme mit seiner Exfrau, weil er manchmal in seinem Überschwang vergaß, sich um ausreichend Regenkleidung für seine Kinder zu kümmern. „Das bisschen Regen hat noch keinem geschadet." Doch als sein Sohn Maxi aufgrund eines Regenabenteuers eine schwere Bronchitis bekam, war der Streit zwischen Gerhard und seiner Exfrau nur sehr schwer zu schlichten. Schließlich sah Gerhard seinen Fehler ein und erst seit er seine Abenteuer mit seinen Kindern besser durchplant und auch für Regen und andere Zwischenfälle besser gewappnet ist, hat er mit seiner Exfrau wieder ein gutes elterliches Verhältnis. Nehmen Sie die Bedenken Ihrer Exfrau ernst!

Ein Entwicklungsschritt wird von Ihnen als begeisternder Vater dann verlangt, wenn Ihr Kind älter wird und lieber mehr mit gleichaltrigen Kindern spielen will. Dann müssen Sie – auch wenn es Ihnen schwerfällt – beginnen, Ihr Kind ein Stück loszulassen.

Kinder lieben Begeisterung und damit auch begeisternde Väter. Lassen Sie sich Ihre Begeisterung nicht durch Ihre Trennung nehmen!

Der einfühlsame Vater

Wenn Sie ein einfühlsamer Vater sind, dann ist eine Ihrer Stärken Ihre Tiefe, wie Sie sich zum Beispiel um die Werte Ihres Kindes kümmern. Das brauchen Kinder heute. Weitere Stärken sind Ihr Hinterfragen, Ihre beruhigende Wirkung auf Ihr Kind, Ihr Bemühen um Ausgleich, Ihre Bereitschaft zum Kompromiss und Konsens. Sie gehen dem Leben auf den Grund und können Ihrem Kind folgen – Sie sind empfänglich, empfindsam und hingebungsvoll.

Einfühlsamkeit

Wenn Sie ein einfühlsamer Vater sind, dann hat wahrscheinlich die Geburt Ihres Kindes bei Ihnen etwas Ähnliches ausgelöst und bewirkt wie bei Walter: „Wir haben uns ja relativ lange Zeit gelassen und ja, die Geburt war sehr schön und natürlich sehr aufregend. Wir wussten nicht, wie man wirklich mit unserem Kind umgeht, wir hatten auch noch nicht realisiert, dass sich die eigenen Lebensbedingungen sehr stark verändern. Es entsteht einfach ein neues Zentrum des Lebensablaufs. So im Täglichen beginnend bis zur generellen Orientierung, es ist einfach jemand zusätzlich da, der sehr stark im Mittelpunkt steht. Sehr spannend, sehr erfreulich, alles wird anders." Bei Walters Aussagen wird spürbar, wie einfühlsam er damit umgeht und wie er – so weit es ihm möglich ist – dem Rhythmus seines Kindes folgt.

Als einfühlsamer Vater sind Sie in der Lage, all Ihre Sinne auf Ihr Kind auszurichten und – auch wenn es pathetisch klingt – in sein Herz zu schauen.

Tiefe

Als einfühlsamer Vater sind Sie ein Vater mit Tiefgang. Sie sind in der Lage, sich in Ihr Kind und in das Leben so hineinzufühlen, dass Sie nicht nur im Hier und Jetzt mit Ihrem Kind in einem guten Kontakt sind, sondern Sie sind auch sehr stark darum bemüht, ihm Werte zu vermitteln – zum Beispiel Liebe, Gerechtigkeit, Gemeinschaft –, die ihm auf seinem Weg ins Leben nützlich sein können. So wie Walter erklärt, was für ihn ein guter Vater ist, vermittelt er diese Tiefe: „Ich würde einmal sagen, grundsätzlich für die Kinder da zu sein. Die Verantwortung wahrnehmen, im Sinne von möglichst positive Rahmenbedingungen schaffen, in denen meine Kinder aufwachsen können. Grundsätzlich möchte ich meinen Kindern ein Wertegerüst mitgeben, ohne dass es ihnen zu eng wird. Sie sollen von klein auf miterleben, wie in der Familie so ein geordnetes Leben verlaufen kann. Ich weiß nicht, ich habe jetzt sicher eine ganze Menge vergessen. Ich meine, grundsätzlich bin ich vernarrt in meine Kinder. Jetzt weiß ich nicht, ob das ein zentrales Element davon ist, aber es gehört auch irgendwie dazu." Für mich war es erstaunlich, welche einfühlsamen Seiten Walter durch seine Kinder entwickeln konnte. Im Beruf ist er ein erfolgreicher Manager in einem internationalen Holzkonzern. In dieser harten Geschäftswelt steht er seinen Mann.

Auch für Sie als einfühlsamer Vater gilt es zwischen Ihrer Berufswelt und Ihrer Familie zu unterscheiden. Ihre Einfühlsamkeit tut auf jeden Fall Ihrem Kind sehr gut.

Kompromiss- und Konsensbereitschaft

Als einfühlsamer Vater verhandeln Sie sehr gerne mit Ihrem Kind. Kindgerechte Verhandlungen sind die Voraussetzung, damit Sie mit Ihrem Kind Kompromisse und Konsense erzielen können. Natürlich wissen Sie, dass nicht alles mit Ihrem Kind verhandelbar ist. Vieles – zum Beispiel Schlafenszeiten – müssen Sie als Vater vorgeben. Doch wenn es irgendwie geht, versuchen Sie Ihr Kind in Entscheidungen einzubeziehen. Je älter Ihr Kind wird, umso besser gelingt Ihnen das auch, weil mit zunehmendem Alter Ihre Vorgaben weniger werden. So können Sie mit einem 14-Jährigen durchaus verhandeln, wie lange er nach dem Fußballspiel noch mit seinen Freunden unterwegs sein darf. Mit einem 7-Jährigen geht das noch nicht.

Walter – für mich das Paradebeispiel eines einfühlsamen Vaters – arbeitet sehr gut mit seiner Ehefrau zusammen. „Ich bin nicht so strikt wie meine Frau. Das ist bei uns ein Unterschied. Meine Frau ist viel straffer, ich habe dafür viel mehr Schwierigkeiten, mit den Kindern in der Früh rauszukommen, wenn sie in den Kindergarten müssen. Für mich ist es auch nicht so einfach, meine Kinder Abend ins Bett zu kriegen, zu einer bestimmter

Zeit. Da tut sich meine Exfrau leichter. Ich lasse da mehr mit mir verhandeln. Das wissen meine Kinder auch. Das haben sie sofort heraus und nutzen das natürlich auch aus. Meine Grenzen sind da etwas weiter und ich arbeite weniger mit Vorgaben. Ich versuche mehr mit den Kindern Vereinbarungen zu treffen, was natürlich manchmal sehr schwierig ist und auch nicht immer geht."

Wahrscheinlich lieben auch Ihre Kinder, Dinge mit Ihnen auszuhandeln. Solange Ihnen als Vater klar ist, was Sie bestimmen müssen (Schlafenszeiten, Schulbesuch, Zähneputzen und vieles mehr), können Sie und Ihre Kinder dieses Verhandeln genießen.

Folgend

Als einfühlsamer Vater gelingt es Ihnen sehr gut, Ihrem Kind zu folgen. Ihr Bestreben ist, erst zu erfahren, zu erfassen, wo Ihr Kind hinwill, bevor Sie sich mit ihm auseinandersetzen, was wirklich zu tun ist. Einfühlsame Väter machen viele Dinge gerne, weil ihr Kind sie gerne tut. Ihnen geht es dabei oft nicht darum, was sie und ihr Kind gemeinsam machen, sondern sie erfreuen sich an der Freude ihres Kindes. So geht zum Beispiel Walter sehr gerne mit seinen Kindern schwimmen, aber nicht, weil er selbst so gerne schwimmt, sondern weil die Kinder dabei so großen Spaß haben. Ähnlich geht es ihm beim Bauen von Spielzeugautobahnen: „Für mich passt es sehr viel leichter zusammen, wenn es den Kindern Spaß macht. Wenn wir zum Beispiel gemeinsam eine Autobahn bauen und dann darauf die Autos fahren lassen und sie aktiv mitmachen, macht uns das allen Spaß. Wenn alles rund läuft und es für alle eine spaßige Sache ist, das sind die schönsten Dinge für uns alle."

Wenn Ihnen andere Menschen den Rat geben, Ihren Kindern mehr und früher Vorgaben zu machen, hören Sie nicht auf sie! Es ist Ihre Art, Ihrem Kind Sicherheit zu geben, indem Sie ihm folgen. Natürlich können damit Gefahren verbunden sein. Darauf komme ich noch zurück.

Hingabe

Wahrscheinlich lieben Sie es wie die meisten einfühlsamen Väter, so viel Zeit wie möglich mit Ihrem Kind zu verbringen, in einer Art und Weise, dass Ihr Kind sich wohlfühlt. Auch Walter macht es so: „Wann immer ich Zeit habe, verbringe ich die mit den Kindern. Ich versuche dann auch das Programm so zu gestalten, dass die Kinder gut mitkönnen. Wenn es mir möglich ist, richte ich die Aktivitäten auf sie aus. Ich würde nicht sagen, dass ich mich jetzt total der Tatsache unterordne, dass die Kinder da sind. Aber ich würde jetzt nicht irgendetwas machen, was ich mir unbedingt gerade einbilde und was für die Kinder absolut untragbar oder uninteressant ist oder was einfach nicht zu ihrer Altersstufe passt."

Es ist noch gar nicht so lange her, da wurde Hingabe bei Vätern verpönt. Manche Menschen haben dieses Vorurteil immer noch. Doch als einfühlsamer Vater ist Hingabe eine wichtige Stärke für Sie. Wenn das altersgerechte Grenzensetzen bei Ihnen nicht auf der Strecke bleibt, wird Ihr Kind durch Ihre Hingabe aufblühen.

Gefahren beim Typ „einfühlsamer Vater"

Wenn Sie ein einfühlsamer Vater sind, geraten Sie am leichtesten in Gefahr zu unterlassen, Ihrem Kind altersgerechte Grenzen zu setzen oder dies zu spät zu tun. Auch Walter kämpft hin und wieder damit: „Wenn meine fünfjährige Tochter auf Nein-Kurs geht, nervt mich das auch. Wenn es immer nur heißt: ‚Nein, nein, nein' und wenn ich schon 700 verschiedene Sachen angeboten habe und es ist immer nur alles Nein, dann bin ich manchmal ganz schön gefordert. Das ist dann eine Nervensache." Doch Walter hat für sich eine Lösung gefunden, die vielleicht auch für Sie als einfühlsamer Vater hilfreich ist: „Ich stelle mir die Erziehung meiner Kinder als Rahmen vor, der mit ihrem Alter immer weiter wird. Wenn meine Kinder – vor allem meine Tochter – zu sehr auf Konfrontation mit mir gehen, dann ist es an der Zeit, dass ich ihren Rahmen etwas enger ziehe. Wahrscheinlich hat sie sich dann in der Weite meines Rahmens verirrt." Auch wenn ihm das nicht so liegt, wie er sagt, setzt Walter dann doch ganz klare Grenzen: „Neulich habe ich meine Tochter einfach geschnappt und sie ins Bett gebracht. Da hat sie zwar dann noch geweint, aber als ich an ihrem Bett gesessen bin, wollte sie doch noch eine Gutenachtgeschichte und sie ist dann sehr friedlich eingeschlafen."

Auch Ihr Kind braucht seinen Rahmen. So weit wie möglich und so eng wie nötig. Sie als Vater sind für diesen Rahmen verantwortlich.

Eine weitere Gefahr für Sie als einfühlsamer Vater ist, dass Ihre Passivität zu groß wird, und zwar dann, wenn Sie Ihr Kind so weit in den Vordergrund stellen, dass Sie sich selbst als Person „vergessen". Das tut Ihnen nicht gut und Ihrem Kind auch nicht. Es braucht einen Vater, der sich selbst und seine Bedürfnisse durchaus ernst nimmt. So lernt es von Ihnen – Vorbild sind

Sie als Vater immer –, auf die eigenen Wünsche und Bedürfnisse zu achten. Das ist Walter ganz klar und er hat für Sie folgenden Rat parat: „Einfühlsam heißt nicht, sich von den Kindern auf der Nase herumtanzen zu lassen. Es heißt vielmehr zu schauen, was mein Kind braucht. Manchmal sind das einfach nur Grenzen und ein klares Nein von mir als Vater." Nach einer kurzen Pause ergänzt er: „Verzichten Sie auch nicht auf wichtige Freundschaften und Hobbys, auch wenn diese mit Ihrem Kind nichts zu tun haben. Aber alles wie vorher wird natürlich nicht machbar sein."

Gerade einfühlsame Väter tun sich manchmal schwer, die Vorteile Ihres Vatertyps zu erkennen. Doch Kinder lieben diesen Vatertyp. Genießen Sie es!

Der bodenständige Vater

Wenn Sie ein bodenständiger Vater sind, dann sind Ihre Stärken Klarheit, die Sicherheit, die Sie Ihrem Kind vermitteln, Verlässlichkeit. Für Ihr Kind verkörpern Sie die Realität. Auf Sie ist Verlass. Sie strahlen Ruhe und Geduld aus. Sie sind beständig, der Fels in der Brandung für Ihr Kind. Sie sind ein Garant dafür, es in die reale Welt zu führen.

Bodenständigkeit

Als bodenständiger Vater stehen Sie mit beiden Beinen auf der Erde. Ihr Kind schätzt das an Ihnen. Es weiß, dass es sich in dieser Hinsicht voll auf Sie verlassen kann – so wie der 22-jährige Laurenz – Sie kennen ihn aus dem zweiten und fünften Kapitel –

erzählt: „Immer wenn ich Probleme hatte, ging ich zu meinem Vater. Der hat immer eine Antwort gewusst – ein richtig weiser Vater eben." Dabei lacht er und der Schalk blitzt aus seinen Augen. Ernst, Laurenz' Vater, sieht es als seine Hauptaufgabe an, seine Kinder in die Realität des Lebens zu geleiten. So war ihm vor allem die Berufswahl seiner Kinder ein großes Anliegen, bei der er aktiv die Weichen stellte: „Ich habe immer darauf geachtet, dass meine Kinder innerhalb ihrer Möglichkeiten bleiben. Meine Exfrau wollte da manchmal etwas höher hinaus. So ist aus meiner Manuela zwar keine Tierärztin, dafür aber eine gestandene Tierpflegerin geworden. Damit bin ich sehr zufrieden."

Wenn Sie ein bodenständiger Vater sind, dann zeigt sich das meist in der Aufgabenteilung mit Ihrer Exfrau als Mutter. Sie trachten danach, die Aufgaben mit den Kindern pragmatisch so zu verteilen, dass sich Ihr Kind bestmöglich entwickeln kann.

Klarheit

Ihre Stärke „Klarheit" zeigt sich bei Ihnen als bodenständiger Vater vor allem in der Art und Weise, wie Sie Ihr Kind in die Welt hinausführen und ihm Werte und ein brauchbares Weltbild mit auf den Weg geben: hauptsächlich durch Ihr Handeln. Dazu erzählt Ernst ein Beispiel: „Mit dem Laurenz war es nicht immer so einfach. Mit Hausaufgabenmachen war das oft ein großer Kampf. In der vierten Hauptschulklasse ist er notenmäßig so richtig schlecht geworden. Ich habe mich mit dem Jungen hingesetzt und ihm erklärt: ‚Pass auf, wenn du so weitermachst, dann wirst du Hilfsarbeiter. Mit diesen Noten findest du keine Lehrstelle.' Da haben meine Exfrau und ich beschlossen, dass er einmal für ein halbes Jahr zu mir zieht. Da habe ich mit dem

Laurenz einen richtigen Lernplan gemacht. Ich war dann sehr dahinter, dass er den auch einhält. Das hat er gemacht. Er hat dann eine wirklich gute Lehrstelle gefunden. Jetzt leitet er das Restaurant in einem großen Hotel. Ich bin mächtig stolz auf ihn. Wenn meine Ex und ich nicht so gut zusammengearbeitet hätten, wäre uns das nicht gelungen."

Ich möchte Sie ermutigen, als bodenständiger Vater Ihre Klarheit weiterhin zu pflegen. Lassen Sie sich nicht durch Strömungen in der Pädagogik verunsichern, die nur eine nachgiebige Erziehung gutheißen. Für Ihr Kind liefert Ihre Klarheit eine gute Orientierung. Zur richtigen Zeit allerdings – spätestens in der Pubertät – wird es natürlich auch dagegen aufbegehren.

Sicherheit

Als bodenständiger Vater vermitteln Sie Ihrem Kind Sicherheit auch durch Ihre gemeinsamen Gespräche, so wie Franz erzählt: „Mein Junge ist einer, der motorisch nicht so geschickt ist. Er erinnert mich sehr an mich, weil das so ähnlich bei mir war und bei ihm ist es hie und da in der Schule so, dass er ein bisschen zum Außenseiter wird. Sei es jetzt, auf den Baum hinaufzuklettern, auf dem Seil herumzutanzen, er kann es nicht. Und da vermittle ich ihm das Gefühl: Willi, es ist nicht wichtig, dass du auf die Stange da raufkommst, du kannst dafür Geschichten erzählen, da sitzen alle mit offenem Mund da und hören dir zu. Die Fantasie, die du hast, die ist deine Stärke. das versuche ich ihm so mitzugeben, dass er das nicht als eine Schwäche empfindet, sondern dass er das andere als Stärke empfindet. Das ist zum Beispiel so eine Aufgabe, die mir wichtig ist."

Als bodenständiger Vater werden Ihnen viele Gelegenheiten einfallen, bei denen Sie Ihrem Kind Sicherheit vermitteln, zum Beispiel beim Wandern, Baumklettern und bei vielem mehr. Manchmal werden Sie einfach nur im Hintergrund stehen – zum Beispiel, wenn Ihr Kind im Sandkasten spielt – und es wird sich durch Blickkontakt immer wieder versichern, dass Sie da sind und bei schwierigen Situationen – zum Beispiel bei einem Streit um die Sandschaufel – eingreifen werden.

Ruhe und Geduld

Als bodenständiger Vater sind Sie durch fast nichts aus der Ruhe zu bringen. Auch wenn Ihr Kind Sie nervt, reagieren Sie – zumindest meistens – ruhig und gelassen. Bei Franz ist das auch so: „Wenn ich ausgeruht bin, dann kommt es eigentlich relativ selten vor, dass meine Kinder mich nerven. Man spricht einmal ein bisschen ein lauteres Wort, da sagt man, jetzt reicht es, aber das kann nicht nerven." Ihr Kind schätzt Ihre Ruhe und Geduld. Beides gibt ihm zusätzlich Sicherheit.

Beständigkeit

Für Sie als bodenständiger Vater zeigt sich höchstwahrscheinlich Ihre Beständigkeit auch in Ihrer Konstanz, wie Sie mit Ihrem Kind Ihre Vater-Kind-Beziehung pflegen, selbst wenn Sie beruflich sehr stark eingespannt sind. Für Ernst zum Beispiel ist Beständigkeit ein entscheidender väterlicher Faktor: „Jetzt, wo meine Kinder 22 und 24 Jahre alt sind, ist das natürlich anders. Aber als der Laurenz 13 und die Manuela 15 waren, da gab es eine Zeit, in der ich beruflich sehr engagiert war. Trotzdem habe ich meine 14-tägigen Besuchskontakte eisern eingehalten. Dann war ich während des Tages wirklich für meine Kinder da. Gut, es kam vor, dass ich nachts, wenn sie dann schliefen, ein paar Akten gewälzt habe. Aber die Kinder standen für mich an erster Stelle. Da fuhr die Eisenbahn darüber. Selbst mit meinen Chefitäten habe ich mich damals angelegt. Irgendwann haben die das auch akzeptiert." Ernst bedauerte, dass es ihm aus beruflichen Gründen unter der Woche nicht möglich war, an einzelnen Tagen seine Kinder zu sehen. Doch dafür widmete er sämtliche Urlaube ganz seinen Kindern. Bleiben auch Sie der Fels in der Brandung für Ihr Kind!

Gefahren beim Typ „bodenständiger Vater"

Bei bodenständigen Vätern besteht manchmal die Gefahr, dass sie die so wichtigen Freiräume für ihr Kind nicht öffnen. Gerade kleinere Kinder – der Höhepunkt ist zwischen vier und sechs Jahren – befinden sich entwicklungsgemäß in einer Fantasiephase. Sie kennen das sicher: Da wird der Stuhl zum Schiff und der Teppich zum Ozean, den Ihr Kind mit dem Schiff durchquert. In dieser Phase muss es Ihnen möglich sein, auf die Fantasiebedürfnisse Ihres Kindes einzugehen.

Manchmal ist es für Sie als Vater auch wichtig, die gefühlsmäßige Befindlichkeit Ihres Kindes vor die äußere Realität zu stellen. Gerade während der Scheidung und in der Nachscheidungszeit wird Ihr Kind Reaktionen zeigen – zum Beispiel Wut, Rückzug oder psychosomatische Beschwerden, Näheres dazu im zweiten Kapitel –, durch die es ausdrückt, wie es ihm in dieser schwierigen Zeit geht. Dann sind Sie gefordert, diese Reaktionen als Realität anzuerkennen und zum Beispiel nicht darauf zu beharren, dass die Schule Vorrang hat.

Ich bin sicher, dass es Ihnen sehr gut gelingt, Ihre Bodenständigkeit mit einem guten Blick auf Ihr Kind zu verbinden. Damit ist eine sehr gute väterliche Erziehung gewährleistet.

Der kreative Vater

Wenn Sie ein kreativer Vater sind, dann ist eine Ihrer Stärken Flexibilität. Sie verstehen es, mit und für Ihr Kind die Welt immer noch ein Stück bunter zu machen. Kinder lieben das. Eine weitere Stärke besteht in Ihrer Vielseitigkeit. Durch Ihre spontane Art führen Sie Ihr Kind an die schillernde Lebendigkeit des Lebens heran. Ihre Wendigkeit stellt eine weitere väterliche Stärke dar. Durch sie vermitteln Sie Ihrem Kind eine Herangehensweise an das Leben, durch die es sich auf Überraschungen gut einzustellen lernt. Von Ihrem Einfallsreichtum profitiert Ihr Kind ebenfalls ungeheuer – sei es beim Bauen von Drachen, beim Erzählen von Gutenachtgeschichten oder bei dem, was Ihnen und Ihrem Kind bei einem Herbstspaziergang so alles einfällt. Ihr Interesse, Ihre Neugier und Ihr spielerisches Sein – ebenfalls väterliche Stärken – begeistern mit großer Wahrscheinlichkeit Ihr Kind.

Kreativität

Wahrscheinlich heißt für Sie Kreativität auch – so wie für Markus –, Ihr Kind aus seinem engen „Zimmerdasein" zu befreien – manchmal mit väterlicher Überredungskunst: „Grundsätzlich halte ich alle Unternehmungen, die wir gemeinsam machen, für förderlich, weil die Kinder einfach über den Kontakt verschiedene Situationen erleben und dadurch auch viel lernen. Ich lerne aber auch dabei. Das ist immer ein beiderseitiger Prozess. Und was ich gerne mache mit den Kindern, ist, dass ich mit ihnen draußen irgendetwas tue, dass ich mit ihnen unterwegs bin, dass ich sie raushole aus ihrem Zimmerdasein, damit sie eben auch ein bisschen was anderes erleben als nur Video und Gameboy und diese Dinge. Und das Interessante ist ja dann auch, wenn man sie mal heraußen hat – also zuerst wehren sie sich furchtbar oft –, dass es ihnen gefällt und dass sie Spaß haben. Und ich glaube, das sind Erlebnisse, die sie mitnehmen und sie lernen einfach sich selbst vielleicht besser kennen und auch die eigenen Grenzen – vor allem körperlich und so, das müssen sie ja auch irgendwann einmal erleben, in einem geschützten Rahmen." Markus lacht herzlich.

Das ist natürlich nur ein Beispiel, wie Sie Ihre Kreativität mit Ihrem Kind leben können. Kreativität ist im Grunde Ihre Lebenseinstellung. Es gibt für Sie viele Möglichkeiten, diese mit Ihrem Kind zu leben. Auch hier geht es nicht darum, was Sie und Ihr Kind gemeinsam machen, sondern wie sie es machen: mit wachen Augen und mit wachen Herzen; bei einem Abendspaziergang über das Abendrot zu philosophieren, auf der Wiese ein neues Ballspiel zu erfinden. Egal, Ihre Kreativität begleitet Sie und Ihr Kind durch Ihr gemeinsames Leben.

Flexibilität

Flexibilität ist eine weitere Stärke des kreativen Vaters. Sie zeigt sich sehr wahrscheinlich auch in der Zusammenarbeit mit der Mutter Ihres Kindes. So erzählt Markus: „ Also, es kann durchaus so sein, so wie es jetzt war, dass meine Frau einen Kurs gemacht hat, wo sie dann wochenendweise nicht da ist, wo ich sozusagen dann einspringen und einfach ihre Rolle übernehmen musste. Das ist für mich möglich. Den Kindern hat das auch gut gefallen. So viel Zeit haben wir schon lange nicht mehr miteinander verbracht. Ich kann mir auch vorstellen, wenn ich einmal weniger Arbeit habe, dass ich dann auch wieder mehr im

Bereich ‚Hausmann‘ mache. Das handeln meine Frau und ich immer miteinander aus. Das ist dann situationsbezogen.“

Das ist natürlich nur eine Seite Ihrer Flexibilität. Auch diese Stärke gehört zu Ihrer Lebenseinstellung. Sie, und damit auch Ihr Kind, sind in der Lage, auf die Anforderungen des Lebens so flexibel zu reagieren, dass es Ihnen immer wieder gelingt, auch schwierigen Situationen das Beste abzugewinnen. Markus liebt zum Beispiel Spaziergänge im Regen – seine Kinder auch. Das geht so weit, dass Florian, sein elfjähriger Sohn, sobald es regnet, mit Regenjacke und Gummistiefeln vor ihm steht, und wenn es Markus irgendwie möglich ist, ziehen sie dann gemeinsam los, um die größte Wasserlache in ihrem Dorf zu entdecken. Als kreativer Vater fallen Ihnen sicherlich viele Möglichkeiten ein, wie Sie und Ihr Kind Ihre Flexibilität leben können.

Vielseitigkeit

Wenn Ihr Kind Ihre Vielseitigkeit gewohnt ist, dann fordert es sie auch immer wieder ein – so wie bei Markus: Manchmal entstehen dabei sogar demokratische Strukturen, die ihn als kreativen Vater richtiggehend beflügeln: „Wenn meine Kinder und ich zusammen sind, unternehmen wir gemeinsam etwas oder wir spielen was zusammen oder wir machen ein Familienparlament. Und da merke ich: Jetzt können sie argumentieren, sie sitzen da und sind fähig, einmal ruhig zu sein und zuzuhören. Ich meine, das sind dann wirklich Sternstunden!“ Dabei lächelt Markus verschmitzt und scheint im Geist noch einmal das Erlebte zu genießen. „Das kommt immer wieder mal vor, das macht mir richtig Spaß, ja.“

Sehr wahrscheinlich liebt Ihr Kind Ihre Vielseitigkeit. Sein Leben ist dadurch sehr oft anregend und wird selten langweilig. Florian, der Sohn von Markus, schätzt die Gewissheit, mit jeder Idee – sei sie auch noch so ausgefallen – zu Markus gehen zu können. Er ist sicher, bei ihm zumindest auf offene Ohren zu stoßen. Letzten Sommer bauten die beiden ein Floß und durchquerten damit den Teich in ihrem Dorf. Zurzeit basteln sie an einer Segelanlage für ihr Schlauchboot.

Ihre Vielseitigkeit als kreativer Vater kann, muss aber nicht im handwerklichen Bereich liegen. Andere kreative Väter erfinden mit ihren Kindern die tollsten Geschichten, führen Theaterstücke auf und vieles mehr. Auch Sie als kreativer Vater haben ganz bestimmt einzigartige Wege gefunden, um mit Ihrem Kind Ihre Vielfalt zu leben. Denken Sie doch einmal darüber nach und vergegenwärtigen Sie sich Ihre Möglichkeiten. Wenn Sie diese vor Augen haben, erkennen Sie, welche enorme väterliche Stärke Ihre Vielseitigkeit darstellt.

Neugier

Als kreativer Vater zeichnet Sie eine unstillbare Neugier aus. Ob Sie oder Ihr Kind neugieriger sind, können nur Sie selbst beantworten. Auch wenn in der heutigen Zeit Neugier manchmal etwas abgewertet wird, ist Neugier auf das Leben selbstverständlich eine Stärke. Sehr wahrscheinlich sind Sie als kreativer Vater sehr neugierig auf die Entwicklung Ihres Kindes– so wie Markus: „Besonders schön ist es für mich als Vater, wenn ich mit einem Kind einmal allein unterwegs bin, wenn ich dann merke, welche tollen Gespräche ich mit ihnen führen kann. Auf ihrer kindlichen Ebene natürlich, aber doch – wo man plötzlich sieht: Hoppla, da entwickelt sich ein Mensch in seiner ganzen Tiefe. Das gefällt mir sehr."

Als kreativer Vater haben Sie unendlich viele Möglichkeiten, um mit Ihrem Kind Ihre gemeinsame Neugier zu leben. Ob sie gemeinsam die Pfade der Ameisen erkunden, ob sie miteinander herauszufinden versuchen, wie ein Wecker funktioniert: Ihre Neugier ist eine starke väterliche Kraft, die Sie Ihrem Kind näherbringt.

Wendigkeit

Ihre Wendigkeit zeigt sich sehr wahrscheinlich wie bei Markus auch im Gespräch mit Ihrem Kind: „Mir ist wichtig, einmal grundsätzlich mit den Kindern dialogfähig zu bleiben. Das heißt für mich, sie als Menschen zu akzeptieren, das ist dann nicht altersabhängig. Es ist für mich sehr wesentlich, wann immer es geht, mit meinen Kindern im Gespräch zu sein, auch wenn sie einen da manchmal schon ganz schön aushebeln. Dann kommt natürlich dazu – das habe ich auch lernen müssen –, für die Kinder auch eine Art Reibebaum zu sein, jemand, mit dem sie auch einmal in Konfrontation gehen können."

Als kreativer Vater lautet ein Prinzip von Ihnen: „Wenn ich das Ziel nicht direkt erreiche, gehe ich einfach um das Problem herum." Solange Sie dabei nicht um Ihr Kind herumgehen, profitieren Sie beide von dieser Einstellung.

Gefahren beim Typ „kreativer Vater"

Auch der kreative Vater läuft leicht Gefahr, die notwendigen Grenzen nicht ausreichend zu setzen. Damit kämpft Markus manchmal: „Ja, ich bin immer jemand, der über Diskussionen versucht, gewisse Sachen zu erreichen. Das ist meine Frau nicht. Sie hat relativ klare Vorstellungen und sie setzt die auch mit relativ klaren Anweisungen durch. Bei mir ist das eher so, dass sich die Kinder auf das Diskutieren eingestellt haben. Und wo ich dann auch merke: Hoppla, also sie haben eine gewisse Fertigkeit, mich wirklich auszuhebeln – was ja auch nicht schlecht ist, sage ich, als Erziehungsziel", erzählt Markus lachend. „Aber wenn es dann um Dinge geht, die einfach gemacht werden müssen, und das funktioniert nicht, dann wird es mühsam." Nach kurzem Nachdenken fährt Markus fort: „Aber wenn es dann wirklich um etwas Entscheidendes geht – Schlafenszeiten, Hausaufgaben –, diskutiere ich ab einem gewissen Punkt nicht mehr, dann müssen es meine Kinder einfach machen. Bisher hat das immer noch geklappt."

Wenn Sie ein kreativer Vater sind, dann bereichern Sie Ihr Kind!

Zusammenfassung

Zusammenfassend lässt sich zu den Gefahren sagen, dass jeder Vatertyp dann seinem Kind nicht mehr gerecht wird, wenn er die Grundfaktoren eines guten Vaters (Vaterpyramide) mit seinem Kind nicht oder nicht mehr lebt – also wenn sein Kind keine Gelegenheit hat, seine Zuneigung, sein Vertrauen und die anderen Grundfaktoren eines guten Vaters zu erfahren. Gute Väter, egal welchen Vatertyps, stellen sich erneut auf ihr Kind ein, sobald sie merken, dass sie es überfordern.

Doch Ihre Stärken – egal, welcher Vatertyp Sie sind – überwiegen bei Weitem:

Hier habe ich diese Stärken für Sie noch einmal zusammengefasst:

Der begeistern-de Vater	Der einfühlsame Vater	Der bodenstän-dige Vater	Der kreative Vater
Begeisterung	Einfühlsamkeit	Bodenständig-keit	Kreativität
Tatkraft	Tiefe	Klarheit	Flexibilität
Lebendigkeit	Kompromiss- und Konsensbe-reitschaft	Sicherheit	Vielseitigkeit
Abenteuer	Folgend	Ruhe und Geduld	Neugier
Motivation	Hingabe	Beständigkeit	Wendigkeit

Mit diesem Vatertypen-Test konnten Sie Ihre Stärken heraus-finden. Leben Sie diese mit Ihrem Kind! Das wirkt sich sehr förderlich auf Ihre Vater-Kind-Beziehung aus – auch nach der Trennung!

Zum Schluss: Bleiben Sie als Vater präsent!

Vater zu bleiben nach einer Scheidung oder Trennung ist nicht einfach. Das ist auch der Grund, warum mehr als ein Drittel der Väter nach einer Scheidung keinen oder fast keinen Kontakt mehr zu ihren Kindern haben.

Diese Vaterlosigkeit bringt für die betroffenen Kinder großes Leid; aber auch für ihre Väter, die ihre Kinder nicht mehr sehen, die nicht mehr mit ihnen sein können und aus dem Kreislauf der Generationen ausgeschlossen sind.

Mit diesem Buch haben Sie das Rüstzeug in der Hand, damit Sie auch nach der Trennung Vater bleiben können. Vieles mag nicht beim ersten Mal gelingen, aber vielleicht beim zweiten, dritten oder vierten Mal. Nach der Scheidung oder Trennung sind Sie als Vater auf einem Scheideweg. Die Tür zu Ihrem Kind ist angelehnt. Sie entscheiden mit, ob sie geöffnet oder geschlossen wird. Haben Sie Geduld mit sich selbst, mit Ihrem Kind und mit Ihrer Exfrau! Vermutlich brauchen Sie nach der Trennung einen langen Atem, damit Ihre Vater-Kind-Beziehung bestehen bleibt oder sich vielleicht sogar verbessert. Die Schritte in diesem Buch helfen Ihnen dabei.

Wahrscheinlich erleben auch Sie es als sehr beglückend – wie die meisten Väter nach einer Trennung –, wenn sich nach einer schwierigen Zeit Ihre Vater-Kind-Beziehung wieder normalisiert. So erzählt Gerhard: „Es ist für mich so schön, wieder Vater sein zu dürfen. Ich kann gar nicht sagen, wie sehr ich meine Kinder vermisst habe! Es ist so ein Gefühl, als wenn ich jetzt erst wieder ganz geworden wäre."

Ihr Kind braucht Sie als Vater, Sie sind sein Tor zur Welt. Sie als Vater brauchen Ihr Kind, es ist Ihr Versprechen für die Zukunft. Vater und Kind brauchen einander – bleiben Sie als Vater präsent!

Wenn Ihnen bestimmte Schritte, wie sie hier beschrieben werden, nicht gelingen wollen, dann holen Sie sich psychotherapeutische Hilfe. Menschliche Beziehungen sind so komplex, dass manchmal eine helfende Hand notwendig ist, um seinem väterlichen Glück wieder einen Schritt näherzukommen.

Hin und wieder ist es auch hilfreich, sich unter fachkundiger Leitung mit anderen betroffenen Vätern auszutauschen, wie dies in meinen Seminaren geschieht. Wenn Sie daran interessiert sind, schauen Sie doch einmal auf meine Website: www.ballnik. eu.

Wir sind jetzt ein gutes Stück Weg miteinander gegangen. Sie wissen jetzt, wo es langgeht. Machen Sie sich auf den Weg! Starten Sie noch heute mit dem ersten Schritt!

Danksagung

Ein afrikanisches Sprichwort sagt: „Man braucht ein ganzes Dorf, um ein Kind zu erziehen." Vielleicht war es kein ganzes Dorf, doch es waren viele Menschen, die mir zur Seite standen, damit dieses Buch entstehen konnte. Bei all diesen Menschen bedanke ich mich. Bei Oliver Gorus, meinem Sachbuchagenten, der mich bestärkte, mich an dieses Projekt heranzuwagen, und der es auch vermittelte. Bei meinen Freunden und Kollegen, Helmut Seyss-Inquart und Lorenz Martignoni, die die Thematik des Vaterseins nach einer Trennung oder Scheidung mit mir immer wieder auf sehr hohem Niveau diskutierten und sich auch mit meinem Text mehrfach kritisch auseinandersetzten.

Eine große Zahl von Männern und Vätern hat sich mit mir immer wieder mit dem Thema dieses Buches auseinandergesetzt. Namentlich anführen möchte ich hier: Erik Fuchs, Georg Aichriedler, Michael Waid, Herbert Salaun und Gerhard Moser. Bei all diesen Männern und Vätern bedanke ich mich.

Natürlich gilt mein Dank auch meinen Klientinnen und Klienten, den scheidungsbetroffenen Kindern und Jugendlichen und deren Vätern und Müttern. Ohne sie wäre dieses Buch nicht zustande gekommen.

Bei meinem Textcoach Jörg Achim Zoll bedanke ich mich für die wertvollen Tipps in der Überarbeitungsphase, bei Daniela Fradinger für das Transkribieren der Interviews. Vielen Dank auch an Kathrin Stachora, die diesem Buch redaktionell den letzten Schliff gab.

Ein großes Dankeschön an Martin Koppenwallner, meinen Grafiker, der trotz Zeitnot noch neue Grafiken mit mir entwarf. Den Großteil der Grafiken, auf die ich in diesem Buch zurückgreife und die bereits in der Studie „Lebenswelten Vater-Kind, positive Väterlichkeit und männliche Identität" zu finden sind, haben wir ebenfalls gemeinsam entworfen und entwickelt.

Der größte Blumenstrauß geht an meine Ehefrau und Kollegin, Ornella Garbani Ballnik. Mit ihr arbeite ich seit nunmehr 15 Jahren im Bereich Kinder- und Elternbegleitung nach Scheidung oder Trennung intensiv zusammen. Ohne den jahrelangen Austausch mit ihr, ohne ihre Anregungen, durchaus auch kritischen Inputs, ohne ihre Auseinandersetzungen mit dem Manuskript, ohne ihre Aufmunterungen würde es dieses Buch nicht geben.

Meine persönlichen Literaturempfehlungen

Ballnik, Peter; Martinez, Elisabeth; Garbani Ballnik, Ornella (2005): **Lebenswelten Vater-Kind, positive Väterlichkeit und männliche Identität.** Hrsg. vom Bundesministerium für soziale Sicherheit, Generationen und Konsumentenschutz, Wien. Diese Studie ist ein Grundpfeiler des Buches, das Sie in der Hand halten. Darin haben wir Autoren uns mit der Frage auseinandergesetzt: „Was ist ein guter Vater?" Aus einer Zusammenschau der erhobenen Daten habe ich die Vaterpyramide entwickelt. Sie beschreibt systematisch die Grundfaktoren eines guten Vaters. Die Vatertypen, die ich ebenfalls entwickelt habe, sind in dieser Studie zum ersten Mal veröffentlicht. Obwohl wissenschaftlich angelegt, haben wir diese Studie so verfasst, dass sich auch ein interessierter Laie durcharbeiten kann.

Erhard, Rotraud; Janig, Herbert (2003): **Folgen von Vaterentbehrung.** Eine Literaturstudie. Hrsg. vom Österreichischen Bundesministerium für soziale Sicherheit, Generationen und Konsumentenschutz, Wien. In dieser Literaturstudie sind die wichtigsten wissenschaftlichen Erkenntnisse zur Vaterentbehrung sehr gut zusammengefasst. Es wird die Situation von Kindern beschrieben, die vaterlos aufwachsen, sowie die langfristigen Auswirkungen der Vaterentbehrung. Nicht nur Vaterentbehrung infolge Scheidung wird dargestellt, sondern auch partielle Abwesenheit des Vaters, der kranke Vater, der misshandelnde Vater und Tod des Vaters. Grundsätzlich ist diese Studie so geschrieben, dass sie auch für den Laien gut lesbar ist. Es überwiegen Arbeiten aus dem amerikanischen Raum.

Fidgor, Helmut (1997): **Kinder aus geschiedenen Ehen: Zwischen Trauma und Hoffnung.** 6. Auflage, Mainz, Matthias-Grünewald-Verlag. Ein Standardwerk, wenn es um scheidungsbetroffene Kinder und Jugendliche geht. Es beleuchtet die Psychodynamik des kindlichen Scheidungserlebens sowie die psychische Entwicklung des Kindes vor und nach der Scheidung. Sie müssen als Leser bereit sein, sich auf die psychoanalytische Denk- und Schreibweise des Autors einzulassen.

Fidgor, Helmut (1998): **Scheidungskinder – Wege der Hilfe.** 5. Auflage, Gießen, Psychosozial-Verlag. Ebenfalls ein Standardwerk. In diesem Buch geht der Autor vor allem auf das Trauma ein, in das Kinder und Jugendliche durch die Scheidung der Eltern geraten können. Darüber hinaus gibt er Anregungen, wie die Hilfe für scheidungsbetroffene Kinder und Jugendliche aussehen kann. Auch für dieses Buch müssen Sie als Leser bereitsein, sich auf die psychoanalytische Denk- und Schreibweise des Autors einzulassen.

Hetherington, E. Mavis; Kelly, John (2003): **Scheidung. Die Perspektiven der Kinder.** Weinheim, Basel, Berlin; Beltz Verlag. Dieses Buch erklärt auf der Grundlage der weltweit umfassendsten Studie über Scheidungsfolgen, welche Umstände und Verhaltensweisen nach der Scheidung in der Regel zum Positiven oder zum Scheitern führen und warum. Es bietet Ratschläge, wie Eltern und Kinder das Beste aus der neuen Situation machen können und wie sich das Leben nach der Trennung oder Scheidung positiv entwickelt. Das Buch ist auch für den Laien gut lesbar. Meiner Einschätzung nach können diese amerikanischen Ergebnisse und Vorgehensweisen nicht eins zu eins auf den deutschsprachigen Raum übertragen werden.

Kachler, Roland (2007): **Damit aus meiner Trauer Liebe wird. Neue Wege in der Trauerarbeit.** Stuttgart, Kreuz Verlag. Für mich das beste Buch im Bereich Trauern und Neuorientierung. Einfach und verständlich geschrieben, die Ratschläge sind umgehend anwendbar.

Katzenbach, R. Jon; Smith, K. Douglas (1993): **Teams. Der Schlüssel zur Hochleistungsorganisation.** München, Wilhelm

Heyne Verlag. Dieses Buch ist die Basis für meine Beschreibung des Eltern-Teams. Ein gutes Buch, einfach und prägnant geschrieben.

Le Camus, Jean (2001): **Väter. Die Bedeutung des Vaters für die psychische Entwicklung des Kindes.** Weinheim und Basel, Beltz Verlag. Der Autor beschreibt den Wandel der Vaterrolle seit dem Zweiten Weltkrieg. Sein Zugang zum Vater ist das Beziehungsdreieck Vater-Mutter-Kind. Aus diesem heraus behandelt er verschiedene Aspekte des Vaters: der Vater, der dem Kind die Welt öffnet, die Kompetenzen des Kindes fördert, als Bezugsperson für die Bildung der Gefühlswelt des Kindes wichtig ist. Er schreibt auch über das Vatersein von Anfang an, die Krise der Vaterschaft und die andere Art, Vater zu sein. Grundsätzlich gut lesbar, wenn es Ihnen gelingt, sich auf den wissenschaftlichen Schreibstil des Autors einzulassen.

Luskin, Fred (2003): **Die Kunst zu verzeihen. So werfen Sie Ballast von der Seele.** München, mvgVerlag. Der Autor hat ein wunderbares, anwendungsorientiertes Konzept der Vergebung entwickelt. Wenn Sie diesem Konzept folgen, werfen Sie wirklich Ballast von der Seele. Prägnant, verständlich und einfach.

Napp-Peters, Anneke (1995): **Familien nach der Scheidung.** München, Verlag Antje Kunstmann. Die Autorin beschreibt die Auswirkungen der Scheidung auf Kinder und Jugendliche. Sie hat dazu 150 Scheidungsfamilien zwölf Jahre lang begleitet. Diese Forschungen wurden im deutschen Sprachraum durchgeführt. Gut und verständlich geschrieben.

Petri, Horst (2003): **Das Drama der Vaterentbehrung. Chaos der Gefühle – Kräfte der Heilung.** 2. Auflage, Freiburg im Breisgau, Herder Verlag. Der Autor schreibt über die „vaterlose Gesellschaft". Er geht auf die Frage ein: „Warum brauchen Kinder einen Vater?" Er beschreibt, wie die Umwelt die Bewältigung der Vaterentbehrung hemmen oder fördern kann und welche Auswirkungen Vaterentbehrung hat. Dabei betont er den traumatischen Aspekt der Vaterentbehrung. Wer bereit ist, sich auf die psychoanalytische Sprache und Denkweise einzulassen, wird mit diesem Buch gut zurechtkommen.

Petri, Horst (2005): **Verlassen und verlassen werden. Angst, Wut, Trauer und Neubeginn bei gescheiterten Beziehungen.** Stuttgart, Kreuz Verlag. Der Autor schreibt über den Verlust der Illusion der „heilen Familie". Das kann für Sie entlastend sein. Außerdem geht er auf die verschiedenen Phasen der Trauer ein und beschreibt den Trauerprozess aus verschiedenen Perspektiven: die Trauer der verlassenen Frau, des verlassenen Mannes, die Trauer der Frau, die geht, und die Trauer des Mannes, der geht. Wer wiederum bereit ist, sich auf die psychoanalytische Sprache und Denkweise einzulassen, wird mit diesem Buch gut zurechtkommen.

Zoja, Luigi (2002): **Das Verschwinden der Väter.** Düsseldorf und Zürich, Walter Verlag. In diesem Buch wird anschaulich und spannend die Entwicklung des Vaters beschrieben: von der Prähistorie über die klassische Antike, die Neuzeit bis zum Vater heute.

Freundliche Genehmigung und Grafikverzeichnis

Die Männerpolitische Grundsatzabteilung – unter der Leitung von Herrn Dr. Johannes Berchtold – des Österreichischen Bundesministeriums für soziale Sicherheit, Generationen und Konsumentenschutz, hat freundlicherweise genehmigt, dass ich die Ergebnisse folgender Studie für dieses Buch verwende: Ballnik, Peter; Martinez, Elisabeth; Garbani Ballnik, Ornella (2005): **Lebenswelten Vater-Kind, positive Väterlichkeit und männliche Identität.** Hrsg. vom Bundesministerium für soziale Sicherheit, Generationen und Konsumentenschutz, Wien. Folgende Grafiken in diesem Buch sind ebenfalls der Studie entnommen:

Kapitel 2:	Grafik 2.2
Kapitel 5:	Grafik 5.1
	Grafik 5.2
	Grafik 5.3
	Grafik 5.4
Kapitel 6:	Alle Grafiken in diesem Kapitel
Kapitel 8:	Grafik 8.1
	Grafik 8.2
	Grafik 8.3
	Grafik 8.4

Die Rechte für die restlichen Grafiken in diesem Buch liegen beim Autor, der sie dem mvgVerlag für dieses Buch zur Verfügung stellt. Der mvgVerlag besitzt keine Rechte an den Grafiken in diesem Buch.

Stichwortverzeichnis

Über den Autor

Peter Ballnik, geb. 1960, ist seit 1991 als Psychotherapeut mit eigener Praxis selbstständig. Seit 1993 arbeitet er verstärkt in der Begleitung von Eltern und Kindern in Phasen der Trennung. Er leitete und initiierte die erste Studie, die den Zusammenhang der Lebenswelt Vater-Kind mit positiver Väterlichkeit und männlicher Identität beleuchtet und ist Vorstand des von ihm gegründeten Instituts für Psychosoziale Gesundheit in Salzburg. Peter Ballnik lebt in St. Gilgen.

Mehr Informationen finden Sie unter: www.ballnik.eu